AS PROVAS E O DIREITO TRIBUTÁRIO

TEORIA E PRÁTICA COMO INSTRUMENTOS PARA A CONSTRUÇÃO DA VERDADE JURÍDICA

Maria Rita Ferragut

AS PROVAS E O DIREITO TRIBUTÁRIO

TEORIA E PRÁTICA COMO INSTRUMENTOS PARA A CONSTRUÇÃO DA VERDADE JURÍDICA

2ª edição
2021

saraiva jur

saraiva EDUCAÇÃO | saraiva jur

Av. Paulista, 901, 3º andar
Bela Vista – São Paulo – SP – CEP: 01311-100

SAC | sac.sets@saraivaeducacao.com.br

Diretoria executiva	Flávia Alves Bravin
Diretoria editorial	Ana Paula Santos Matos
Gerência editorial e de projetos	Fernando Penteado
Novos projetos	Dalila Costa de Oliveira
Gerência editorial	Isabella Sánchez de Souza
Edição	Daniel Pavani Naveira
Produção editorial	Daniele Debora de Souza (coord.) Luciana Cordeiro Shirakawa
Arte e digital	Mônica Landi (coord.) Camilla Felix Cianelli Chaves Claudirene de Moura Santos Silva Deborah Mattos Guilherme H. M. Salvador Tiago Dela Rosa
Projetos e serviços editoriais	Daniela Maria Chaves Carvalho Kelli Priscila Pinto Marília Cordeiro Nicoly Wasconcelos Razuk
Diagramação	Fabricando Ideias Design Editorial
Revisão	Ivani Aparecida Martins Cazarim
Capa	Idée arte e comunicação
Produção gráfica	Marli Rampim Sergio Luiz Pereira Lopes
Impressão e acabamento	

DADOS INTERNACIONAIS DE CATALOGAÇÃO NA PUBLICAÇÃO (CIP)
VAGNER RODOLFO DA SILVA - CRB-8/9410

F368p Ferragut, Maria Rita

As provas e o direito tributário : teoria e prática como instrumentos para a construção da verdade jurídica / Maria Rita Ferragut. - 2. ed. - São Paulo : Saraiva Educação, 2021.
272 p.

ISBN 978-65-5559-769-1

1. Direito. 2. Direito tributário. 3. Provas. I. Título.

2021-2585 CDD 341.39
CDU 34:336.2

Índices para catálogo sistemático:

1. Direito tributário 341.39
2. Direito tributário 34:336.2

Data de fechamento da edição: 22-7-2021

Dúvidas? Acesse www.editorasaraiva.com.br/direito

CL 607185 CAE 629534

Ao Vladimir, com todo o meu amor.

SUMÁRIO

SEGUNDA PARTE: PRÁTICA

NOTA À 2ª EDIÇÃO

É com imensa satisfação que apresento aos leitores a nova edição de *As provas e o direito tributário*, após ampla revisão legislativa e jurisprudencial, com a introdução de novos tópicos, normas e decisões.

Desde o início, a proposta desta obra foi fornecer instrumental analítico para a solução de problemas práticos. Agradeço sua gentil acolhida no meio jurídico, e espero que o livro atenda às expectativas daqueles que buscam uma abordagem teórica e prática das controvertidas questões que envolvem a produção probatória em matéria tributária, dentre elas a difícil prova do dolo.

Gostaria também de estender as minhas palavras de amor e carinho, destinadas na 1ª edição da obra ao meu marido, aos meus três filhos, Júlia, João e Gabriela. Amo vocês. Amor sem limites, para além de minha vida.

Junho de 2021
Maria Rita Ferragut

INTRODUÇÃO

Há muito, nutrimos um grande interesse pelo estudo das provas em direito tributário. Este livro reflete a escolha por uma abordagem *teórica* e *prática*, por acreditarmos que, desta forma, fecharemos o círculo dos planos de interpretação e aplicação das normas e poderemos contribuir mais significativamente com o estudo e a utilidade da matéria. Reflete, também, nossa convicção de que a estratégia na formulação das provas deve ser *racional* e *técnica*, e não meramente intuitiva.

Iniciemos, então, com uma importantíssima pergunta: é possível haver legalidade e segurança jurídica sem prova do fato juridicamente relevante?

Para nós, não. De absolutamente nada adiantaria a Constituição Federal ter previsto os princípios da legalidade e da segurança jurídica, se eles não fossem realizáveis, factíveis. E esses princípios só alcançam os foros da concretude porque é possível comprovar a ocorrência ou a inocorrência dos fatos típicos. Eis a razão de entendermos que a Teoria das Provas é um dos temas centrais do direito positivo.

A importância das provas é de tal magnitude que, somente por meio delas, o direito confere alguma certeza à probabilidade de ocorrência do evento descrito no fato jurídico tributário. E o mesmo se dá com o ilícito: somente com o emprego de enunciados probatórios configura-se o descumprimento de obrigação tributária ou de dever instrumental. É por meio das provas que se faz possível assegurar a legalidade e a segurança e se legitima a criação de obrigações. Por meio das provas concretizam-se direitos e liberdades fundamentais.

A prova não é o retrato normativo da realidade e nem com ela se confunde. É a articulação linguística sobre o "real", a representação, na linguagem do direito, dos eventos provavelmente ocorridos no mundo físico. É instrumento para construir a verdade no processo: a prova é sempre prova de algo.

Nessa medida, o sistema jurídico deve buscar conhecer a realidade fenomênica. O fato ocorreu ou não ocorreu: quem decide é o direito, segundo regras que lhe são próprias. Se ocorreu, a norma incide e nasce a obrigação; se não ocorreu, a norma tributária não incide, não nasce a obrigação e a autoridade administrativa fica impedida de lançar. A decisão compete ao destinatário da prova, que é quem efetivamente anuncia que o fato existiu, que é verdadeiro e quais as suas características; ou que é falso. E essa decisão deve se fundar na análise do *conjunto probatório*, em que texto e contexto estão presentes.

A verdade e a falsidade de que tratamos afasta a tradicional relação entre o sujeito e o objeto do mundo sensível (verdade por correspondência). A verdade é o resultado da contraposição de proposições linguísticas, expedidas pelo sujeito sobre dado objeto de conhecimento. Os fatos que ingressam no sistema independentemente das provas, via de regra, não se mantêm. Sem prova não há direito que se sustente. Verdade, para o direito, é a lógico-jurídica: prova convincente criada e mantida segundo métodos processualmente legítimos. O consenso basta, porque é o máximo que se pode obter.

Assim, para que o fato jurídico tributário seja considerado verdadeiro para o direito e, com isso, propague efeitos jurídicos, não se requer a certeza de que o fato corresponda fielmente ao evento – circunstância impossível –, mas a certeza de que o enunciado descritivo foi elaborado de acordo com as regras de produção normativa, submeteu-se às provas e resistiu à refutação. É por isso que Nicola Malatesta[1] afirma: "sendo a prova o meio objetivo pelo qual o espírito humano se apodera da verdade, sua eficácia será tanto maior, quanto mais clara, mais plena e mais seguramente ela induzir no espírito a crença de estarmos de posse da verdade".

Além dessas considerações, outro ponto que nos motivou a escolher o tema deste livro foi o fato de que o direito tributário brasileiro passa por um momento histórico importante, em que a discussão da constitucionalidade e da legalidade das normas jurídicas perdeu espaço (mas não importância). Como fenômeno cultural, o direito positivo tem valor em determinado período de tempo, em que é dotado de sentido para o homem. É o homem o responsável pela criação de objetos culturais, é ele quem dá vida aos signos ao lhes atribuir sentido, retira-a quando subtrai a significação, dá mais importância a determinados objetos em determinado momento histórico, menos em outros.

Sempre existirão "teses tributárias", suas discussões são importantes e continuarão encantando os operadores do direito. O destaque que se deu a esse aspecto do direito é justificado. Entretanto, houve uma grande mudança de foco: atualmente, discute-se calorosamente a prova da ocorrência do fato jurídico tributário, da simulação e da dissimulação, do dolo, da fraude e do propósito negocial, a mídia eletrônica e a prova contábil como meios de prova. Discute-se como e quando provar, e qual a melhor estratégia para convencer o destinatário do discurso probatório, o julgador. Discute-se, enfim, as provas no direito tributário.

---

1 MALATESTA, Nicola Framino dei. *A lógica das provas em matéria criminal*. Tradução de Paolo Capitanio. 2. ed. Campinas: Bookseller, 2001, p. 23.

É por isso que nossa escolha foi pela investigação da teoria e pela análise de casos concretos atuais – gerais, federais, estaduais e municipais –, debatidos insistentemente pela doutrina e pelos Tribunais, especificamente no número de 33 (trinta e três), que, somados aos relativos à fraude, chegaram a 34 (trinta e quatro). Pesquisamos cientificamente a teoria – por meio de abstrações e generalizações, apontamos o que há de comum entre os objetos e o que os distingue – e casos concretos de diferentes complexidades e peculiaridades.

É fato que não há como conceber a Teoria das Provas em sua inteireza, sem a prática, nem esta sem aquela. O conhecimento das provas condiciona-se a esses dois ângulos. Aquele que só se debruça na teoria pode construir um conhecimento superficial, sem método, inaplicável a muitos casos concretos (para que serviria a teoria, então?); e o que apenas conhece a prática pode incorrer facilmente em erro ou ter a sorte de intuitivamente acertar. Nenhuma dessas hipóteses alcança os foros de cientificidade e oferece consistência; por isso, é pertinente a sempre lembrada lição de Pontes de Miranda, para quem não há diferença entre a teoria e a prática, mas aquilo que existe é o conhecimento do objeto: ou se conhece o objeto, ou não se conhece o objeto.

Não percamos de vista, também, que a melhor interpretação para situações práticas só poderá ser construída mediante análise do diálogo entre texto e contexto. Não há correta interpretação de um texto fora de um contexto. O intérprete é influenciado por diversas condicionantes que o levam a formular a significação de um modo, e não de outro. É um ato de escolha, de preferência. Para interpretar, valora-se.

É pelo contexto que a singularidade dos fatos se manifesta, e justamente por causa do contexto não se torna possível unificar a solução, tornando-a invariável diante de situações que precisam ser tratadas de formas distintas. Entender de maneira diversa seria empregar diminuição arbitrária e perigosa: não se pode exigir uma resposta única, geral, se os casos concretos são individuais, especiais e revelam uma riqueza ímpar. Toda a nossa pesquisa e as posições assumidas levaram em consideração essa premissa.

Por fim, seria temeroso estudar teoria e prática se, na oportunidade de aplicar o conhecimento adquirido, prescindíssemos de um *método racional de decisão*. A estratégia na produção probatória foi tema abordado neste livro, por empregarmos a ele grande importância, já que acreditamos que a prova planejada potencializa as chances de convencimento. As escolhas devem ser racionais.

Subjacentes a essas ideias, destacamos ainda os seguintes pontos, pela relevância que assumiram no decorrer de nossas reflexões:

1. A verdade é menos importante que a certeza. A busca da verdade empírica é uma falsa segurança, porque os eventos fenomênicos são

inatingíveis, fugazes e intransferíveis cognoscitivamente, por se esgotarem no tempo e no espaço. A linguagem que se tem sobre eles, pois, é apenas uma tradução, jamais a perfeita representação do ocorrido.

2. A prova é condição necessária para o controle da legalidade, é reforço à segurança jurídica e à primazia da lei. Só há estabilidade social por meio da estabilidade das leis que, por sua vez, só é atingida se o próprio direito puder assegurar, de alguma maneira, a existência de um método de cotejo entre os fatos alegados e as previsões legais. E esse método é desenvolvido na Teoria das Provas.
3. A necessidade de um conteúdo semântico mínimo, dentro do contexto histórico em que se dá a comunicação, confere sentido aos vocábulos do texto normativo. Disso o intérprete não pode fugir; portanto, a arbitrariedade da interpretação é limitada. Os demais limites são os seguintes: conhecimento herdado, momento histórico, texto, intertextualidade, antecedente jurisprudencial vinculatório e definição pela negativa.
4. Somente o empírico pode ser provado, porque diz respeito ao campo da experiência. Se a premissa é verdadeira, o dolo (vontade consciente de praticar a conduta típica), por não se subsumir a tal condição, não se sujeitaria à prova. Mas, por imposição legal, o julgador precisa decidir com base em sua existência, razão pela qual propusemos que a prova não recaia sobre a intenção do agente propriamente dita, mas sobre os fatos adjacentes à fraude, tais como frequência, voluntariedade, complexidade e consequências, bem como sobre as características do agente que o praticou. Chamamos esse conjunto de "dinâmica da fraude".
5. Dentro da estratégia pertinente à elaboração das provas, o êxito não depende apenas de quem alega e nem do que é alegado, mas da interação entre indivíduos, que agem estrategicamente segundo seus interesses, observando as regras que regulam a introdução e alteração das normas no sistema jurídico. Depende, também, dos valores do julgador, a quem compete interpretar as provas colacionadas e decidir.

O que se propõe neste livro, portanto, é fornecer instrumental analítico para a solução de problemas práticos, enfrentados no dia a dia por aqueles que interagem na dinâmica da tributação, seja para alegar a ocorrência ou a inocorrência de fato juridicamente relevante, seja para refutá-la, seja para decidir sobre as alegações e as provas apresentadas.

PRIMEIRA PARTE: TEORIA

1 Conhecimento e verdade

O sistema jurídico, ao imputar aos sujeitos direitos, deveres e obrigações a partir da existência de fatos jurídicos, deve necessariamente procurar certificar-se de que a ocorrência fenomênica dos eventos descritos nesses fatos é *verdadeira*, evitando-se imputar indevidamente consequências legais, em flagrante insegurança jurídica.

Os temas do conhecimento e da verdade ligam-se às provas nessa medida: faz-se necessário investigar se é possível saber se, juridicamente, a ocorrência do evento descrito no fato é verdadeira ou falsa. Para tanto, é preciso socorrer-se da Filosofia, caminho mais seguro para respondermos se existe um conhecimento certo sobre os fatos ou se o ser humano deve aceitar que algumas dúvidas nunca serão resolvidas, em que pesem o desejo e a necessidade do saber.

Desde já, firmamos a premissa de que a verdade e a falsidade de que tratamos afastam a tradicional relação entre o sujeito e o objeto do mundo sensível (verdade por correspondência). A verdade, para nós, é o resultado da contraposição de proposições linguísticas, expedidas pelo sujeito sobre dado objeto de conhecimento.

Segundo a Lógica Alética ou Clássica, verdade e falsidade são qualificativos aplicáveis ao conteúdo de enunciados descritivos da Ciência do Direito. Nesse sentido, poder-se-ia entender que, como o objeto de nossa investigação é o direito positivo – em especial os enunciados jurídicos veiculadores de provas –, que, por sua vez, submete-se à Lógica Deôntica e à consequente validade ou invalidade das proposições, não faria sentido adentrar na investigação que ora se propõe.

Ocorre que, não obstante sejam esses os valores preponderantes, ao antecedente da norma individual e concreta aplicam-se a verdade e a falsidade, posto que a linguagem aqui empregada é a descritiva, valendo o mesmo para o consequente, de linguagem eminentemente prescritiva. E nada há de errado nisso. Dificilmente o indivíduo encontrará uma linguagem pura, composta por um só tipo dentre os diversos existentes. A regra é justamente a oposta: a linguagem predominante classifica o enunciado, mas não afasta a existência de outras na composição da sentença.

Em razão disso, os fatos jurídicos submetem-se aos valores verdade e falsidade. Quem aplica o direito precisa conhecer o fato e saber se o evento nele descrito é juridicamente verdadeiro ou falso, para, então, poder desenvolver adequadamente o processo de positivação.

Há de se registrar, ainda, que a verdade encontra-se ligada à prova na medida em que é por meio dela que se torna possível afirmar ideias verdadeiras, adquirir a evidência da verdade ou certificar-se de sua exatidão jurídica. A prova deverá *evidenciar a correspondência* entre a proposição que alega a ocorrência ou inocorrência de um fato e a que traz elementos probatórios. Por isso, a verdade, para o direito, é a lógico-jurídica: *prova convincente criada e mantida segundo métodos processualmente legítimos*. Isso basta, porque é o máximo que se pode obter.

1.1 Teoria do conhecimento

Diz-se que o sujeito apreende o objeto, ou seja, assimila-o mentalmente, conhece-o. Mas será que isso é realmente possível? Sendo o conhecimento um redutor de complexidades, o juízo não necessariamente encerraria menos elementos do que o objeto apreendido? E, sendo assim, como afirmar que realmente conhecemos?

A investigação da teoria do conhecimento – tecnicamente denominada gnoseologia – é fundamental neste livro, pois não se chega à verdade sem conhecer. Conhecimento é juízo que se constrói acerca de um objeto e que requer, necessariamente, a presença da linguagem.

A linguagem impõe-se como produto e condição de existência do saber. Só há realidade cognitiva – pensar, entender, classificar, ensinar, aprender – onde existir linguagem, assim como somente é possível conhecer o mundo por causa dos enunciados linguísticos. Conhece-se o verdadeiro; conhece-se o falso.

Por outro lado, a realidade física existe independentemente da linguagem, mas, neste estágio, ela é desconhecida do homem como forma de conhecimento e acabará por se perder no tempo. É, portanto, irrelevante para esta investigação.

John Searle[1] afirma que "Inventamos palavras para afirmar fatos e para dar nome às coisas, mas isso não significa que inventamos fatos ou coisas". Ao descrever eventos, não se criam os fatos físicos. Mas, para conhecê-los –

1 SEARLE, John Rogers. *Mente, linguagem e sociedade*: filosofia no mundo real. Tradução de F. Rangel. Rio de Janeiro: Rocco, 2000, p. 30.

e, com isso, constituí-los social e juridicamente –, necessária se faz a presença de linguagem a eles referente.

A relevância dessa afirmação é tamanha que aquilo que o homem vê depende tanto do que ele enxerga, quanto de sua experiência prévia, da condição histórico-cultural a que está submetido: norma jurídica, para um jurista, é diferente do que é para um engenheiro; o corpo humano, para um médico, é diverso do que é para um matemático; e a árvore é diferente para um botânico e para um historiador. Mesmas bases empíricas, diferentes juízos.

Dentre as teorias que estudam o conhecimento (dogmática, ceticismo, subjetivismo, relativismo e criticismo), consideramos o criticismo a mais adequada, já que privilegia a postura analítica ao defender que há uma verdade a partir da razão humana, combinada com a experiência. Nessa linda, o conhecimento é possível, requer necessariamente a linguagem, e o intérprete deve sempre questionar suas convicções, a fim de afastar o conhecimento falso. O criticismo aceita, portanto, nossa convicção de que se conhece por meio da linguagem (veículo) e de que conhecimento é linguagem (produto).

1.2 Os limites do conhecimento para o direito

O evento, enquanto fenômeno físico ocorrido no tempo e no espaço e perceptível pelos sentidos humanos, não é objeto do estudo e das prescrições do direito, já que, por não estar vertido em linguagem, é inalcançável pelo homem.

O evento, ademais, não é condição necessária para a produção de efeitos jurídicos tributários, porque uma vez diante do fato – enunciado linguístico sobre as coisas e os acontecimentos, sobre as pessoas e suas manifestações[2] –, o evento nele descrito somente não é considerado como ocorrido se sua inexistência for devidamente comprovada, já que é o fato, e não o evento, o dado relevante para o direito.

O distanciamento entre a realidade social individualizada e a jurídica leva-nos a admitir a possibilidade de nos depararmos com um fato que traduz um acontecimento que, diante da linguagem das provas, verifica-se não ter ocorrido. E isso se dá, necessária e não exclusivamente[3], porque a apreensão total do objeto revela-se *impossível*. E, se é assim, o que interessa é o *juízo*

2 Cf. entendimento de Paulo de Barros Carvalho (*Direito tributário* – fundamentos jurídicos da incidência. 3. ed. São Paulo: Saraiva, 2004, p. 85).

3 É possível a existência de fato que descreva evento que o sujeito emissor da norma saiba que não ocorreu, mas, por razões ilegais, constitui o fato da mesma forma.

que se constrói a seu respeito, o enunciado factual que procura descrever, da forma mais precisa possível, o evento fenomênico, o "real". Por isso, no direito buscamos a manifestação linguística do evento, que, por se sujeitar à linguagem das provas, tende a se aproximar do acontecimento físico. É esse o limite ao nosso conhecimento.

Considerando tudo o que já foi visto, acreditamos que o conhecimento do fato jurídico possa ser alcançado. O direito deve impor regras para a construção de enunciados que permitam conhecer o fato (por exemplo, a emissão de notas fiscais eletrônicas e a escrituração de livros fiscais), enunciados esses cujos conteúdos sejam passíveis de refutação e que, principalmente, resistam a ela.

1.3 A verdade

Até aqui discorremos sobre o conhecimento. Mas conhecer não significa que a proposição seja verdadeira. Poderá ser falsa. Portanto, para avançarmos nessa investigação, precisamos refletir sobre o seguinte: a verdade existe e é possível conhecê-la? O que é ser verdadeiro? E o que é ser falso? O que garante que conhecemos o verdadeiro e não incorremos em erro ou ilusão?

A verdade não se descobre: cria-se. Acreditamos que o juízo de verdade seja metafísico, ou seja, transcenda a física, não seja passível de comprovação empírica. Como o evento é inalcançável, por ter se esgotado no tempo e no espaço, o que realmente sabemos sobre eles são suas *versões*, concretizadas por meio de linguagens que os descrevem e que os transformam em fatos.

O termo *verdade* é normalmente empregado para se referir a uma proposição e a uma realidade empírica. Os filósofos gregos iniciaram a busca da verdade no momento em que descobriram a existência da falsidade e da ilusão[4]. Investigaram-na, também, como propriedade das proposições, chegando então às seguintes concepções: *verdade ontológica*, que equivale à verdade das coisas ou à realidade como verdade; *verdade semântica*, que expressa a adequação da proposição ao objeto conhecido; *verdade epistemológica*, que se refere à verdade, concebida por um intelecto e formulada, num juízo, por um sujeito cognoscente; e *verdade nominal*, que é a verdade em conformidade com os signos.

Com o passar do tempo, novos conceitos foram surgindo. Destacaram-se, dentre outros importantes, o do filósofo alemão Martin Heidegger, para quem um enunciado é verdadeiro quando aquilo que designa (proposição) está conforme a coisa sobre a qual se pronuncia (fenômeno). Por isso, a verdade

---

4 Cf. José Ferrater Mora (*Dicionário de filosofia*. 4. ed. São Paulo: Martins Fontes, 2001, p. 699).

pertence ao mundo das relações. A verdade não é fixa e acontece porque as relações acontecem, dentro de um determinado tempo histórico e espaço social (por isso, as relações são provisórias e geram verdades passíveis de serem alteradas ao longo do tempo).

Nesse sentido, as palavras de Heidegger:

> o verdadeiro, seja uma coisa verdadeira ou uma proposição verdadeira, é aquilo que está de acordo, que concorda. Ser verdadeira e verdade significam aqui: estar de acordo, e isto de duas maneiras: de um lado, a concordância entre uma coisa e o que dela previamente se presume, e, de outro lado, a conformidade entre o que é significado pela enunciação e a coisa[5].

Tem-se, ademais, a não verdade do conteúdo do enunciado, denominada por esse filósofo de "não conformidade", que significa a não concordância da enunciação (ente) com a coisa (sua essência); a falsidade.

O que se pretende com uma investigação científica é construir uma verdade "artificial". Com isso, o fato jurídico tributário, para assumir foros de verdadeiro, não necessita reproduzir o evento, mas deve buscar a adequada correspondência entre as provas que se têm sobre ele e sua descrição linguística.

Sabemos que o conhecimento é um redutor de complexidades; por isso, as proposições têm caráter meramente *aproximativo* da realidade que descrevem, não sendo possível representá-la com toda a sua riqueza: o distanciamento entre o objeto e o juízo é inevitável. E se a palavra não pode traduzir toda a riqueza da realidade empírica, o conhecimento fidedigno da realidade é uma ilusão.

A realidade sempre será retratada de forma reduzida e limitada ("não conhecemos as coisas como elas são, mas, ao contrário, as coisas são o que conhecemos delas", afirma-se). Se entendemos que pensamos saber o que é verdadeiro ou que, após uma reflexão, estaríamos aptos a encontrar a verdade, supomos que a verdade está implícita no espírito que procura, precisando ser apenas inferida e levada à reflexão. O que um homem acredita ser verdadeiro é, simplesmente, que a sua crença é verdadeira.

1.3.1 Nosso conceito de verdade e os fatos jurídicos tributários

A verdade não é descoberta, mas criada pelo ser humano, segundo as regras vigentes em determinado sistema[6]. Não nasce com o evento, mas tão

---

5 HEIDEGGER, Martin. *Sobre a essência da verdade*. São Paulo: Nova Cultural, 1989, p. 125.

6 É por isso que Tárek Moysés Moussallem (*Fontes do direito tributário*. São Paulo: Max Limo-

somente com a inserção dos enunciados no universo jurídico (no caso de verdades jurídicas).

Por isso, não há essência, não há verdade a ser descoberta empiricamente. Verdade é relação entre significações construídas pelo intérprete, é o resultado do confronto de proposições. Sujeita-se à refutação por outras linguagens igualmente competentes e, se à contestação resistir, a proposição será verdadeira.

Como o sujeito é livre para interpretar a evidência dos eventos ocorridos no mundo físico, o direito só não é arbitrário na medida em que a contraposição de proposições é possível. Por contraposição entenda-se a comparação do dado que se quer provar (objeto da prova) com outros que confirmem ou infirmem sua exatidão. A verdade resultará da concordância dos dados confrontados. Resultará, também, da ausência de contestação, nas hipóteses em que, embora intimado ou citado para tanto, o sujeito deixar de se manifestar, tornando incontroversos os fatos alegados pela outra parte.

Portanto, a ideia central dessas nossas reflexões pode ser assim sintetizada: para que o fato jurídico tributário seja considerado verdadeiro para o direito, não se requer a certeza de que o relato corresponda fielmente ao evento – circunstância impossível –, mas a certeza de que o enunciado descritivo foi elaborado de acordo com as regras do sistema, submeteu-se às provas e resistiu à refutação.

Tal concepção não deve nos levar a entender que os fatos jurídicos somente serão constituídos se a ocorrência do evento nele descrito for suficientemente provada. Embora o desejável fosse que sim, o fato é que o sistema do direito positivo prevê regras de ingresso de normas no sistema independente de provas. É o caso dos atos jurídicos que detêm presunção de validade, como uma certidão de dívida ativa – CDA. De acordo com a atual jurisprudência do Superior Tribunal de Justiça (STJ)[7] – com a qual não concordamos –, não é necessário que o Fisco prove a ocorrência de algum dos fatos previstos no art. 135 do CTN para justificar a inclusão do administrador na CDA, na qualidade de responsável pessoal pelo débito.

Assim, sendo válido o enunciado, e não tendo sido refutado, ou, se foi, ao questionamento resistiu, o fato é juridicamente verdadeiro, não importando

---

nad, 2001, p. 39-40) defende a irrelevância da classificação entre verdade material e formal. Para ele, considerando o caráter autossuficiente da linguagem, toda a verdade é formal, quer dizer, verdade dentro de um sistema linguístico.

7 *Vide* REsp 1080319, Ministro Benedito Gonçalves, j. 23-4-2009; e REsp 1104900, Ministra Denise Arruda, j. 25-3-2009.

se o evento nele descrito guarda ou não efetiva relação com o mundo fenomênico. É a manifestação linguística do evento (proposição), e não o próprio evento, que interessa ao direito, e é sobre ela que os valores *verdadeiro* e *falso* se aplicam.

Nessa medida, o conceito de verdade que mais se adapta às nossas premissas é o de *verdade lógico-jurídica*, também denominada verdade lógica ou simplesmente verdade jurídica[8]. Nela, mantém-se um mínimo de correspondência com o universo empírico (por meio das provas), apto a gerar segurança e consenso entre os sujeitos e, também por isso, regular condutas e solucionar conflitos. Portanto, a verdade existe e é possível conhecê-la.

A proposição verdadeira é enunciado positivado segundo as formas que exteriorizam os valores da ordem posta, e, com isso, *a despeito de ser lógica, a verdade é também axiológica e deôntica.* A verdade lógico-jurídica encontra-se regulada pelo sistema do direito positivo, que indica os momentos em que os fatos podem ser constituídos, estabelece prazos para apresentação de defesas e prevê o instante em que as decisões se tornam imutáveis. Estabelece, em outras palavras, os limites dentro dos quais enunciados serão produzidos e considerados verdadeiros.

Portanto, a verdade lógico-jurídica é construída *no, pelo* e *segundo* o discurso jurídico. Fatos jurídicos apenas são verdadeiros para o sistema quando enunciados nos termos nele prescritos e, após sujeitarem-se às provas, a elas resistir. Em outras palavras, um enunciado é verdadeiro quando for provado segundo regras instituídas pelo sistema.

---

8 A lógica a que nos referimos não quer significar aquela com pretensões universais que, abstraindo os conteúdos, volta-se apenas à análise das relações. Tal exame lógico, pertinente aos sistemas nomológicos, não é objeto de nossa análise. Assim, não tratamos aqui da verdade em sua concepção estritamente lógica, como a verificada mediante a aplicação da tabela de verdade. Tratamos, em contrapartida, da lógica do sistema e da verdade construída, a partir de suas regras (que é lógica, axiológica e deôntica).

2 A prova como objeto de conhecimento: considerações gerais

A proposta deste livro é a prova no direito tributário: desde o seu conceito, elementos, características e espécies, até a aplicação dessa teoria em diversos casos práticos, valorizando-se o aspecto pragmático da linguagem e a união da Ciência à experiência.

2.1 Acepções do vocábulo *prova*

Diversas são as acepções possíveis para o vocábulo *prova*. No uso ordinário, prova é sinônimo de ensaio, experiência, confrontação, confirmação, demonstração da certeza de um fato ou da verdade de uma afirmação ou mesmo algo ou alguém ser colocado em exame. O termo é utilizado nas Ciências Exatas e Humanas.

Em linguagem técnica, também é possível encontrar diversas definições. Prova é norma jurídica *lato sensu*, bem como fato jurídico em sentido amplo, produto de atos de fala.

Alguns importantes civilistas pátrios definem prova como sendo "o meio utilizado para persuadir o espírito acerca de uma verdade"[1], "todo elemento que pode levar o conhecimento a alguém"[2] e "o elemento instrumental para que as partes possam convencer o magistrado com suas alegações"[3], apenas para citar alguns exemplos.

Prova é termo ambíguo[4], plurissignificativo, rico de sentido e variável de acordo com o momento em que é analisado dentro da dinâmica da positivação

---

1 SANTOS, Moacyr Amaral. *Prova judiciária no cível e comercial*. 5. ed., v. 1. São Paulo: Saraiva, 1983, p. 2.

2 GRECO FILHO, Vicente. *Direito processual civil brasileiro*. 16. ed., v. 2. São Paulo: Saraiva, 2003, p. 175.

3 MARQUES, José Frederico. *Instituições do direito processual civil*. v. II. Campinas: Millennium, 1999, p. 360.

4 A ambiguidade refere-se às dúvidas sobre o significado do vocábulo. É ambígua a palavra que se associa a objetos que nada têm em comum, não constituindo uma classe.

das normas jurídicas. Cabe ao intérprete defini-la e estudá-la em cada uma dessas aparições, evitando incorrer no erro de, alternativamente, deixar de apresentar uma definição para cada espécie de aparição do vocábulo no ordenamento ou pretender, com sua definição, alterar a realidade positiva sem que seja capaz de, por meio de linguagem descritiva, adentrar nesse sistema.

Considerando o corte epistemológico feito neste livro, limitaremos nossas reflexões à prova jurídica, que é a produzida dentro de um sistema jurídico, segundo suas próprias regras. Como exemplo, citamos as que apoiam os lançamentos contábeis e as que dão respaldo ao lançamento tributário.

Paulo de Barros Carvalho[5], debruçando-se na investigação das acepções possíveis ao termo, chegou a incríveis 58 (cinquenta e oito) conteúdos semânticos. São os seguintes: 1. procedimento, entendido como a sequência de atos mediante os quais se opera o relato probatório; 2. rito da enunciação, legalmente previsto, ou procedimento organizacional da prova; 3. resultado do procedimento probatório, ou seja, seu produto; 4. conjunto de regras que regulam a admissão, produção e valoração dos elementos trazidos aos autos, determinando o transcurso probatório; 5. enunciação; 6. enunciação-enunciada; 7. enunciado linguístico; 8. suporte físico; 9. conteúdo do suporte físico; 10. proposição; 11. veículo introdutor; 12. norma em sentido amplo; 13. norma em sentido estrito; 14. mensagem; 15. signo; 16. indício; 17. pista; 18. vestígio; 19. marca; 20. sinal; 21. ato de fala; 22. atitude pragmática; 23. relação de implicação entre enunciados linguísticos; 24. elemento constitutivo do fato jurídico; 25. fato; 26. fato de provar; 27. fato provado; 28. fato que causa convencimento do julgador acerca da verdade de outro fato; 29. fato da convicção provocada na consciência do julgador; 30. meio de controle das proposições que os litigantes formulam em juízo; 31. soma dos meios produtores de certeza; 32. fundamentação; 33. justificação da crença na verdade de um fato; 34. certeza; 35. verdade; 36. evidência; 37. certificação de que ocorreu elemento constitutivo do fato jurídico; 38. prova direta; 39. prova indireta; 40. presunção; 41. sobreprova; 42. metaprova; 43. reforço de prova; 44. enunciado de segundo nível; 45. contraprova; 46. protoprova; 47. análise; 48. argumento retoricamente produzido; 49. experiência sensorial, decorrente da utilização de um dos cinco sentidos – audição, tato, olfato, paladar e visão;

5 CARVALHO, Paulo de Barros. Teoria da prova e o fato jurídico tributário. *Apostila de Filosofia do Direito I* (Lógica Jurídica), do Programa de Pós-Graduação em Direito (Mestrado e Doutorado) da USP e PUCSP, 1999, não paginado.

50. testemunho; 51. competição; 52. concurso; 53. processo seletivo; 54. prova de conhecimento; 55. providência preliminar; 56. exibição; 57. certificação autenticadora; e 58. certificação constituidora.

Analisemos o termo a partir de seus quatro significados mais representativos, segregados dos demais, para permitir uma maior aproximação do objeto: (i) meio de prova; (ii) ação de provar; (iii) produto da enunciação (fato jurídico em sentido amplo); e (iv) fenômeno psicológico.

Como *meio de prova* é a espécie de enunciado utilizado para inserir fatos no universo jurídico, definida a partir do procedimento de produção do enunciado e do sujeito competente. A perícia, a confissão, a prova testemunhal e a indiciária são, nessa medida, meios de prova.

Como *ação de provar*, é enunciação, ou seja, a produção ordenada de atos de fala, sequenciais ou não, e que tem por objeto a demonstração da ocorrência ou inocorrência do evento descrito no enunciado. É fonte da prova, que, como qualquer outro relato linguístico, requer um método de produção, consistente na averiguação – procedimento tendente a criar algo até então desconhecido – ou na comprovação – atividade destinada a demonstrar a verdade daquilo que se afirma como conhecido; a pretensão deduzida. Seja qual for a perspectiva que se adote, a ação será sempre dinâmica.

Como exemplo, citemos os atos praticados no decorrer de uma fiscalização, consistentes na análise dos documentos fiscais apresentados, solicitação de esclarecimentos ao contribuinte e a terceiros relacionados às operações fiscalizadas, descrição detalhada dos indícios que implicam o conhecimento da ocorrência do fato e do contexto em que tais indícios se deram etc.

Já como *produto da enunciação*, é o resultado da ação de provar, o conteúdo do meio de prova. É norma jurídica *lato sensu* construída pelo sujeito competente de acordo com as normas que disciplinam a produção probatória e que só ingressa no ordenamento por meio de uma norma jurídica geral e concreta, que, em seu antecedente, traz as marcas da enunciação (enunciação-enunciada) e, em seu consequente, prescreve a introdução no mundo jurídico dos enunciados que veicula (metalinguagem do fato alegado, tais como o conteúdo da prova pericial produzida pelo contribuinte que demonstra que a mercadoria importada possui características tais que a enquadram em determinada classificação fiscal, para fins de apuração de IPI e II).

Finalmente, como *fenômeno psicológico*, é a convicção acerca da existência ou não do evento descrito no fato. É, assim, a crença, o convencimento provocado a partir das proposições.

2.2 Classificação das provas

Tradicionalmente, as provas são classificadas com base em critérios diversos. Tomemos como base a classificação elaborada por Nicola Framarino dei Malatesta[6], para quem as provas dividem-se em três grandes grupos, de acordo com seu (i) conteúdo; (ii) sujeito que as emana; e (iii) forma com que se apresentam.

No que diz respeito à classificação em função do conteúdo, as provas jurídicas são classificadas em *diretas* ou *indiretas*. As diretas são as que representam, de forma imediata, a ocorrência do fato de implicações jurídicas, seu objeto. É o que ocorre com a prova documental e a perícia técnica.

Elas não conferem maior certeza de ocorrência fenomênica do evento simplesmente pelo fato de se dirigirem de forma imediata ao fato que se quer provar. Não. Nem sempre uma prova direta é suficiente para demonstrar a ocorrência do fato típico, fazendo-se necessária a conjugação de diversos elementos para que o destinatário seja convencido.

Já a prova indireta representa a ocorrência de fatos secundários ou indiciários, dos quais advirá a implicação legal da existência ou da inexistência do fato principal. É um signo que se refere a *f*, que, por sua vez, é índice de *f'*.

Assim, a prova indireta ocorre quando o enunciado tiver por objeto um fato indiciário, diverso do fato típico, fato este que será considerado juridicamente existente em virtude da relação de implicação internormativa estabelecida entre *f* e *f'*. É o caso das presunções legais.

No que diz respeito ao sujeito que as emana, as provas podem ser classificadas em *pessoal* (se originada da afirmação de um indivíduo, tal como ocorre com a prova testemunhal) e *real* (quando deduzidas da própria coisa, como as impressões digitais e *e-mails*).

Por fim, classificam-se segundo a forma que se apresentam, em *documental* (tinta sobre o papel), *testemunhal* (depoimentos pessoais e orais) e *materiais* (as próprias coisas atestam determinado acontecimento, como a mercadoria apreendida ao ser irregularmente trazida ao Brasil). Acrescentamos, nessa classificação, a prova *eletrônica*.

Relativamente à prova testemunhal, ela pode ser subdividida em *testemunhal comum*, se proveniente de testemunha que interveio no fato e tendo por objeto coisas perceptíveis pelo comum dos homens, e *testemunhal pericial*, oriunda de testemunha escolhida *post factum* e tendo por objeto coisas per-

---

6 MALATESTA, Nicola Framino dei. *A lógica das provas em matéria criminal*. Tradução de Paolo Capitanio. 2. ed. Campinas: Bookseller, 2001, p. 147 e s.

ceptíveis só a quem possua conhecimento técnico concernente a determinado assunto.

A classificação de Malatesta é a adotada por muitos[7], sendo ainda possível encontrar autores que fazem uma divisão maior, tal como Jeremías Bentham[8], que as divide em: (i) prova pessoal e real; (ii) prova direta e indireta ou circunstancial; (iii) prova pessoal voluntária e prova pessoal involuntária; (iv) prova por depoimento e prova por documento; (v) prova literal casual (não produzida com a específica intenção de fazer prova em processo) e prova literal pré-constituída; (vi) prova independente e prova emprestada; (vii) prova original e prova inoriginal (translados, cópias, certidões); (viii) prova perfeita e prova imperfeita (a perfeição e a imperfeição dependem da origem do conteúdo da prova e da forma de sua produção); e (ix) prova inteira (reproduz o fato probando) e prova mutilada ou inferior (indício insuficiente).

Dentre importantes civilistas, Francesco Carnelutti[9] é quem apresenta a classificação mais diferente, seja pela escolha dos critérios, seja pelas respectivas justificativas. Para ele, as provas classificam-se em *diretas* e *indiretas* conforme a relação entre o julgador e o evento cuja ocorrência ou inocorrência se pretende certificar. A prova é direta, quando o julgador conhecer o acontecimento de forma imediata, como na inspeção ocular; indireta, quando a ele tiver acesso de modo mediato, por intermédio de depoimentos testemunhais, por exemplo. As provas indiretas, por sua vez, classificam-se em *históricas* e *críticas*: as históricas são representativas do fato probando, ao passo que as críticas exigem raciocínio dedutivo por parte do julgador, visto que, por si sós, não representam o fato. Ambas as espécies probatórias comportariam mais uma subdivisão: a histórica é também *testemunhal* ou *documental*, e a prova crítica pode-se dar por *indício* ou por *presunção*. Quanto ao objeto, Carnelutti também faz a divisão em *pessoal* ou *real*.

Seja qual for a classificação que se adote, ela sempre estará sujeita a críticas quanto à forma, sujeitos e objeto. Atenta a isso, Fabiana Del Padre Tomé[10] afirma o seguinte:

---

7 SANTOS, Moacyr Amaral. *Prova judiciária no cível e comercial*. 5. ed., v. 1. São Paulo: Saraiva, 1983, p. 69 e s.; NORONHA, Magalhães. *Curso de direito processual penal*. 28. ed. São Paulo: Saraiva, 2002, p. 116-117; ALVIM, Arruda. *Manual de direito processual civil*. 5. ed., v. 2. São Paulo: Revista dos Tribunais, 1996, p. 422-427.

8 BENTHAM, Jeremías. *Tratado de las pruebas judiciales*. Tradução de Manuel Osório Florit. Granada: Editorial Comares, 2001, p. 21-26.

9 CARNELUTTI, Francesco. *A prova civil*. Tradução de Lisa Pary Scarpa. Campinas: Bookseller, 2001, p. 81-83.

10 TOMÉ, Fabiana Del Padre. *A prova no direito tributário*. São Paulo: Noeses, 2005, p. 91.

A prova, como enunciado linguístico que é, decorre, necessariamente, de produção humana. Assim, todas as provas são pessoais. Toda prova é, também, documental, pois mesmo as afirmações realizadas oralmente só assumem a condição de prova quando devidamente reduzidas a escrito.

Realmente, as provas são sempre pessoais. Não haveria como ser diferente, uma vez que a enunciação só ocorre *com* e *por causa* do ser humano. Prova é norma jurídica *lato sensu*, de conteúdo deôntico incompleto, que se sujeita ao processo de criação previsto no ordenamento.

Por outro lado, nem toda prova é documental, já que a eletrônica possui, como suporte físico, um meio magnético qualquer, e não papel (em que pese poderem ser impressas em papel a qualquer tempo – prova documentada).

Finalmente, não compactuamos com a crítica quanto à classificação das provas em diretas e indiretas. Mesmo não negando que, se o critério analisado, para fins de classificação, for "alcançar o evento", a conclusão acima referida não merece qualquer reparo, consideramos mais adequada a análise do próprio objeto probatório: se é o fato principal que se quer provar ou se um outro, indiciário, que, por sua vez, implicará a ocorrência do fato principal. Como nossa opção é esta última, consideramos correta e útil a classificação das provas em diretas e indiretas.

Diante de todo o exposto, entendemos que as provas são sempre pessoais e classificam-se, em razão de sua forma, em documental ou eletrônica, e em razão de seu conteúdo, em direta ou indireta.

2.3 Espécies de prova

A diferenciação entre os meios de prova é importante para identificar o procedimento jurídico específico de construção do enunciado probatório e, com isso, controlar sua validade. Vejamos a seguir as principais espécies de prova existentes em nosso ordenamento, registrando, desde já, que imputamos às provas documental, eletrônica e indiciária maior importância no direito tributário, em função da frequência e relevância de sua utilização para a constituição de fatos jurídicos típicos.

2.3.1 Prova documental

A grande parte das provas hoje existente ainda é documental, uma vez que veiculada por meio do suporte físico "papel". Em sentido lato, documento é indicativo do suporte físico em que fica gravada uma linguagem: tinta sobre o papel. Consiste no conjunto de signos que se presta a representar um fato, podendo os documentos ser públicos, privados, produzidos com a deliberada intenção de constituir prova, elaborados sem qualquer intenção futura, escritos, gravados fonográfica ou fotograficamente etc.

Para que se constitua em espécie de prova, é indispensável a observância do procedimento previsto no sistema: apenas o suporte físico de enunciados reconhecidos pelo direito, tanto no que diz respeito ao seu conteúdo, quanto ao modo de sua produção, é prova documental.

Faz-se oportuno esclarecer que a prova documental ora tratada é aquela cujo processo de produção não seja afeto a outros meios específicos de prova e cujo suporte físico seja também tinta sobre o papel. Com isso, excluímos a prova testemunhal, reduzida a termo, e a prova pericial, consignada em laudo técnico também registrado em papel, dentre outras.

Por isso, parece-nos oportuna a distinção entre prova documental e documentada. A primeira é a relevante neste momento, ao passo que a documentada consiste na transcrição em documento (papel) de outros meios de prova, de características próprias que não a documental.

No direito tributário, a prova documental é de suma relevância, tendo em vista a obrigatoriedade de o sujeito passivo cumprir com inúmeros deveres instrumentais cuja finalidade é constituir o crédito tributário, informar acerca de relações estabelecidas com terceiros, retenções na fonte etc., mediante escrituração e registro de documentos, exigência de publicações, envio de formulários etc. Tal obrigação é prevista, inclusive, no art. 195 do Código Tributário Nacional (CTN), que prescreve a indispensabilidade de o contribuinte conservar e manter os livros obrigatórios de escrituração comercial e fiscal, e os comprovantes dos lançamentos neles efetuados, até que ocorra a decadência dos créditos tributários procedentes das operações a que se refiram.

O art. 226 do Código Civil, por sua vez, dispõe que "Os livros e fichas dos empresários e sociedades provam contra as pessoas a que pertencem, e, em seu favor, quando, escriturados sem vício extrínseco ou intrínseco, forem confirmados por outros subsídios".

Já os arts. 1.180 a 1.194 do Código Civil regulam os documentos de emissão obrigatória e não obrigatória da sociedade empresária (livros obrigatórios e auxiliares), devendo a escrituração ser feita sob responsabilidade de um contabilista legalmente habilitado (art. 1.182). Os documentos lá previstos devem conter as informações financeiras da atividade empresarial, servindo tanto para o empresário conhecer e gerir melhor a sociedade, quanto para os sócios, acionistas e credores terem acesso a dados relevantes para o exercício de direitos. Servem, ainda, para as autoridades competentes verificarem se os fatos típicos foram devidamente formalizados e as obrigações tributárias cumpridas.

O que jamais pode ser esquecido, por fim, é o caráter de relatividade desse importante meio de prova, que pode ser sempre ilidido por qualquer outro meio em direito admitido. Em outras palavras, a prova documental deve prevalecer somente se a convicção construída pelo conjunto probatório a confirmar.

2.3.2 Prova eletrônica

Com a evolução tecnológica, passou-se a admitir, como meio de prova, o documento eletrônico. Neste ponto, nossa análise será mais longa, tendo em vista a relativa novidade e a publicação de importantes leis fiscais a respeito do meio eletrônico de dados.

Acreditamos que, num futuro próximo, o meio magnético, como suporte para documentos, substituirá a prova documental em frequência de utilização.

Documento eletrônico, segundo definição de Maria Helena Diniz[11], é:

> 1. É qualquer objeto capaz de propiciar a outro objeto (o suporte representativo) condições de obter a representação de um fato presente ou passado. 2. É, segundo Renato Muller da Silva Ópicem Blum e Sérgio Ricardo Marques Gonçalves, uma sequência de bits que, traduzida por meio de um determinado programa de computador, seja representativa de um fato. 3. É todo documento, público ou particular, originado por processamento eletrônico de dados e armazenado em meio magnético, aparato magnético, eletrônico ou similar. 4. Aquele cujas informações estão armazenadas exclusivamente em meios eletrônicos.

A partir da década de 1990, época em que a internet tornou-se disponível para grande parte da população, iniciou-se uma transformação nas relações sociais, políticas, econômicas e culturais. E o direito não se manteve imune aos seus reflexos: o avanço da mídia digital fez com que o sistema jurídico se deparasse com outro tipo de meio de prova, que pudesse ser controlado e valorado pelo intérprete, na construção de fatos jurídicos, que não a prova documentada (papel).

O documento eletrônico é criticado por ser um documento por vezes alterável, o que em tese poderia comprometer a autenticidade de sua produção. Tal incerteza, entretanto, não é privilégio desse meio de prova: como

---

11 DINIZ, Maria Helena. *Dicionário jurídico*. 2. ed., v. 2. São Paulo: Saraiva, 2005, s.v. *Documento eletrônico*.

linguagem, os documentos cujos suportes físicos sejam papéis ou meios eletrônicos de dados, estão sujeitos a adulterações, incorreções e falsidades.

A perícia pode privilegiar indevidamente o interesse de uma das partes, a testemunha pode mentir, o documento de arrecadação pode ter sido falsificado. Não vislumbramos qualquer diferença.

A crítica da vulnerabilidade da prova deve ser superada. Há meios rígidos e confiáveis de controle dos dados eletrônicos, compostos por ondas eletromagnéticas de existência física real. A assinatura eletrônica (espécie de senha) e a digital (mais complexa e segura, consistente em códigos privados e públicos inter-relacionados) são exemplos desses meios. Conhecer-se-á o agente emissor pela assinatura baseada em um certificado digital, emitido pela autoridade certificadora credenciada.

Há de se registrar, também, a instituição da Infraestrutura de Chaves Públicas Brasileira – ICP-Brasil, que possui como finalidades garantir a autenticidade, integridade e validade jurídica (i) de documentos em forma eletrônica, (ii) das aplicações de suporte e das aplicações habilitadas que utilizem certificados digitais e (iii) da realização de transações eletrônicas seguras.

A elaboração do documento eletrônico deve ser feita em conformidade com o procedimento eleito pela ICP-Brasil, com a finalidade de conferir maior segurança à sua produção. O procedimento dever ser realizado por meio do certificado digital, instrumento que garante a efetiva troca de informações entre os sujeitos identificados pela assinatura. Com isso, se o envio das informações não se der com o uso do certificado, o documento nem sequer é recebido pelo destinatário.

Registre-se, ainda, que o sistema jurídico não exclui a validade de outras certificações que não a ICP-Brasil, mas requer que, neste caso, elas sejam admitidas pelas partes como válidas ou aceitas pela pessoa a quem a prova prejudicar.

Ediberto Barbosa Clementino[12] elege três requisitos para o documento eletrônico ser válido: (i) garantia de autenticidade, que diz respeito à pessoa do signatário; (ii) integridade, evitando a alteração posterior; e (iii) proteção contra o acesso não autorizado, garantindo-se o acesso restrito aos documentos que contenham elementos relativos à intimidade dos interessados.

Quanto aos dois primeiros pontos, concordamos com o autor. Já, no que diz respeito à validade do documento, entendemos que a proteção mencionada no item "iii" *supra* não seja algo relevante para os fins ora analisados, já que o documento não perde a sua condição de meio de prova pela

---

12 CLEMENTINO, Ediberto Barbosa. *Processo judicial eletrônico*. Curitiba: Juruá, 2009, p. 95-98.

única circunstância de um sujeito desautorizado ter tido acesso às informações nele contidas.

Passemos agora à interessante análise do documento eletrônico como ato administrativo.

A possibilidade de automatização dos atos administrativos que não requerem contraditório tornou-se real com o avanço dos chamados sistemas inteligentes de informática. Como exemplo, citamos a inscrição na dívida ativa de débito declarado e não pago pelo contribuinte.

O ato administrativo deve ser dotado de critérios objetivos ante a incidência do princípio da impessoalidade e, quando produzido por *softwares* inteligentes da Administração Pública, de forma efetivamente impessoal, rápida e uniforme, só traz benefícios à sociedade. Deve-se apenas vetar, no momento da elaboração do programa, a produção de todo ato que demande contraditório em esfera administrativa, situação que, se não respeitada, certamente violará direitos constitucionais afetos ao administrado.

A automatização, além de tornar mais célere o processo de positivação do direito, retira do agente público a responsabilidade pela tomada de decisões rotineiras, possibilitando que esses funcionários dediquem-se a atividades que demandem avaliações específicas e mais complexas.

No que diz respeito à introdução de norma por autoridade competente – requisito para a validade do procedimento de produção da norma jurídica –, entendemos que não seria o caso de o ato ser declarado nulo pelo fato de ter sido introduzido via sistema eletrônico automático, já que a autoridade competente deve envolver-se, e ser a responsável, na construção do programa (pressuposto procedimental do ato). Nesse sentido, o *software* não se confundiria com a autoridade competente, que estaria, pelas razões que acabamos de expor, presente na elaboração do ato.

Note-se que sempre haverá a responsabilidade objetiva do Estado. Obviamente, os atos administrativos eletrônicos, assim como os formalizados em papel, estão sempre sujeitos ao controle administrativo e judicial. Diante de eventuais danos oriundos de ato ilegal introduzido pelo *software* inteligente – por exemplo, a falta de atualização de base de dados que resultasse na ausência de intimação do contribuinte acerca de decisão administrativa prolatada contra seus interesses, com o transcurso do prazo de defesa sem manifestação –, isso não é diferente: o ato é inválido e o devido processo legal deve ser restabelecido.

Avancemos para o direito tributário, que já se utiliza do documento eletrônico de forma rotineira.

O benefício trazido por esse meio de prova é do Fisco e do particular: facilita a fiscalização, ao torná-la rápida e ao propiciar uma análise mais profunda de informações organizadas, e favorece o cumprimento dos deveres instrumentais pelos contribuintes, pois os dados de interesse fiscal podem ser disponibilizados sem a adoção de procedimentos onerosos e, muitas vezes, complexos.

Nesse diapasão, o mais importante avanço em nosso ordenamento jurídico foi a instituição do Sistema Público de Escrituração Digital – SPED, instituído pelo Decreto n. 6.022/2007, como parte do Programa de Aceleração do Crescimento (PAC 2007/2010), e que representa a iniciativa integrada das administrações tributárias nas três esferas governamentais: Federal, Estadual e Municipal, além de manter parceria com 16 (dezesseis) instituições, dentre elas órgãos públicos, conselhos de classe, associações e entidades civis.

O SPED consiste em um instrumento que unifica as atividades de recepção, validação, armazenamento e autenticação das sociedades empresárias, mediante fluxo único, computadorizado, de informações. Por ter sido produzido de acordo com as regras elaboradas pelo ICP-Brasil, restam garantidas a autenticidade, a integridade e a validade jurídica.

A partir de sua entrada em funcionamento, o SPED passou a substituir a emissão de livros e documentos contábeis e fiscais emitidos em papel, por documentos eletrônicos com certificação digital. Três são as suas grandes bases de dados: Escrituração Contábil, Escrituração Fiscal e a Nota Fiscal Eletrônica.

A Escrituração Contábil Digital (ECD), também conhecida por SPED Contábil, consiste na transferência da escrituração tradicional (feita em papel) para a digital, extinguindo a necessidade de manutenção de espaços físicos para o arquivamento da documentação contábil.

Já o SPED Fiscal permite a transcrição das escritas fiscais tradicionais para o formato digital, com vários dados de interesse fiscal, como o Livro de Apuração do Lucro Real – LALUR, informações do IPI na DIPJ, DNF – Demonstrativo de Notas Fiscais, DCP – Declaração do Crédito Presumido do IPI, DE – Demonstrativo de Exportação etc.

A Nota Fiscal Eletrônica – NF-e, por sua vez, gera um arquivo eletrônico contendo as informações fiscais da operação comercial, e deve ser assinado digitalmente como forma de garantir a integridade dos dados e a autoria do emissor. Esse arquivo eletrônico deve ser transmitido pela internet para a Secretaria da Fazenda de jurisdição do contribuinte ou para a Secretaria de Fazenda Virtual, que devolverá um protocolo de recebimento, sem o qual não poderá haver o trânsito da mercadoria.

Por fim, não poderíamos deixar de mencionar a Escrituração Contábil Digital (ECD), instituída pela Lei n. 9.779/99 e que compreende os livros Diário, Razão, Balancetes Diários, Balanços, Fichas de Lançamento e Auxiliares, quando existirem, documentos esses que deverão ser assinados digitalmente utilizando-se do e-CNPJ emitido por entidade credenciada à ICP-Brasil.

E, na esfera estadual, mediante Convênio ICMS n. 143/2006, revogado tacitamente pelo Ajuste SINIEF 02/09, foi instituída a Escrituração Fiscal Digital (EFD), em substituição à escrituração fiscal estabelecida pelo Convênio S/N de 1970.

Por fim, os arts. 21 e 22 da Lei n. 13.457/2009[13], atualizada pela Lei n. 16.498/2017 e que regula o processo administrativo fiscal no Estado de São Paulo, preveem expressamente a prova eletrônica como forma de conhecimento de fatos jurídicos.

Atentos a toda essa evolução tecnológica, os Tribunais não poderiam deixar de aceitar o documento eletrônico como meio de prova. Confira-se o seguinte acórdão do E. STJ:

> TRIBUTÁRIO. ICMS. OBRIGAÇÃO ACESSÓRIA. TRANSMISSÃO ELETRÔNICA DE DADOS. LEGALIDADE. RAZOABILIDADE. VIOLAÇÃO DO SIGILO FISCAL NÃO COMPROVADA. BENEFÍCIO FISCAL CONCEDIDO A ATACADISTAS. ISONOMIA. INEXISTÊNCIA DE VIOLAÇÃO.

---

13 "Art. 21. A transcrição de documento eletrônico apresentada à guisa de instrução do auto de infração terá o mesmo valor probante do documento eletrônico transcrito, desde que, cumulativamente: I – seu conteúdo reflita com exatidão os dados que constituem o respectivo documento em forma eletrônica; II – o Fisco tenha executado procedimentos técnicos tendentes a assegurar a integridade da informação digital contida no documento em forma eletrônica. § 1º Para os efeitos deste artigo, considera-se transcrição o processo do qual resulte a visualização, em impresso, do documento eletrônico. § 2º Ter-se-á como comprovada a integridade do documento eletrônico quando houver sido efetuada sua vinculação a um ou mais códigos digitais gerados por aplicativo especialmente projetado para a autenticação de dados informatizados, garantindo que, necessariamente, se modifique a configuração do código autenticador na hipótese de ocorrer qualquer alteração, intencional ou não, no conteúdo do referido documento".

"Art. 22. Em se tratando de infrações caracterizadas em documentos recebidos, emitidos ou escriturados pelo sujeito passivo, admitir-se-á como elemento de prova, em substituição aos referidos documentos, demonstrativo no qual as operações, prestações ou eventos estejam individualmente discriminados, sempre que, alternativamente, o referido demonstrativo tenha sido elaborado pelo Fisco: I – mediante transcrição de documentos eletrônicos gerados pelo sujeito passivo, por ele entregues ou apreendidos pelo Fisco, desde que esteja comprovada a integridade dos correspondentes documentos eletrônicos, nos termos do artigo anterior; II – com base em documentos eletrônicos criados pelo sujeito passivo, por ele entregues ou apreendidos pelo Fisco, desde que esteja comprovada a integridade dos correspondentes documentos eletrônicos, nos termos do artigo anterior; III – esteja acompanhado de originais ou cópias dos respectivos documentos em quantidade suficiente para comprovar, de forma inequívoca, ainda que em relação a um único evento, a ocorrência da infração".

> [...] 6. O envio de dados eletronicamente, mediante programas de computador fornecidos pelo próprio Fisco, é muito mais célere e menos oneroso que a entrega de livros e documentos em papel. Eventuais dificuldades na utilização do programa pelos contribuintes, noticiadas genericamente pela impetrante, não podem ser aferidas no âmbito do Mandado de Segurança, pois é impossível dilação probatória.
> [...] 8. O direito ao sigilo fiscal deve ser sempre garantido, qualquer que seja o meio pelo qual os dados fiscais são fornecidos pelo contribuinte (em papel ou por meio eletrônico). Ausência de relação entre a forma de entrega das informações e o direito invocado.
> 9. A impetrante não aponta caso concreto de violação do sigilo, apenas especula que "é do conhecimento geral da população que a transmissão eletrônica de dados é algo extremamente fácil de ser violado". Inexiste prova de que o direito ao sigilo fiscal tenha sido desrespeitado [...] (RMS 15597/CE, Rel. Min. Herman Benjamim, julgado em 3-3-2009).

2.3.3 Prova pericial e técnica simplificada

A prova pericial consiste no resultado do exame, vistoria e avaliação de um objeto. O *expert* no fato controvertido emite esclarecimentos técnicos a partir dos quesitos que lhe foram formulados e, com isso, subsidia o julgador em sua avaliação sobre os fatos. Tem cabimento, quando a complexidade da matéria demandar conhecimento especializado e se, evidentemente, o objeto da prova for relevante para a solução da lide e o fato não estiver suficientemente demonstrado com base em outros meios de prova.

A perícia é utilizada em várias áreas de atuação, sendo comum, por exemplo, para identificar produtos, sua composição e seu processo produtivo, assim como para provar a adulteração de documentos e livros fiscais, e a falsificação de selos de controle de bebidas e cigarros. É cabível, também, quando a comprovação da matéria de fato não puder ser feita nos autos, seja pelo volume da documentação, pela impossibilidade de deslocar os elementos objeto da prova (máquinas, construções, processo de produção de determinado bem etc.), pela localização do objeto (poder de terceiros, distante do julgador) ou, finalmente, pela natureza do exame técnico (análise grafotécnica, análise química).

O art. 370 do Código de Processo Civil (CPC) atribui ao julgador a função de, em decisão fundamentada, indeferir as diligências inúteis ou as meramente protelatórias, determinando a concretização daquelas que forem fundamentais à instrução do processo. Em sentido análogo, nos termos do art. 16, IV e § 1º do Decreto n. 70.235/72, se o contribuinte tiver interesse na realização da perícia em um processo administrativo federal, deverá justificar e formular quesitos pertinentes ao objeto da lide, do modo específico e pormenorizado, e indicar seu assistente técnico, com a respectiva qualificação e endereço. Não o fazendo desta forma, considera-se não formulado o pedido.

Já o § 1º do art. 464 do CPC impõe o indeferimento do pedido de perícia, quando (i) a prova do fato não depender de conhecimento especial de técnico, (ii) for desnecessária em vista de outras provas produzidas ou (iii) a verificação for impraticável.

A aplicação de tais dispositivos exige cautela, a fim de que não se viole a ampla defesa. Por inútil deve-se entender a prova que não diga respeito aos fatos discutidos na lide, enquanto protelatória é aquela referente a fato já indubitavelmente demonstrado. A impraticabilidade, por sua vez, decorre do desaparecimento dos vestígios a serem analisados, por não existir técnica que permita identificar as peculiaridades fáticas que se pretende averiguar ou pela ausência de determinação do objeto do exame pericial, sendo inconcebível o indeferimento da realização de perícia com fundamento na mera dificuldade de sua concretização ou na ausência de verba para o respectivo custeio.

Como substituição à perícia, o CPC introduziu uma nova espécie probatória, a "prova técnica simplificada" (§§ 2º, 3º e 4º do art. 464), a ser requerida de ofício ou a requerimento das partes, e determinada pelo juiz quando o ponto controvertido for de menor complexidade. Consiste na inquirição de especialista, sobre ponto controvertido que demande especial conhecimento científico ou técnico.

Deferida a perícia, o laudo deve ser fundamentado, justificando as conclusões exaradas, que, embora não vinculatórias (art. 479 do CPC), contêm elevado grau de convencimento. Essas conclusões, por sua vez, devem responder aos quesitos formulados pelas partes, inerentes aos fatos controvertidos da lide e que demandem conhecimentos técnicos. Ao perito é defeso manifestar-se sobre questões de direito, vale dizer, sobre as consequências jurídicas de tais fatos, função essa privativa do julgador.

Embora ainda hoje exista grande resistência na produção desse meio de prova nos processos administrativos, em matéria tributária a realização de perícia, nos processos administrativos federais, encontra expressa previsão no art. 16 do Decreto n. 70.235/72 e autorização implícita no art. 18[14] da Lei n. 13.457/2009, que regula o processo administrativo tributário no Estado de São Paulo. Na esfera judicial, a perícia sempre foi possível, desde que atendidos os requisitos legais de pertinência e utilidade.

---

14 "Art. 18. Todos os meios legais, bem como os moralmente legítimos obtidos de forma lícita, são hábeis para provar a verdade dos fatos controvertidos".

2.3.4 *Prova testemunhal*

A prova testemunhal apresenta-se na forma documental. Tomando o depoimento da testemunha como enunciação, a prova consiste em seu produto (redução a termo do relato testemunhal, e não o ato de fala propriamente dito).

Testemunha é a pessoa distinta dos sujeitos processuais e que tenha conhecimento do fato controverso. É necessário que tenha capacidade civil, pois se supõe que a percepção e o adequado relato dos fatos exijam certo grau de discernimento (art. 447 do CPC).

Além dos incapazes, não podem ser testemunhas as pessoas consideradas pela lei como impedidas ou suspeitas (art. 447, §§ 2º e 3º, do CPC). Mas, se o julgador entender necessário, estas pessoas poderão ser ouvidas, não na qualidade de testemunhas, e sim na de colaboradoras: seus relatos são considerados declarações aptas a contribuir para a convicção que deve ser formada no caso concreto, em que pese estarem sujeitas à cuidadosa valoração. Os relatos são, portanto, provas.

Em matéria tributária, a utilização desse meio de prova é bastante restrita, já que, na maioria dos casos, documentos fiscais e contábeis, e diligências periciais, são os normalmente requeridos para a comprovação dos fatos que se alega. Essa característica, entretanto, não pode nos levar a concluir pela inutilidade da prova testemunhal em matéria tributária.

Em que pese o valor probatório da prova testemunhal ser mais fraco por condicionar-se às lembranças da testemunha, a interpretação dos fatos, o interesse no resultado etc., a prova permanece sendo importante elemento de convicção, a ser valorado juntamente com os demais enunciados probatórios. O interessado deve solicitá-la de forma justificada e, evidenciada sua necessidade, deve ser o deferimento.

É por meio de testemunhas, por exemplo, que a autoria de um crime contra a ordem tributária e a identidade de interpostas pessoas podem ser mais facilmente descobertas. Muitas vezes, a identificação do agente é tarefa árdua, pois várias são as pessoas autorizadas a responder pela sociedade, a assinar cheques, a efetuar transações bancárias, a tratar com clientes e fornecedores etc. Nos casos em que o infrator não puder ser, à primeira vista, identificado, a prova testemunhal, produzida durante a fiscalização, torna-se imperiosa para a correta e tempestiva identificação do sujeito passivo, impondo a inclusão de seu nome no auto de infração (arts. 135 ou 137 do CTN).

Assim, seja pela ampla defesa, seja porque todas as iniciativas que possam ser úteis à comprovação do fato devem ser admitidas, a prova testemunhal apresenta-se como meio de prova também relevante para o direito tributário.

2.3.5 *Confissão*

A confissão consiste na declaração voluntária em que o indivíduo admite como verdadeiro fato contrário ao seu interesse e favorável a outra parte. Pode ser judicial ou extrajudicial (art. 389 do CPC).

Alguns doutrinadores – dentre eles Cândido Rangel Dinamarco[15] e João Batista Lopes[16] – não consideram a confissão como meio de prova, tendo em vista serem declarações de ocorrência ou inocorrência de fatos desfavoráveis àquele que os confessa, tornando-os incontroversos e, com isso, dispensando a produção probatória. De nossa parte, seguimos a linha de Antonio Dellepiane[17], para quem a existência de confissão não importa "nada mais que uma simples suspeita ou uma presunção de verdade, que só assumirá foros de certeza depois de um estudo analítico e de uma crítica severa que levem ao espírito a convicção de que essa confissão é sincera e discreta".

Considerando-se que a confissão apresenta-se como enunciação exercida em observância às regras de produção probatória, tendo por objetivo convencer o julgador, ela é meio de prova cujo conteúdo, *se* confirmado pelos demais elementos probatórios produzidos, será juridicamente verdadeiro.

A confissão, ademais, diferencia-se do reconhecimento jurídico do pedido ao se referir a fatos, e não a direitos subjetivos. Confessado o fato, o processo tem seu prosseguimento normal, ao passo que, no reconhecimento jurídico do pedido, dá-se a extinção do processo com decisão favorável à parte contrária. Se é assim, a confissão não cria direitos e obrigações para as partes, não vincula o julgador e não se confunde com a renúncia ao direito. Em contrapartida, torna o fato incontroverso, devendo o juiz atribuir à confissão o valor que entender cabível, considerando-se todos os demais elementos de prova existentes nos autos[18].

Na esfera tributária, há confissão do contribuinte quando ele introduzir no sistema norma individual e concreta que constitua o crédito tributário; no parcelamento de dívidas e no reconhecimento total ou parcial, administrativo ou judicial, da procedência do débito. Seja como for, salvo se precluso judicialmente, será sempre possível questionar o conteúdo da confissão outrora

---

15 DINAMARCO, Cândido Rangel. *Instituições de direito processual civil*. 2. ed., v. 3. São Paulo: Malheiros Editores, 2002, p. 622.

16 LOPES, João Batista. *A prova no direito processual civil*. 2. ed. São Paulo: Revista dos Tribunais, 2002, p. 98.

17 DELLEPIANE, Antonio. *Nova teoria da prova*. Tradução de Erico Maciel. Campinas: Minelli, 2004, p. 157.

18 Cf. Fabiana Del Padre Tomé (*A prova no direito tributário*. São Paulo: Noeses, 2005, p. 106).

feita, pois, diante dos princípios da legalidade e tipicidade tributárias, a confissão é retratável.

2.3.6 *Prova indiciária*

Como já tivemos oportunidade de afirmar em trabalho de nossa autoria[19], a prova indiciária é prova indireta que visa a demonstrar, a partir da comprovação da ocorrência de fatos secundários, indiciários, a existência ou a inexistência do fato principal. Pode ser ela eletrônica, documental, testemunhal etc., mas, seja como for, a consideramos espécie de prova, porque ser indiciária a qualifica e a distingue das demais.

Para que a prova indiciária exista, faz-se necessária a presença de indícios, a combinação deles, a realização de inferências indiciárias e, finalmente, a conclusão dessas inferências.

Indício é todo vestígio, indicação, sinal, circunstância e fato conhecido apto a nos levar, por meio do raciocínio indutivo, ao conhecimento de outro fato, não conhecido diretamente[20]. É, segundo Pontes de Miranda[21], "o fato ou parte do fato certo, que se liga a outro fato que se tem de provar, ou a fato que, provado, dá ao indício valor relevante na convicção do juiz, como homem".

Conhecido o indício, deverá ser efetuada a operação lógica de subsunção de seu conceito, com os critérios previstos numa norma geral e abstrata, por força da qual o indício adquirirá relevância jurídica, ou seja, constituir-se-á no antecedente de um enunciado jurídico prescritivo que implicará juridicamente uma consequência, cujo conteúdo será o fato principal.

A relação de implicação une, por força da causalidade normativa, o antecedente ao consequente. A relação formal existente entre eles é jurídica, posto que os fatos vinculam-se por força dessa espécie de causalidade, informada não por relações naturais de causa e efeito, pertinentes à causalidade física, mas por relações deônticas de causa e efeito.

Entretanto, admitimos que, extrajuridicamente, a relação de implicação seja pautada na premissa maior de um silogismo lógico, verdade mais geral que a contida no antecedente do enunciado, sendo formada com o auxílio

---

19 FERRAGUT, Maria Rita. *Presunções no direito tributário*. 2. ed. Quartier Latin, 2005, p. 91-92.

20 O Código Penal define o vocábulo *indício* em seu art. 239 da seguinte forma: "Considera-se indício a circunstância conhecida e provada que, tendo relação com o fato, autorize, por indução, concluir-se a existência de outra ou outras circunstâncias".

21 MIRANDA, Pontes de. *Comentários ao Código de Processo Civil*. v. 3. Rio de Janeiro: Forense, 1958, p. 421.

das experiências externa e interna, as chamadas regras de experiência[22]. A partir das regras de experiência, é possível saber se a relação existente entre o antecedente e o consequente do enunciado é constante ou ordinária. Será constante, se o conteúdo semântico do consequente apresentar-se verdadeiro em todos os casos particulares compreendidos na espécie; e ordinária, se verdadeiro no maior número de casos particulares.

Não há diferença substancial entre a prova direta (pericial, documental, testemunhal etc.) e a indiciária. Há apenas diferença no que tange ao nexo lógico: enquanto a prova direta relaciona-se imediatamente ao fato que se pretende demonstrar como verdadeiro, a indireta apoia-se em indícios para provar a ocorrência do fato indiciado. De qualquer forma, ambas constituem verdade suficiente do ponto de vista jurídico, e nenhuma confere certeza quanto à ocorrência fenomênica do evento descrito no fato. As duas espécies, é certo, limitam-se a transformar em linguagem competente a versão do evento, e não ele próprio, inatingível por ter se exaurido no tempo e no espaço.

---

22 Cf. entendimento manifestado por Moacyr Amaral Santos (*Prova judiciária no cível e comercial.* 5. ed., v. 1. São Paulo: Saraiva, 1983, p. 392-393), que mais adiante estabelece o conteúdo semântico das regras de experiência da seguinte forma (p. 407): "a premissa maior do silogismo, a qual necessariamente deverá abranger a ideia contida na menor, corresponde ao produto de conhecimentos gerais, universalmente aceitos, seja sob a forma de experiência, seja sob a forma de observação, ou ainda mesmo a de princípio científico".

3 Elementos da prova

Nossa proposta, neste Capítulo, é a de decompor os elementos internos e externos da prova em partes[1], com o objetivo de analisar as peculiaridades de cada um deles. Mesmo sendo os fatos jurídicos indivisíveis, eles apresentam componentes que dizem respeito a sua criação, estrutura, formação e classificação. É o estudo da *anatomia* do objeto[2], a *morfologia* das provas[3], seus pressupostos e requisitos.

Considerando que *prova é fato jurídico em sentido amplo*, produto de atos de fala, identificamos sete elementos indispensáveis à sua existência e validade: (i) sujeitos emissor e destinatário; (ii) fonte; (iii) objeto; (iv) conteúdo; (v) forma; (vi) finalidade; e (vii) função. O primeiro analisaremos no Capítulo 4, ao tratar da dinâmica da prova (item 4.4), e os demais, a seguir.

3.1 Fonte

Já tivemos oportunidade de afirmar que fonte significa nascente de água, chafariz, princípio, procedência. A expressão *fonte das provas* designa, assim, a sua origem.

Sob determinada perspectiva, prova é norma jurídica em sentido amplo. Portanto, ao tratarmos de fonte da prova, estaremos tratando da fonte do

---

1 Designamos aqui simplesmente *elementos* o que pode ser dividido em elementos e pressupostos, conforme lição de Celso Antonio Bandeira de Mello (*Curso de direito administrativo*. 9. ed. São Paulo: Malheiros Editores, 1997, p. 177), para quem "devem ser distinguidos os *elementos* do ato e os *pressupostos* do ato. Sem os elementos não há ato jurídico algum (administrativo ou não). Sem os pressupostos não há ato administrativo formado de maneira válida. São elementos do ato o *conteúdo* (frequentemente chamado de objeto) e a *forma*. Ambos, indissociavelmente ligados, compõem o ato. Os pressupostos são: 1) pressupostos *subjetivos* (sujeito); 2) pressupostos *objetivos* (motivo e requisitos procedimentais); 3) pressupostos *teleológicos* (finalidade); 4) pressupostos *lógicos* (causa); e 5) pressupostos *formalísticos* (formalização)".

2 Segundo Celso Antonio Bandeira de Mello (*Ibidem*, p. 357), "o procedimento de decomposição corresponde à anatomia do objeto examinado, permitindo visualizá-lo em suas peculiaridades".

3 TOMÉ, Fabiana Del Padre. *A prova no direito tributário*. São Paulo: Noeses, 2005, p. 153.

próprio direito, que, segundo lição de Paulo de Barros Carvalho[4], são os "focos ejetores de regras jurídicas, isto é, os órgãos habilitados pelo sistema para produzirem normas, numa organização escalonada, bem como a própria atividade desenvolvida por essas entidades, tendo em vista a criação de normas".

A fonte das provas é a enunciação, definida por José Luiz Fiorin[5] como sendo "A atividade psicofísica produtora de enunciados, delimitada em condições de espaço e tempo". Nessa medida, a origem da prova reside na atividade humana produtora de enunciados, ou seja, na sucessão de atos promovidos por um sujeito credenciado pelo sistema, produtores de atos de fala, de decisões que gerem consequências jurídicas.

Portanto, a enunciação probatória é um acontecimento de ordem social, que necessariamente antecede o enunciado prescritivo, é regulada juridicamente após seu produto ingressar no sistema e se consubstancia na conjugação de três fatores: (i) um ato de vontade humano; (ii) a realização de um procedimento específico; e (iii) um agente competente.

3.2 Objeto da prova

Os fatos alegados pelas partes, referentes a eventos ocorridos em lapso temporal necessariamente anterior à alegação, constituem o objeto da prova. Devem ser determinados e apresentar características próprias, aptas a distingui-los de outros que se lhes assemelhem. Nesse sentido, demanda produção probatória o antecedente das normas individuais e concretas, a base de cálculo, o sujeito passivo, a isenção etc.

É por isso que defendemos, na linha de vasta doutrina, que a tão citada e perseguida verdade material, na acepção de "verdade por correspondência", é inalcançável. Buscá-la é um sem-sentido. A prova tem por objeto *alegações que se quer ou precisa provar*, ou seja, critérios do antecedente e do consequente das normas individuais e concretas, condições para fruição de imunidade e isenção, extinção do crédito, erro no cumprimento de deveres instrumentais etc., e não eventos físicos.

Dentro de todo esse rol de fatos passíveis de prova, em esfera tributária esses fatos encontram-se normalmente descritos no ato de lançamento e nas decisões administrativas; e nas manifestações do sujeito passivo, quando da apresentação de defesa ou em qualquer outra oportunidade em que for

---

4 CARVALHO, Paulo de Barros. *Curso de direito tributário*. 19. ed. São Paulo: Saraiva, 2007, p. 46.

5 FIORIN, José Luiz. *As astúcias da enunciação*. São Paulo: Ática, 2002, p. 31.

possível manifestar-se. Por isso, o Decreto n. 70.235/72 relaciona a descrição do fato como um dos requisitos do auto de infração (art. 10, III), prescrevendo também que, na impugnação à exigência tributária, constem os pontos em relação aos quais o sujeito passivo discorda (art. 16, III).

Além disso, os fatos alegados devem ser determinados e apresentar características próprias, aptas a distingui-los de outros que se lhes assemelhem.

Devem ser também relevantes, vale dizer, necessitam influenciar o julgamento da lide. Qualquer esforço em provar algo diverso será totalmente inócuo, pois não colaborará com a formação do convencimento do julgador.

Analisemos agora a prova de fatos negativos e notórios.

3.2.1 Prova de fatos negativos

O enunciado probatório negativo é uma proposição que afirma a inocorrência ou a inexistência de algo.

Com propriedade Fabiana Del Padre Tomé[6] defende que é possível a existência de fatos negativos, pois fatos são enunciados linguísticos, afirmativos ou negativos. O que não se pode conceber é um evento negativo, pois, sendo o evento um acontecimento, é ele necessariamente positivo.

Paulo de Barros Carvalho[7], por sua vez, entende que as provas negativas absolutas não são, sequer, fatos. O enunciado relevante para o desencadeamento dos correspondentes efeitos de direito apresenta-se orientado por coordenadas de espaço e tempo. Isso faz com que o fato negativo, no direito, seja sempre passível de prova. Uma das possibilidades consiste na demonstração do fato positivo contrário; outra, na ausência de prova do fato positivo apto a ilidir a negação.

Já para João Batista Lopes[8], apenas as provas negativas absolutas – jamais estive em tal lugar – seriam de impossível produção probatória, ao passo que aquelas delimitadas no tempo e no espaço – não estive em tal lugar no dia X, às Y horas – sujeitar-se-iam à comprovação. No primeiro caso, a impossibilidade da prova não advém do caráter negativo da alegação, mas da sua propriedade indefinida, indeterminada.

---

6 TOMÉ, Fabiana Del Padre. *A prova no direito tributário*. São Paulo: Noeses, 2005, p. 167.

7 CARVALHO, Paulo de Barros. Teoria da prova e o fato jurídico tributário. *Apostila de Filosofia do Direito I* (Lógica Jurídica), do Programa de Pós-Graduação em Direito (Mestrado e Doutorado) da USP e PUCSP, 1999, não paginado.

8 LOPES, João Batista. *A prova no direito processual civil*. 2. ed. São Paulo: Revista dos Tribunais, 2002, p. 34.

A prova negativa é prova e, com exceção das absolutas, pode ser produzida pelo sujeito interessado. Já as afirmações indefinidas não são passíveis de comprovação, tendo em vista que a linguagem objeto – fato a ser provado – é indeterminada. Um fato sem delimitações de tempo e de espaço está impedido de ser reconhecido pelo sistema normativo como fato jurídico; o antecedente da norma concreta requer, sempre, a identificação dos critérios temporal e espacial. Sem eles, o enunciado nem sequer configura-se como antecedente normativo.

Por essas razões, no direito tributário as provas negativas são passíveis de comprovação. Apenas não o são os fatos indeterminados. Assim, não é de se esperar – e tampouco imputar consequências jurídicas à ausência de linguagem probatória – que a pessoa contra quem o fato indeterminado aproveita possa dele se defender.

3.2.2 Prova de fatos notórios

Fato notório é aquele cuja existência é conhecida pela generalidade dos cidadãos de cultura média, no tempo e lugar em que se deu o enunciado.

De acordo com o art. 374, I, do CPC, não dependem de prova os fatos notórios. Em razão desse enunciado, é significativo o entendimento doutrinário que considera desnecessária a sua prova (conforme Cândido Rangel Dinamarco[9], Vicente Greco Filho[10] e Humberto Theorodo Júnior[11]).

Não concordamos com isso[12]. Os fatos notórios devem ser provados, e, ainda que o processo de comprovação possa ser simples, isso não lhes retira a característica de sujeição à prova. A notoriedade deve ser necessariamente vista como relativa, ou seja, condicionada a variantes de espaço e de tempo.

Tais observações não passaram despercebidas por João Monteiro. Vejamos[13]:

---

9 DINAMARCO, Cândido Rangel. *Instituições de direito processual civil*. 2. ed., v. 3. São Paulo: Malheiros Editores, 2002, p. 63.

10 GRECO FILHO, Vicente. *Direito processual civil brasileiro*. 16. ed., v. 2. São Paulo: Saraiva, 2003, p. 183.

11 THEODORO JÚNIOR, Humberto. *Curso de direito processual civil*. v. 1. Rio de Janeiro: Forense, 1996, p. 413.

12 Nessa mesma linha, Paulo de Barros Carvalho (Teoria da prova e o fato jurídico tributário. *Apostila de Filosofia do Direito I* (Lógica Jurídica), do Programa de Pós-Graduação em Direito (Mestrado e Doutorado) da USP e PUCSP, 1999, não paginado): "o qualificativo notório deve ser justificado, ainda que a prova seja singela. Não nos esqueçamos de que a mera referência a ele já é manifestação probatória, pela sua força retórica".

13 MONTEIRO, João. *Teoria do processo civil e comercial*. São Paulo: Duprat, 1905, p. 126.

> Costumam os escritores ensinar que são os fatos duvidosos que devem ser provados, não assim o que é evidente e notório. Entretanto nos parece que tal conceito, assim genericamente enunciado, não é de receber sem crítica ou distinções. Por mais notório que apareça o fato, seja este permanente ou transitório, precisa de ser provado na causa, isto é, não podendo o juiz julgar só pela notoriedade do fato, pois, se o pudesse, seria também testemunha; preciso é que testemunhas deponham afirmando a notoriedade. Aquela lição só procede se o fato for de notoriedade histórica tão geral, que absolutamente ninguém possa ignorá-lo.

Portanto, e inclusive em direito tributário, não basta afirmar ser um fato notório para se dispensar a prova, uma vez que a notoriedade é fato sujeito à comprovação.

3.3 Conteúdo

Objeto da prova é diverso de conteúdo da prova. Conforme visto acima, o primeiro diz respeito ao enunciado que se quer ou precisa provar, ao passo que o conteúdo refere-se ao que foi efetivamente provado.

O conteúdo da prova é um fato controvertido e relevante. Controvertidos são os fatos alegados por uma parte e contestados pela outra, ao passo que relevantes são os que influenciam no juízo que será criado pelo intérprete.

Diante disso, podemos afirmar que uma prova cuja enunciação obedeceu aos prescritivos legais próprios e, portanto, é revestida dos necessários aspectos formais, mas que não traz em seu conteúdo (enunciado-enunciado) a necessária comprovação da ocorrência do evento controvertido e relevante, não é prova no sentido de provocar convencimento.

Como exemplo, temos um laudo utilizado para respaldar a rentabilidade futura de uma empresa incorporada e, com isso, possibilitar o aproveitamento do ágio. Ora, se o laudo existir formalmente, mas seu conteúdo não refletir tal rentabilidade (nem, alternativamente, o fluxo de caixa descontado) ou, mesmo que reflita, for futura e comprovadamente demonstrado que a rentabilidade não se concretizou, o documento é inútil e não autorizador do aproveitamento do ágio. A prova é tida por inexistente.

O desprezo pelo conteúdo contido na proposição probatória compromete a possibilidade de se fazer prevalecer o fato que se quer construir como verdadeiro. E por mais que essa observação pareça singela, ou até mesmo óbvia, notamos que muitas vezes os operadores do direito não aplicam a máxima de que "o que não está nos autos não está no mundo". Talvez por excesso de confiança ou despreparo, acredita-se que convicções pessoais, não traduzidas de forma adequada em linguagem competente, sejam suficientes para convencer terceiros. Ledo engano. A verdade do fato controverso só é alcançável mediante contraposição de proposições.

Outro equívoco que se nota é a resistência do contribuinte em apresentar todo o conjunto probatório, entendendo que bastaria a "comprovação por amostragem", como se a regularidade de um período pudesse ser tomada como conduta reiterada do sujeito. Se o volume documental for realmente muito elevado, tornando impraticável sua juntada, a parte pode requerer, nos termos e prazos legais, a produção de prova pericial para esse fim; poderá, também, juntar um laudo consolidando as informações. Questão diversa, entretanto, é a do contribuinte que impugna um lançamento, nega a ocorrência do fato jurídico, mas não apresenta provas que suportem suas alegações, atribuindo injustificadamente essa tarefa à prova pericial.

Entendemos que as condutas acima, escolhidas dentre inúmeras outras existentes, revelam desconhecimento da teoria do ônus probatório, da presunção de validade dos atos jurídicos, da necessidade de direcionar a defesa aos fatos pertinentes e de suportar documentalmente os fatos alegados.

Hoje são muitas as situações em que a interpretação do caso concreto requer o conhecimento profundo do conteúdo da prova; portanto, a análise da adequação do produto dos atos de fala aos requisitos formais não basta. Tais requisitos permanecem – e sempre permanecerão – sendo fundamentais, mas são insuficientes.

Por fim, o conteúdo deve estar escrito em língua portuguesa, ou em língua estrangeira traduzida e registrada em Cartório de Títulos e Documentos, como requer a lei brasileira, para que o documento possa surtir efeitos perante terceiros (art. 224 do Código Civil e art. 129, VI, da Lei n. 6.015/73). Com isso, evitam-se ruídos – ou a própria impossibilidade – na comunicação, o que resultaria na violação ao art. 5º, LIV e LV, da Constituição.

3.4 Forma

É o modo pelo qual a prova se manifesta. Deverá sempre se apresentar escrita ou susceptível de ser vertida em linguagem escrita, em suporte físico papel ou magnético, a fim de perdurar no tempo e no espaço.

O Decreto n. 70.235/72 refere-se expressamente à forma escrita como imperativo dos atos nele verificados, dispondo, em seu art. 2º, que "Os atos e termos processuais, quando a lei não prescrever forma determinada, conterão somente o indispensável à sua finalidade, sem espaço em branco, e sem entrelinhas, rasuras ou emendas não ressalvadas".

As expressões *espaço em branco, entrelinhas, rasuras* e *emendas* evidenciam o revestimento linguístico escrito de tais atos: (i) espaço em branco é toda porção do papel em que caberia alguma palavra, sem se perceber ter sido ela intercalada; (ii) entrelinhas são escritos, letras, algarismo ou quaisquer outros sinais que se insiram entre duas ou mais linhas; (iii) rasura decorre da raspagem do papel ou da destruição da tinta que antes estava nele, de modo que, em vez de acrescentar, como acontece em caso de entrelinha, aqui se procede à subtração, erosão ou deterioração do suporte físico documental; (iv) emenda é o ato que, sem entrelinhas, nem rasurar, corrige ou muda o que se escreveu[14].

3.5 Finalidade

Finalidade é o bem jurídico objetivado pelo ato. A finalidade da prova é demonstrar a existência ou a inexistência dos fatos afirmados pelas partes e, com isso, assegurar a legalidade e a tipicidade.

A prova não pode ser considerada um fim em si mesma. É instrumento para construir a verdade no processo: a prova é sempre prova de algo. Por isso, não obstante sua função seja persuasiva, essa tarefa de convencer o julgador visa a atingir determinada finalidade, orientada à constituição ou desconstituição do fato jurídico em sentido estrito[15].

O fato jurídico em sentido estrito está contido no antecedente da norma individual e concreta. É o "enunciado protocolar, denotativo, posto na posição sintática de antecedente de uma norma individual e concreta, emitido, portanto, com função prescritiva, num determinado ponto do processo de positivação do direito"[16].

O fato constitui-se no preciso momento em que o enunciado denotativo ingressa como norma válida no sistema do direito positivo. É a linguagem do direito positivo, incidindo sobre a linguagem da realidade social para, reconhecendo a concretização do evento típico, transformar o social em jurídico, mediante linguagem da facticidade jurídica[17]. E para que ingresse validamente,

14 Cf. Pontes de Miranda (*Comentários ao Código de Processo Civil*. v. 3. Rio de Janeiro: Forense, 1958, p. 65-66).

15 Cf. Fabiana Del Padre Tomé (*A prova no direito tributário*. São Paulo: Noeses, 2005, p. 176-177).

16 Paulo de Barros Carvalho (*Direito tributário* – fundamentos jurídicos da incidência. 3. ed. São Paulo: Saraiva, 2004, p. 105).

17 Oportuna a diferenciação entre fato e evento, tantas vezes ensinada por Paulo de Barros Carvalho. Os eventos, objetos da experiência, são tudo aquilo acerca do que fazemos afirmações, emitimos enunciados. Ocorrem sempre no passado, e por isso a eles só é possível retornar por meio de lembranças. Para serem compartilhados, requerem uma linguagem que

juntamente com a alegação (objeto da prova), deverão ser apresentados enunciados probatórios que a confirmem (conteúdo da prova).

Já no que diz respeito à constituição dos fatos relacionais (consequente das relações jurídicas individuais e concretas), encontramos a relação decorrente da associação de implicação deôntica de um fato, descrito normativamente no antecedente do enunciado, e um prescritor individual e concreto. É a projeção do consequente da norma geral e abstrata.

A relação jurídica intranormativa nasce no instante em que a norma individual e concreta, produzida pelo sujeito competente, ingressa no sistema do direito positivo. Surge, nesse sentido, em decorrência do fato jurídico, que é jurídico em virtude da norma; jurídica, por sua vez, em face do direito positivo.

A relação é composta por dois sujeitos, ativo e passivo, e um objeto. De um lado, direito subjetivo; de outro, obrigação ou dever. Todos esses elementos mínimos sujeitam-se às provas, todos eles consistem na finalidade de que ora tratamos.

Mas não é só. Estamos absolutamente convencidos de que a prova é condição necessária para o controle da legalidade, é reforço à segurança jurídica e à primazia da lei. Só há estabilidade social por meio da estabilidade das leis que, por sua vez, só é atingida se o próprio direito puder assegurar, de alguma maneira, a existência de um método de cotejo entre os fatos provados e as previsões legais. Sem isso, não haveria previsibilidade, segurança e legalidade.

A lei vincula todos os Poderes estatais[18] e deve ser observada tanto para a instituição e aumento, quanto para a fiscalização e cobrança de tributos. Apenas a lei pode instituir, extinguir, majorar ou reduzir tributos.

De acordo com o princípio da legalidade, somente a lei pode criar direitos e obrigações, introduzindo no sistema jurídico norma que estabeleça, em

---

os descreva. Na linguagem ordinária, os eventos são as situações, as ocorrências que acontecem no tempo e no espaço, e que são perceptíveis pelos sentidos humanos. Já os fatos são os enunciados linguísticos sobre as coisas e os acontecimentos, sobre as pessoas e suas manifestações. Por isso, o que realmente sabemos sobre os eventos são suas versões, concretizadas por meio de linguagens que os descrevem e que os transformam em fatos. E, no direito positivo, os fatos são descritos por enunciados elaborados segundo regras impostas pelo sistema e submetidos às provas.

18 É por isso que Alysson Leandro Mascaro (*Crítica da legalidade e do direito brasileiro*. 2. ed. São Paulo: Quartier Latin, 2008, p. 46) afirma que "A trajetória da filosofia do direito moderna é a saída do direito como instância política, da vontade, do arbítrio, para a instância da técnica, da estabilidade, onde a legalidade se assenta em si mesma, e não mais na sua criação e manutenção constante por parte da política".

seu consequente, regulamentação de conduta intersubjetiva, modalizando-a em proibida, permitida ou obrigatória.

Confira-se, nesse contexto, a lição de Humberto Ávila[19]:

> a legalidade possui, no seu aspecto material conteudístico, sentido normativo indireto tanto de *princípio*, na medida em que estabelece o dever de buscar um ideal de *previsibilidade* e de *determinabilidade* para o exercício das atividades do contribuinte frente ao pode de tributar, quanto de *postulado*, porquanto exige do aplicar a fidelidade aos pontos de partida estabelecidos pela própria lei (destaques do autor).

O princípio da legalidade tributária está previsto no art. 150, I, da Constituição. Não fossem as provas, não seria possível garantir a observância de tal princípio. Reflitamos acerca do seguinte exemplo: se, por força da legalidade, a prestação de determinado serviço sujeita-se à incidência do ISS, é por meio das provas que o julgador poderá se convencer de que o evento descrito no fato ocorreu ou não ocorreu, e em que medida. É por meio delas, também, que o contribuinte terá assegurado seu direito constitucional de somente pagar o ISS, se tiver praticado o serviço previsto em lista.

Se a mera alegação desprovida de provas bastasse, a realização do fato, em última análise, seria prescindível. A linguagem que afirmasse sua ocorrência – sem provas que lhe dessem suporte – se constituiria na condição necessária e suficiente a desencadear a incidência tributária, em inconteste violação ao princípio de que ora tratamos. É por isso que não podemos concordar com o atual posicionamento do STJ, e do Judiciário em geral, no sentido de que, se o nome do administrador constar da CDA, na hipótese da responsabilidade tributária fundada no art. 135 do CTN, a Fazenda Pública estará dispensada de produzir provas acerca da ocorrência de alguns dos fatos autorizadores de sua responsabilidade pessoal.

E como desdobramento da legalidade, temos o princípio da tipicidade. Para Paulo de Barros Carvalho[20], o princípio da tipicidade pode ser definido em duas dimensões:

> i) no plano *legislativo*, como a estrita necessidade de que a lei adventícia traga no seu bojo, de modo expresso e inequívoco, os elementos descritores do fato jurídico e os dados prescritores da relação obrigacional; e ii) no plano da *facticidade*, como exigência da estrita subsunção do evento aos

19 ÁVILA, Humberto. *Sistema constitucional tributário*. 3. ed. São Paulo: Saraiva, 2008, p. 124.

20 CARVALHO, Paulo de Barros. A prova no procedimento administrativo tributário. *Revista Dialética de Direito Tributário*, São Paulo: Dialética, n. 34, p. 104-116, 1998, p. 105.

> preceitos estabelecidos na regra tributária que o prevê, vinculando-se, obviamente, à adequada correspondência estabelecida entre a obrigação que adveio do fato protocolar e a previsão genérica constante da norma abstrata, conhecida como regra-matriz de incidência (destaque do autor).

Interessa-nos a segunda dimensão. Como saber se o ato de aplicação do direito foi corretamente realizado, quando não houver provas acerca do evento descrito no antecedente da norma individual e concreta? Essa verificação, no contexto exposto, parece-nos impossível (em que pese da perspectiva lógica ser totalmente factível), razão pela qual a prova assume também a importante finalidade de assegurar a observância do princípio da tipicidade: só se sabe se a subsunção foi corretamente promovida, se houver como atestar que o fato descrito normativamente é verdadeiro, e ele só é verdadeiro se confirmado pelas provas.

3.6 Função

Função é aplicação, uso, modo de empregar, que objetiva alcançar a finalidade, ou seja, a constituição ou a desconstituição de fatos alegados. A função da prova é persuadir.

Duas são as correntes que tratam, de forma oposta, da persuasão: (i) a *cognoscitiva*, segundo a qual a prova é essencialmente um instrumento de conhecimento, adotada por Michele Taruffo[21], para quem a função da prova é oferecer ao julgador elementos para estabelecer se determinado enunciado é verdadeiro ou falso, mediante conhecimento da realidade; e (ii) a *persuasiva*, na medida em que a prova serve como meio de persuasão, não se prestando a reconhecer a verdade ou falsidade dos eventos fenomênicos, mas do conteúdo das proposições.

Partindo da premissa de que não há como existir uma relação direta e fiel entre os eventos físicos e a linguagem que se constrói sobre eles (verdade por correspondência), a corrente cognoscitiva carece de maior utilidade. A prova objetiva convencer, persuadir o destinatário acerca da verdade ou falsidade dos fatos alegados, o que se dá com o conhecimento dos elementos trazidos ao processo, ou seja, com o conhecimento construído a partir das provas produzidas. A função da prova é somente a persuasiva.

---

21 TARUFFO, Michele. *Algunas consideraciones sobre la relación entre prueba y verdad*. Tradução de Maurizio Betti e Rodrigo Coloma e revisão de Jordi Ferrer. *Discusiones*. Córdoba: Universidade Nacional del Sur, n. 3, 2003, p. 31.

Persuadir é a capacidade de escolher e dizer as palavras corretas, no momento certo, de modo a influenciar as pessoas a tomar determinadas decisões, a acreditar na veracidade de um fato alegado, a cooperar etc. Persuasão é poder. As palavras são poderosas, elas criam, transformam e extinguem relações, sentimentos e crenças. Seu poder é tão grande que, como prova a História, discursos bem formulados convencem multidões sobre qualquer coisa.

No discurso comunicacional, exige-se que os fatos alegados sejam fundamentados, visando, com isso, a possibilitar a solução do conflito. No processo tributário, temos duas relações comunicativas: a primeira estabelecida entre o sujeito ativo e o julgador, e a segunda entre o sujeito passivo e esse mesmo julgador. Em cada um desses vínculos, os emissores enunciam fatos normalmente contrapostos, cujo reconhecimento de sua veracidade fará prevalecer o direito de um em detrimento do outro.

Por isso é tão necessário convencer.

4 Dinâmica da prova: requisitos para a produção válida do enunciado probatório

As provas, como proposições jurídicas que são, sujeitam-se às regras de criação, introdução, alteração e retirada das normas do sistema. Submetem-se a um método. E como cada meio de prova impõe um procedimento próprio de produção (linguagem competente, procedimento, tempo, sujeitos e espaço), só será prova se o enunciado tiver sido produzido segundo as regras previstas pelo sistema. É o direito regulando o que nele ingressa (autopoiese).

Veremos, a seguir, os cinco requisitos fundamentais para que uma proposição probatória possa ser corretamente produzida e introduzida no sistema, conferindo validade ao enunciado. A ordem da exposição é aleatória, já que inexistem graus de importância para os requisitos elencados.

4.1 Primeiro requisito: linguagem competente

O direito positivo é constituído por enunciados prescritivos, ou seja, atos de fala deônticos, escritos ou não. Os fatos jurídicos, direito positivo que são, não se furtam dessa condição.

Os eventos só ingressam no mundo jurídico se adequadamente descritos; por isso, o primeiro requisito para que uma prova seja corretamente produzida é que a linguagem utilizada para descrever o evento que se quer provar seja a competente, vale dizer, a prevista na legislação como apta a prová-lo.

Assim, qual a linguagem para constituir juridicamente uma sociedade limitada? Como se prova o ganho de capital na venda de um imóvel? De que modo se constituiu o fato da má gestão empresarial, que autoriza a responsabilidade do administrador pelos tributos devidos pela pessoa jurídica? Qual a linguagem que atesta a ocorrência de ágio interno? E a omissão de receitas?

Linguagem competente é a requerida pelo sistema do direito positivo para a comprovação da ocorrência de determinado evento. É ela que deve ser produzida e interpretada, tal como ocorre com a escritura pública, a nota fiscal eletrônica, a DIRPF etc.

Na hipótese de sua ausência, a linguagem pode ser substituída por uma outra (*e-mails*, depoimentos, fotos, livro de inventário, constatação física do estoque, contratos particulares, autorizações bancárias, reclamações trabalhistas, termo de verificação fiscal etc.), desde que igualmente recebida pelo direito como apta a constituir, de forma subsidiária, o fato jurídico.

4.2 Segundo requisito: procedimento de produção probatória

A produção probatória não é livre, mas regulada pelo sistema do direito positivo. São as regras jurídicas que estabelecerão as ações necessárias para que o ato de fala produza um enunciado aceito pelo direito. Trata-se, pois, do método, da forma organizacional de produção sucessiva de atos, que visa a estabelecer um padrão aos atos processuais de modo a promover a igualdade das partes e a conferir maior eficiência ao processo.

Remetemo-nos, neste contexto, ao Capítulo 2, oportunidade em que analisamos as provas documental, eletrônica, pericial, testemunhal etc., e também as características e procedimento de produção dessas normas. Assim, não basta afirmar, é necessário fazê-lo da forma legal, para que o convencimento que se quer provocar seja construído a partir de enunciado válido.

A não observância do procedimento gera a ausência de prova. É condição de validade do enunciado probatório (como de qualquer outro enunciado jurídico): ser produzido segundo as regras do sistema. Não o sendo, não é norma jurídica.

Essa conclusão é, certamente, uma opção, pois a legalidade pode ser vista sob dois ângulos: o de que ela não está sendo respeitada, ao se negar "a prova" que demonstra a inocorrência do fato jurídico tributário (e a tão perseguida e inatingível verdade material) e a de que ela está sendo respeitada justamente ao se observar os rígidos requisitos procedimentais de produção probatória, que conferem certeza e segurança às partes[1].

Posição excessivamente formalista? Acreditamos que não. Embora obviamente sujeita a críticas, nossa conclusão está de acordo com as premissas adotadas neste livro, de que a única verdade que importa para o direito é a verdade lógico-jurídica, que, para ser alcançada, requer observância às regras do sistema no que diz respeito à forma de produção da proposição, sujeitos, tempo, lugar e linguagem.

A flexibilidade ilimitada das condições de produção probatória poderia tornar o processo extremamente lento e, sobretudo, comprometeria a segurança das partes. A busca da verdade empírica (material) é uma *falsa segurança*.

---

1 Entendimento aplicável não só ao procedimento, mas a todos os demais requisitos integrantes da dinâmica da prova.

Regras são necessárias para regular a conduta humana, sem elas não se conquistam e asseguram direitos, não se regulam condutas, não se cria a realidade.

4.2.1 *Prova obtida por meio ilícito*

A qualificação de um enunciado como "prova" sujeita-se ao cumprimento dos métodos de produção reconhecidos pelo sistema. Para ingressar no ordenamento jurídico, o direito positivo seleciona as propriedades que entram e as que ficam fora do sistema: é a dualidade do ser e do dever-ser, do sistema social e do jurídico. É a segurança jurídica e a legalidade impondo limites ao conhecimento humano juridicamente relevante.

Por conta disso, muitos fatos sociais não assumem o *status* de fato jurídico. Exemplo típico, e que ora nos interessa, é o das provas constituídas com violação ao art. 5º, LVI, da Constituição, que nega reconhecimento às provas obtidas ilicitamente.

Se defendemos que é o sistema normativo que determina como as realidades jurídicas serão construídas, não poderíamos deixar de concluir que, na inobservância de tais regras de construção, o fato social não pode ser juridicizado, ainda que em prejuízo do conhecimento da "realidade fenomênica". É a opção pela segurança jurídica e pela legalidade.

Já no que diz respeito à ilicitude, temos que ela não é da prova, sempre lícita, mas da enunciação. Em outras palavras, a ilicitude não diz respeito ao conteúdo veiculado no enunciado probatório, mas ao procedimento relatado no antecedente da norma introdutora, geral e concreta (enunciação-enunciada) ou, finalmente, à utilização dada à prova. Por isso, optamos por tratar desse assunto neste momento (procedimento de produção probatória).

4.3 Terceiro requisito: limite temporal

O tempo foi a forma eleita pelo direito para assegurar o andamento do processo e a certeza de que ele se findará em prazo razoável. A relação processual deve ser regida por fases, sendo que, superado um estágio, deve ser o seguinte, de tal forma que os atos já praticados, e os não praticados, permaneçam inalcançáveis. Essa regra aplica-se a todas as partes, evita recursos protelatórios e permite que se chegue à prestação jurisdicional.

Mas qual a extensão do limite temporal? Será que ele é tão forte a ponto de desqualificar, como prova, enunciado introduzido em momento inadequado? E a legalidade? E a busca da verdade material? Os limites temporais impostos para o exercício do direito de defesa são tratados de forma mais flexível, ou inflexível, nos processos administrativo e judicial?

Não poderíamos iniciar toda essa reflexão senão pela Constituição Federal. A Carta Magna não se manteve alheia à necessidade de a lei regular os prazos para o exercício da faculdade de produção probatória, como forma de se atingir a celeridade processual e de se concretizar o direito ao devido processo legal.

Com o advento da Emenda Constitucional n. 45/2004, foi inserido o inciso LXXVIII ao art. 5º da Constituição, segundo o qual "a todos, no âmbito judicial e administrativo, são assegurados a razoável duração do processo e os meios que garantam a celeridade de sua tramitação".

O conceito de duração razoável do processo é indeterminado. Sabe-se que não podem existir manifestações extemporâneas com fins protelatórios, nem inércia do julgador. Mas é pouco. Por *duração razoável* pode-se entender como sendo o tempo suficiente para o desenvolvimento do contraditório, em que as partes possam fazer alegações, prová-las e refutar as da outra parte, bem como o prazo suficiente para que o julgador forme sua convicção e decida[2]. Para este último caso, há de se considerar a complexidade da matéria e o comportamento das partes.

A fim de objetivar o direito das partes que vimos tratando, a Lei n. 11.457/2007 estabeleceu, em seu art. 24, que "é obrigatório que seja proferida decisão administrativa no prazo máximo de 360 (trezentos e sessenta) dias a contar do protocolo de petições, defesas ou recursos administrativos do contribuinte". Todavia, como a norma primária não previu qualquer sanção, entendemos que, no caso de descumprimento, caberá à autoridade judicial determinar que seja proferida decisão administrativa no prazo prescrito no despacho judicial, sem qualquer consequência punitiva aos responsáveis pela demora.

Embora muito contestada, em especial pela alegada impraticabilidade de se decidir em período de tempo tão escasso com os recursos humanos e

---

2 Confira-se as palavras de James Marins (Princípio da razoável duração do processo e o processo tributário. In: SCHOUERI, Luís Eduardo (coord.). *Direito tributário*: homenagem a Paulo de Barros Carvalho. São Paulo: Quartier Latin, 2008, p. 631): "O tempo razoável para o processo, concebido como amálgama de garantias, não é necessariamente o tempo mais curto, mas justamente o mais adequado para que cumpra suas funções. Acelerar o processo pode, em algumas situações, retirar a razoabilidade de sua duração. Processo 'instantâneo' ou 'quase instantâneo' não é razoável e representa, inclusive, *contraditio in terminis*, ou seja, a própria noção de processo implica transcurso de certo tempo, lapso razoável para que possa ser solucionado. O propósito de instantaneidade ou de encurtamento abrupto do processo configura, muitas vezes, atentado contra a sua racionalidade e nessa medida representa agressão ao princípio da duração razoável do processo – repita-se: o tempo é insuprimível do processo".

materiais hoje disponíveis, certo é que essa lei representa um importante avanço, seja para regular as situações futuras, seja para obrigar o julgador a decidir em certo espaço de tempo.

4.3.1 Prova e preclusão temporal

As normas de preclusão são indispensáveis ao devido processo legal e, de modo algum, revelam-se incompatíveis com o direito à ampla defesa. Em função do decurso de prazo, o sujeito perde o direito de produzir a prova que lhe era facultada, advindo, dessa perda, consequências jurídicas, tais como o reconhecimento da veracidade do fato alegado pela outra parte.

Preclusão, segundo José Frederico Marques[3], é:

> um fato impeditivo, destinado a garantir o avanço progressivo da relação processual e a obstar o seu recuo para fases anteriores do procedimento. Do ponto de vista subjetivo, é a perda de uma faculdade ou direito processual que, por se haver esgotado ou por não ter sido exercido em tempo e momento oportuno, fica praticamente extinto.

Juridicamente, a preclusão é tratada pelo art. 507 do CPC, que prescreve que "é defeso à parte discutir no curso do processo as questões já decididas, a cujo respeito se operou a preclusão".

Assim, preclusão é norma jurídica que estabelece a perda, extinção ou consumação de uma faculdade processual, por se ter alcançado os limites assinalados por lei ao seu exercício. Divide-se em temporal – que é a que nos interessa –, lógica e consumativa[4].

A preclusão temporal, também segundo José Frederico Marques[5], é:

> a perda de uma faculdade processual oriunda de seu não exercício no prazo ou termo fixados pela lei processual. O réu que não apresenta a contestação no prazo de 15 dias e o vencido que não apela dentro dos 15 dias determinados na norma processual perdem, respectivamente, o direito de contestar e o direito de recorrer, por força de preclusão temporal.

---

3 MARQUES, José Frederico. *Instituições de direito processual civil.* v. III. Campinas: Millennium, 1999, p. 347.

4 Preclusão lógica é a que decorre da incompatibilidade entre o ato praticado e outro que se queria praticar também (ex.: quem expressamente renuncia ao direito de recorrer não pode, posteriormente, interpor recurso). Preclusão consumativa é a decorrente de já ter sido realizado um ato, não sendo possível tornar a realizá-lo (ex.: interposição de uma segunda apelação).

5 *Ibidem.* v. II, p. 347.

Não exercida a faculdade ou direito processual subjetivo *in oportuno tempore*, ocorre a preclusão. A fase anterior do procedimento fica superada e o movimento processual se encaminha, através de outros atos, em direção ao instante final do processo.

De sua constatação decorre o presumido reconhecimento, pela parte inerte, da veracidade dos fatos alegados pela outra parte. É a consequência jurídica imposta ao silêncio.

4.3.2 *Momento de produção probatória no processo administrativo federal*

Em esfera administrativa, a prova pode ser produzida em dois estágios diferentes: o primeiro é na fase procedimental, anterior à litigiosa, consistente na sucessão de atos de cumprimento obrigatório praticados pela Administração, sem a participação litigiosa do administrado, e que tem por finalidade verificar se o contribuinte cumpriu suas obrigações e deveres fiscais e, em caso negativo, coletar informações suficientes e necessárias para a constituição do crédito tributário; e o segundo é a fase litigiosa, sucessão de atos que se instauram perante a Administração, que reaprecia, provocada por impugnação do contribuinte, um lançamento já praticado. É forma de controle de legalidade do ato que determinou os termos da obrigação tributária e visa a formar título hábil a possibilitar a execução judicial do débito. É o conflito de interesses entre as partes que motiva o nascimento da relação jurídica processual tributária.

Os direitos da Fazenda e do contribuinte só serão efetivamente assegurados se houver desenvolvimento e conclusão do processo. E para tanto, a prova deve ser apresentada dentro do momento processual adequado, salvo nas situações excepcionais explicadas mais adiante.

4.3.2.1 Preclusão temporal da Administração federal e as consequências de sua inércia

Prescreve o art. 9º, *caput*, do Decreto n. 70.235/72 (legislação recebida como ordinária e que rege o processo administrativo fiscal federal) o seguinte:

> a exigência de crédito tributário, a retificação de prejuízo fiscal e a aplicação de penalidade isolada serão formalizados em autos de infração ou notificação de lançamento, distintos para cada imposto, contribuição ou penalidade, os quais deverão ser instruídos com todos os termos, depoimentos, laudos e demais elementos de prova indispensáveis à comprovação do ilícito.

Contrariamente ao que ocorre com o contribuinte, que pode socorrer-se de algumas exceções à regra geral de prazo de apresentação probatória, para a Administração a prescrição é uma só: a prova deve acompanhar o auto de infração ou a notificação de lançamento. Nada mais correto, pois o lançamento tributário deve ser necessariamente motivado (no termo de verificação fiscal ou em suporte físico de outra denominação, que lhe faça as vezes), de forma a evidenciar os elementos tipificadores do fato que desencadeia efeitos obrigacionais.

A Administração tem o direito de fiscalizar o contribuinte de forma plena: pode solicitar documentos escritos, provas eletrônicas, verificar fisicamente o estoque, solicitar esclarecimentos para os administradores e funcionários, intimar terceiros que mantiveram relações comerciais com o fiscalizado e promover toda e qualquer outra diligência não vedada em lei e pertinente ao fato que se busca investigar.

Por isso, nada justifica a juntada posterior de provas imprescindíveis à comprovação do fato típico. Ou a prova é conhecida até o momento da lavratura do auto de infração, ou não é. Sendo conhecida, deve ser obrigatoriamente juntada; não sendo, a informação nela teoricamente contida é irrelevante para a produção *daquele* ato administrativo. Apenas o reforço de prova, necessário para o confronto com as provas trazidas pelo contribuinte, é de juntada posterior admissível.

Diante do exposto, resta-nos responder: e se a Administração não juntar as provas necessárias, quando da lavratura do auto de infração? O ato jurídico *será inválido*, posto não ter observado as normas que regem a elaboração dos autos de infração (na esfera federal, o art. 9º do Decreto n. 70.235/72 acima referido), não havendo, em nosso ordenamento, qualquer norma jurídica que preveja a presunção de validade do conteúdo do auto de infração.

Não vemos como responder a essa pergunta de forma diferente. A invalidade certamente prejudicará a arrecadação, mas nada há de ser feito contra isso. Regras existem para serem cumpridas, e os direitos dos administrados, advindos da legalidade e da tipicidade, não podem ser subvertidos em nome da preservação da arrecadação. Se a atividade administrativa desrespeitou a lei, se a autoridade pública agiu de forma imprudente e não vinculada etc., as consequências maléficas desse erro devem ser suportadas exclusivamente pela Fazenda Pública.

Convém registrar, finalmente, que, segundo o art. 37 da Lei n. 9.784/99[6], os fatos registrados em documentos existentes na própria Administração

6 "Art. 37. Quando o interessado declarar que fatos e dados estão registrados em documentos existentes na própria Administração responsável pelo processo ou em outro órgão administrativo, o órgão competente para a instrução proverá, de ofício, à obtenção dos documentos ou das respectivas cópias".

responsável pelo processo devem ser apresentados sempre que solicitados, não se submetendo aos prazos preclusivos gerais, aplicáveis às partes. Tal prescrição, entretanto, não se relaciona ao ônus da prova da Administração, e sim ao cumprimento da determinação de juntada de provas por conta de fatos alegados pelo administrado.

4.3.2.2 Preclusão temporal do sujeito passivo no processo administrativo federal

Originalmente, o Decreto n. 70.235/72 não previa prazo para a apresentação de provas por parte do sujeito passivo, previsão esta que somente veio a ocorrer com o advento da Lei n. 9.532/97, que inseriu o § 4º ao art. 16 de referido decreto, dispondo sobre o limite temporal de apresentação probatória da seguinte forma:

> § 4º A prova documental será apresentada na impugnação, precluindo o direito de o impugnante fazê-lo em outro momento processual, a menos que:
> *a*) fique demonstrada a impossibilidade de sua apresentação oportuna, por motivo de força maior;
> *b*) refira-se a fato ou a direito superveniente;
> *c*) destine-se a contrapor fatos ou razões posteriormente trazidas aos autos.

De acordo com o enunciado acima, a prova deve ser apresentada na impugnação. O sujeito passivo, a partir do momento em que é intimado do auto de infração ou do lançamento, pode defender-se, alegando e provando a não ocorrência do fato típico, a ocorrência em grandeza inferior à considerada, a diferença de alíquota, sua não condição de devedor ou qualquer outro fato prejudicial à constituição da obrigação tributária.

Mas, e se não produzir provas? Poderia o julgador negar recebê-las extemporaneamente, em que pesem as onerosas consequências, à Administração Pública, que esse ato acarretará, tais como provocação desnecessária do Poder Judiciário e possível condenação em sucumbência?

Entendemos que o limite temporal é inflexível. Tal inflexibilidade contempla, entretanto, o recebimento de provas após a impugnação, nas duas, e somente duas, situações a seguir:

> (i) Se a prova não tiver sido juntada antes pelas razões previstas nas alíneas *a*, *b* e *c* do § 4º acima.
> (ii) Pela impossibilidade de o sujeito passivo defender-se de forma plena, considerando a complexidade da autuação *versus* o tempo que lhe foi legalmente conferido para apresentação da defesa. Trata-se, nessa medida, de comprovada impossibilidade material de se defender no prazo legal.

No que diz respeito ao § 4º do art. 16 do Decreto n. 70.235/72, foram estabelecidas três exceções legais (alíneas *a*, *b* e *c*, supratranscritas).

O art. 1.058 do Código Civil define força maior como sendo o "fato necessário, cujos efeitos não eram possíveis evitar". Assim, o requisito configura-se na inevitabilidade do acontecimento, bem como na ausência de responsabilidade do sujeito pelas consequências dele oriundas. Como exemplo, a doença grave e repentina pela qual o assistente técnico da parte foi acometido e que o impossibilitou de se manifestar sobre o laudo pericial apresentado e submetido à manifestação.

Já por fato ou direito superveniente, necessária a utilização, por analogia, do art. 493 do CPC, que dispõe para o processo judicial: "se, depois da propositura da ação, algum fato constitutivo, modificativo ou extintivo do direito influir no julgamento do mérito, caberá ao juiz tomá-lo em consideração, de ofício ou a requerimento da parte, no momento de proferir a decisão".

Assim, por fato superveniente deve-se entender o constitutivo, modificativo ou extintivo de um direito, ao passo que direito superveniente entendemos ser a proposição jurídica publicada posteriormente à formação da lide e que nela influi diretamente. Exemplificando, a publicação de ato que vede a constituição de crédito tributário, em virtude de decisão definitiva do Supremo Tribunal Federal (STF), declarando a inconstitucionalidade da regra-matriz de incidência tributária em discussão.

Finalmente, por contraposição de fatos ou razões posteriormente trazidas aos autos entenda-se a possibilidade de contestação das novas informações apresentadas, sejam elas factuais ou argumentos de direito (alegações não relativas a eventos do mundo físico, e sim à retórica jurídica). Isso ocorre, normalmente, em função de diligências ou perícias promovidas após a impugnação.

Passemos à impossibilidade de o sujeito passivo defender-se de forma plena (item "ii" *supra*), ponto que demanda uma maior reflexão de nossa parte. Iniciemos com um exemplo, para contextualizar a questão. É comum, por conta do término do prazo decadencial, que autos de infração sejam lavrados nas últimas semanas do ano. Nesse período, muitas empresas já programaram as férias coletivas de seus funcionários, e consultores externos (advogados, contadores, peritos) também costumam sair de férias. Some-se a isso o fato de que muitos autos de infração são cuidadosamente lavrados e instruídos após um longo período de fiscalização, autuando vários exercícios e, por vezes, diferentes situações fáticas relacionadas ao mesmo tributo. Requerem, para sua efetiva defesa, a análise minuciosa de uma vasta documentação, que precisa ser identificada, localizada, analisada e utilizada na defesa. Por isso, a enunciação da impugnação administrativa pode requerer um tempo superior aos 30 (trinta) dias normalmente previstos em lei.

Ainda que se argumente que a lei é clara, que os 30 (trinta) dias são assegurados e que a dificuldade na obtenção e análise da documentação é um problema afeto exclusivamente ao contribuinte e não ao Fisco, com isso não podemos concordar. Em absolutamente nada contribuiu para o interesse público a impossibilidade de proporcionar condições *reais* de defesa, pois, se o contribuinte estiver certo, em algum momento o crédito tributário deverá ser anulado.

Preclusão não é apenas decurso de prazo, mas o decurso qualificado pela inércia do contribuinte. Se este prova – e não somente alega – que diligenciou exaustivamente na busca de documentação etc., mas que, até o término do prazo legal, apenas parte dos fatos puderam ser elucidados, protestando, na impugnação administrativa, pela juntada posterior de documentos e alegações, entendemos que seu pedido deve ser deferido.

Mas, para tanto, insistimos: não basta ao contribuinte alegar dificuldade de se defender no prazo de 30 (trinta) dias; imperioso detalhar os motivos que resultaram nessa dificuldade, bem como apresentar a parte da defesa correspondente aos fatos cujas provas foram localizadas e analisadas.

Não consideramos, finalmente, que essa posição seja um subterfúgio a estratégias protelatórias, mas apenas uma forma de garantir a legalidade e equilibrar a celeridade processual com a segurança indispensável à solução do litígio.

Concluindo, salvo as exceções acima analisadas, as provas devem ser juntadas com a impugnação administrativa. Após isso, a prova será extemporânea e não deverá ser conhecida.

Em contraposição a essa nossa linha de entendimento, existem outras, fundadas nas prescrições constantes da Lei n. 9.784/99, que trata do processo administrativo no âmbito da Administração Federal direta e indireta, além da que apenas admite a juntada de documentos após a impugnação nas hipóteses taxativas do § 4º do art. 16 do Decreto n. 70.235/72.

A Lei n. 9.784/99 é tida como sendo a regulamentação geral do processo administrativo, ao passo que o Decreto n. 70.235/72 regula, de forma específica, o processo administrativo fiscal. O art. 3º, III, da lei prevê, como direito dos administrados, a apresentação de alegações e documentos *antes da decisão de primeira instância* e, em seu art. 38, permite que documentos probatórios possam ser juntados *até a tomada da decisão administrativa*.

Duas são as interpretações encontradas na doutrina e na jurisprudência administrativa acerca desses enunciados. A primeira é de que os artigos se complementam, tendo em vista que o vocábulo "decisão", mencionado em ambos os enunciados, refere-se ao ato administrativo proferido pela autoridade julgadora dentro de um processo administrativo. Assim, o contribuinte poderia juntar provas após a impugnação, desde que antes da decisão administrativa de primeira instância, o que alargaria o prazo preclusivo previsto no decreto.

Já a segunda corrente, com a qual não concordamos, entende que a Lei n. 9.784/99 não admite a juntada de documentos após a impugnação. Da análise conjunta dos dois artigos chegar-se-ia à conclusão de que a fase instrutória ocorre até o protocolo da impugnação, e a "decisão" a que se refere o diploma legal é a de lavrar o auto de infração, e não de julgar o litígio. Assim, o prazo para a apresentação das provas não teria sido alargado pela lei.

Interpretando-se os dois enunciados conjuntamente, de forma a solucionar a aparente contradição, a conclusão a que chegamos é a de que é possível apresentar provas após a impugnação.

Em que pese isso, a análise sistemática do direito positivo impõe que não deixemos de considerar que o Decreto n. 70.235/72 *é lei específica para os processos administrativos tributários*, sobrepondo-se, nessa medida, à Lei n. 9.784/99. Confira-se, inclusive, a previsão do art. 69[7] da lei, que estabelece que os processos administrativos específicos continuarão a reger-se por lei própria, aplicando-se apenas subsidiariamente os preceitos da lei geral.

Em face disso, entendemos que, *para os processos de natureza não tributária*, e que não tenham disciplina diversa da Lei n. 9.784/99, as provas podem ser apresentadas até decisão de primeira instância administrativa e, *para os processos tributários*, até a impugnação administrativa (salvo se demonstrada alguma das situações previstas no § 4º ao art. 16 do Decreto n. 70.235/72 ou a comprovada impossibilidade de apresentação de todas as provas no prazo legal).

4.3.2.3 Da jurisprudência do CARF

A discussão acerca das limitações à atividade probatória do contribuinte ainda é grande. No Conselho Administrativo de Recursos Fiscais – CARF, atual denominação do antigo Conselho de Contribuintes, encontramos três grandes correntes: (i) a que não aceita a apresentação de provas após a impugnação; (ii) a que aceita, desde que apresentadas até o julgamento em primeira instância (se as informações forem complementares); e (iii) a que aceita a apresentação de documentos em qualquer fase do julgamento administrativo, inclusive em segunda instância.

A primeira corrente, favorável à aplicação do prazo de preclusão estabelecido pelo Decreto n. 70.235/72, entende basicamente que a busca da verdade material não se presta a suprir a inércia do contribuinte que, regularmente intimado, deixe de apresentar provas em seu favor. Esta posição é a hoje predominante e leva em consideração as exceções previstas neste ato legal, se requerido

---

7 "Art. 69. Os processos administrativos específicos continuarão a reger-se por lei própria, aplicando-se-lhes apenas subsidiariamente os preceitos desta Lei".

ao julgador e regularmente comprovada sua ocorrência. Nesse sentido, os Acórdãos n. 101-96.926/2008 e n. 201-81.000/2008.

Para a segunda corrente, as provas e documentos podem ser aceitos excepcionalmente em prol da verdade material, mas desde que caracterizem informações complementares à impugnação, principalmente quando se referirem à matéria originalmente contestada e forem apresentados antes da decisão de primeira instância, tais como pareceres jurídicos e perícia técnica. Como exemplo, os Acórdãos n. 103-22500/2006, 107-08825/2006 e 103-22241/2006.

A terceira corrente é mais flexível e entende que as provas podem ser aceitas a qualquer tempo até decisão administrativa final, por força da ampla defesa, da estrita legalidade tributária e da busca da verdade material. Exemplos desta corrente são os Acórdãos n. 108-09622/2008 e CSRF/03-04.981/2006.

Conforme já defendemos, somos do entendimento de que os limites temporais precisam ser respeitados, e, portanto, a prova extemporânea não deve ser aceita.

4.3.3 Momento de produção probatória no processo judicial

Além dos artigos do CPC mencionados acima, faz-se imperioso analisar os dispositivos legais aplicáveis à defesa do contribuinte nos embargos à execução fiscal e no mandado de segurança, principais formas de defesa judicial do contribuinte em assuntos de natureza tributária.

Dispõe o art. 16, § 2º, da Lei n. 6.830/80 – Lei de Execuções Fiscais – LEF – que, no prazo dos embargos, o executado deverá alegar toda matéria útil à defesa, requerer provas e juntar aos autos os documentos e rol de testemunhas, até três, ou, a critério do juiz, até o dobro desse limite.

A matéria de defesa é ampla. As provas devem ser especificadas pelo embargante na própria petição inicial[8], e não apenas formulado protesto de produzi-las. Os documentos devem, além disso, estar anexados à inicial, que conterá, inclusive, o rol de testemunhas, se esse meio de prova for requerido.

Já no mandado de segurança, a produção probatória é mais restrita, dada a exigência do direito líquido e certo, entendido como sendo aquele direito cuja existência e delimitação são claras e passíveis de demonstração

---

8 Os embargos à execução fiscal, ainda que incidentais, constituem ação do devedor contra o exequente, sujeitando-se o embargante a todos os encargos que o litigante ativo deve suportar ao ajuizar a demanda.

documental. Vale destacar que, conforme lição de Hely Lopes Meirelles[9], o fato que dá supedâneo à impetração deve ser líquido e certo, e não o direito em si.

Haverá direito líquido e certo quando a ilegalidade ou o abuso forem passíveis de demonstração documental, independentemente de sua complexidade ou densidade. É uma condição da ação, que autoriza o questionamento do ato coator por essa via excepcional e que, em contrapartida, autoriza que seja prolatada decisão reconhecendo a carência da ação na ausência de documentos, facultada a repropositura da mesma ação, desde que superados os óbices que levaram à extinção.

Não se defende mais que a complexidade das questões fáticas ou jurídicas implica o descabimento do mandado de segurança. O que é fundamental para seu recebimento é a possibilidade de apresentação de prova exaustiva do alegado pelo impetrante, junto à petição inicial, e a consequente desnecessidade de produção de outras provas ao longo do processo. Por isso, a petição inicial deve deixar bastante clara a suficiência dos elementos probatórios trazidos aos autos, existindo apenas a exceção contemplada no parágrafo único do art. 6º da Lei n. 12.016/2009 (documentos indispensáveis à impetração em poder da autoridade coatora ou em repartição ou estabelecimento público).

4.4 Quarto requisito: limite subjetivo

Ao tratarmos do limite subjetivo, haveremos de analisar tanto os sujeitos competentes para a produção do enunciado probatório (emissores), quanto o julgador *lato sensu* (destinatário da mensagem), entendido como sendo a pessoa habilitada para decidir sobre o caso concreto, em esfera administrativa ou judicial.

Moacyr Amaral Santos[10] entende que:

> enquanto as partes atuam por meio de afirmações e proposições, alegando fatos e propondo sua prova, ao juiz cumpre a tarefa de conhecê-los e torná-los reproduzidos no processo. As partes, porém, interferem na atuação judicial, facilitando-lhe o conhecimento e a demonstração dos fatos; o juiz intervém na atuação dos litigantes, pedindo ou forçando esclarecimentos das afirmações feitas, sugerindo ou ordenando provas por ele propostas.

---

9 MEIRELLES, Hely Lopes. *Mandado de segurança, ação popular, ação civil pública, mandado de injunção, "habeas data", ação direta de inconstitucionalidade e ação declaratória de constitucionalidade*. 22. ed. São Paulo: Malheiros Editores, 2000, p. 36.

10 SANTOS, Moacyr Amaral. *Prova judiciária no cível e comercial*. 5. ed., v. 1. São Paulo: Saraiva, 1983, p. 260.

Assim, no sistema comunicacional às partes compete (i) afirmar os fatos; (ii) confirmá-los fazendo uso da linguagem das provas; e (iii) refutar aqueles alegados pela parte contrária. Já ao julgador compete dirimir a controvérsia, mediante interpretação dos fatos alegados e das provas que lhes dão suporte, para, finalmente, aplicar o direito ao caso concreto. São atuações diferentes, mas igualmente importantes na dinâmica probatória.

Iniciemos com o sujeito competente para produzir o enunciado probatório, que é todo aquele também competente para introduzir no sistema norma individual e concreta que constitua o fato jurídico (sujeitos ativo e passivo), bem como a pessoa que, de alguma forma, participe e presencie o ato ou o negócio jurídico típico (adquirente do bem ou serviço, consumidor, testemunha). Nessa medida, será competente aquele que integrar a relação jurídica ou aquele que tiver conhecimento técnico ou factual sobre o fato que se quer provar ou sobre os sujeitos a ele relacionados.

A identificação do sujeito emissor do enunciado probatório, cujo suporte físico seja um documento, é feita pela subscrição manual ou eletrônica do autor, geralmente no final do documento. Já nas provas eletrônicas, o sujeito emissor é identificado por meio da assinatura eletrônica ou digital, constante de um certificado emitido pela autoridade certificadora credenciada.

Já no que diz respeito ao receptor da mensagem, também é ele imprescindível na dinâmica da prova. Sem o receptor, a controvérsia não seria decidida, não haveria a quem convencer, tornando inútil todo o esforço persuasivo realizado pelas partes. É por isso que João Batista Lopes[11] afirma que "o juiz é o destinatário da prova, de modo que toda a atividade instrutória deve ser perante ele exercida".

O art. 371 do CPC estabelece que "O juiz apreciará a prova constante dos autos, independentemente do sujeito que a tiver promovido, e indicará na decisão fundamentada as razões da formação de seu convencimento".

A valoração dos fatos constantes dos autos é feita livremente pelo julgador (entenda-se livre convencimento *motivado*), não havendo vinculação a critérios prefixados de hierarquia de provas, já que não há enunciado prescritivo que determine quais as provas devem ter maior ou menor peso no julgamento da lide; tudo dependerá da singularidade do caso concreto e dos valores ínsitos ao julgador.

---

11 LOPES, João Batista. *A prova no direito processual civil*. 2. ed. São Paulo: Revista dos Tribunais, 2002, p. 63. Afirma também o autor (op. cit., p. 53): "um fato só se considera provado no momento em que o juiz o admite como existente ou verdadeiro, isto é, o juiz, como destinatário da prova, é quem diz a última palavra sobre a existência ou veracidade do fato".

O livre convencimento motivado não permite, também, que o julgador discorde das alegações das partes sem apresentar qualquer justificativa, nem permite indeferir de forma imotivada a produção e apresentação de provas.

Os motivos são os seguintes: primeiro porque a ausência de motivação impediria que a parte prejudicada dela recorresse de forma plena, pois desconheceria os motivos que levaram o julgador a decidir contrariamente aos seus argumentos; segundo porque tanto a legislação quanto a jurisprudência e a doutrina caminham na mesma direção, ao prescrever e afirmar que somente poderão ser recusadas as provas ilícitas, impertinentes, desnecessárias ou protelatórias. Confira-se, como exemplo, o art. 38, § 2º, da Lei n. 9.784/99[12].

Mas não é só. Embora ao julgador não caiba produzir provas em substituição à inércia das partes, ele está autorizado a determiná-las nas hipóteses em que for necessária para a formação do seu convencimento. É o que prescreve o art. 370 do CPC: "Caberá ao juiz, de ofício ou a requerimento da parte, determinar as provas necessárias ao julgamento do mérito".

É possível concluir, a partir desse dispositivo, que a produção probatória independente do requerimento dos litigantes só tem lugar quando as provas devidamente trazidas aos autos não dirimirem a dúvida do destinatário, que não se sente em condições de julgar. Aqui não há inércia das partes, e sim situação excepcional em que o julgador considera que as proposições probatórias já existentes são insuficientes para formar a sua convicção.

4.4.1 Ônus da prova e a teoria da distribuição dinâmica da prova introduzida pelo CPC/2015

Aquele que alega o fato tem direito de produzir provas diretas ou indiretas que sustentem sua alegação. Tem, também, o dever de produzi-las, a menos que aceite sujeitar-se às consequências jurídicas advindas de sua inércia. É, por isso, um ônus.

As regras processuais veiculadas no art. 373 do CPC[13] traduzem a necessidade de que cada uma das partes prove, no processo, os fatos alegados, posto que a mera afirmação não implica, por si só, a veracidade da proposição; para que se sustente como verdadeiro, o conteúdo do enunciado deve ser linguagem objeto de metalinguagem probatória.

---

12 "Somente poderão ser recusadas, mediante decisão fundamentada, as provas propostas pelos interessados quando sejam ilícitas, impertinentes, desnecessárias ou protelatórias".

13 "Art. 373. O ônus da prova incumbe: I – ao autor, quanto ao fato constitutivo do seu direito; II – ao réu, quanto à existência de fato impeditivo, modificativo ou extintivo do direito do autor".

Como se pode inferir das precisas lições de Carnelutti[14], o ônus se diferencia de um dever na seguinte medida:

> (1) quando alguém deixa de adimplir um dever seu lesiona o direito de alguém, sendo-lhe imputável uma sanção, enquanto que a não realização de um ônus apenas faz com que a parte não alcance os efeitos úteis que o mesmo lhe traria, sujeitando-se, inclusive, a efeitos negativos advindos de tal abstenção; e (2) o dever tutela um direito alheio, enquanto o ônus refere-se ao exercício de um direito da própria parte.

Assim, ônus é diferente de dever. O primeiro consiste no encargo ou responsabilidade por determinado comportamento, que pode ou não ser exercido. Não obriga o sujeito, apenas submete-o às consequências inerentes à ausência de seu ato, sendo as principais, no campo probatório, o reconhecimento da veracidade do fato alegado por terceiro ou da falsidade do fato alegado por quem se omitiu. Já dever (ou obrigação, a depender) é relação jurídica regulada pelos modais deônticos *permitido, obrigatório* ou *proibido*, cujo descumprimento submete o sujeito passivo à sanção.

Sustenta-se que, no direito tributário, ao sujeito ativo da relação jurídica é permitido alegar a ocorrência do fato sem que apresente provas acerca desse acontecimento, já que, sobre os atos por ele expedidos, recairia a presunção de legitimidade[15]. Em claro exemplo de inversão do ônus da prova, é o sujeito passivo quem deveria provar que a prática do fato que lhe está sendo imputado não corresponde ao que se sabe da realidade.

Não podemos concordar com esse entendimento. Os atos administrativos apresentam características que objetivam, simultaneamente, conferir garantia aos administrados e prerrogativas à Administração. Dentre elas, releva destacar a presunção de validade, que não exime a Administração do dever de comprovar a ocorrência do fato jurídico: nem a presunção de validade dos atos administrativos, nem a falta de estrutura e pessoal, são razões que autorizam a prática, ainda comum, de transferir ao particular o dever de provar.

O art. 9º do Decreto n. 70.235/72, já mencionado anteriormente e segundo o qual o Fisco Federal tem o dever de provar o fato constitutivo do seu direito de exigir o crédito tributário, vai de encontro com o que defendemos, e é só mais uma razão para criticar o entendimento de que competiria à autoridade administrativa apenas refutar as provas juntadas pelo contribuinte aos autos do processo instaurado, fossem elas negativas da ocorrência do fato ou fossem baseadas em fato impeditivo, modificativo ou extintivo do direito da Fazenda.

---

14 CARNELUTTI, Francesco. *A prova civil*. Tradução de Lisa Pary Scarpa. Campinas: Bookseller, 2001, p. 255.

15 *Vide* REsp 1080319/SP, Min. Benedito Gonçalves, Primeira Turma do STJ, j. 23-4-2009.

Se alguma obrigação tributária foi pretensamente descumprida, há de se reconhecer o dever de o Fisco demonstrar que o fato jurídico tributário ocorreu, já que tal demonstração é pressuposto necessário à fenomenologia da incidência. Não podendo ocorrer, em virtude da comprovada impossibilidade de prova direta acerca da ocorrência do fato, a Administração deverá utilizar-se das presunções legais, enunciados que não estabelecem a inversão do ônus da prova, mas se constituem em meios indiretos de prova e pressupõem a comprovação dos indícios.

Assim, se o Fisco não puder fiscalizar adequadamente, por culpa do contribuinte que se recusa a colaborar, deverá comprovar a existência da não cooperação e dos indícios pertinentes à constituição do fato jurídico tributário; ao passo que o sujeito passivo deve provar, alternativa ou conjuntamente, a inocorrência dos indícios, do fato indiciado, a existência de diversos indícios em sentido contrário ou, ainda, questionar a razoabilidade da relação jurídica de implicação.

O que pode ocorrer, apenas, é a transferência do objeto da prova, já que o fato principal não necessita ser provado de forma direta, se isso não for possível. A inversão do ônus da prova somente pode ser entendida neste sentido: se impossível ao Fisco provar a ocorrência do fato, deverá limitar-se a provar a ocorrência dos fatos indiciários; se ausente essa situação excepcional, deverá necessariamente comprovar a ocorrência do fato jurídico[16].

Tratemos, finalmente, da *teoria da distribuição dinâmica da prova*, que estabelece a inversão do ônus da prova e o dever de cooperação.

De acordo com os §§ 1º e 2º do art. 373, o CPC positivou, nos estritos termos lá previstos, a inversão do ônus da prova, pautada na necessidade de o juiz se convencer para proferir uma decisão, bem como no dever de cooperação positivado pelo art. 6º do CPC[17].

O dever de cooperação prevê a necessidade de que todos os sujeitos do processo cooperem entre si para que se obtenha, em tempo razoável, decisão de mérito justa e efetiva.

---

16 Sobre a garantia de que a documentação regular faz prova em favor do contribuinte, e que caso a fiscalização acredite que a mesma não é apta a traduzir os fatos juridicamente relevantes deverá provar seu entendimento, dispõe o art. 9º, § 1º ("A escrituração mantida com observância das disposições legais faz prova a favor do contribuinte dos fatos nela registrados e comprovados por documentos hábeis, segundo sua natureza, ou assim definidos em preceitos legais") e § 2º, do Decreto-lei n. 1.598/77 ("Cabe à autoridade administrativa a prova da inveracidade dos fatos registrados com observância do disposto no artigo anterior").

17 Art. 6º Todos os sujeitos do processo devem cooperar entre si para que se obtenha, em tempo razoável, decisão de mérito justa e efetiva.

A cooperação prevista no CPC não desconsidera que em regra as partes possuem interesses antagônicos, e por isso mesmo a cooperação mútua não pode ser esperada. Parece-nos que a correta interpretação e aplicação do dispositivo, entretanto, considera a cooperação como sendo um limite imposto ao exercício dos direitos processuais, especialmente ao contraditório. Em outras palavras, por meio da cooperação, o processo haverá de se desenvolver adequadamente, sendo conferidas à parte condições reais de reagir e de influenciar o julgador.

Além das vedações à litigância de má-fé (boa-fé subjetiva), a cooperação exige comportamento pautado nos padrões razoáveis de conduta, à luz do homem médio, que levem em consideração as legítimas expectativas estabelecidas em relação aos demais sujeitos processuais (boa-fé objetiva).

O juiz, do mesmo modo, tem deveres a observar em sua participação no contraditório. Decerto, tem o poder-dever de impulsionar o processo, de proferir e de efetivar uma decisão, mas, ao fazê-lo, deve privilegiar uma comunicação clara com os litigantes e usar de modo racional o formalismo processual.

Nessa medida, a inversão do ônus da prova deve ocorrer quando o juiz identificar a facilidade de uma parte produzir determinada prova, e a impossibilidade da outra (que originalmente a produziria). A cooperação exige que, mesmo não sendo a protagonista de determinada alegação de fato, a parte assuma a incumbência de levar aos autos os enunciados probatórios que seu adversário alega e que não tem condições de produzir.

4.5 Quinto requisito: limite espacial

Vejamos agora o quinto e último requisito. Como fato que é, a prova acontece dentro de certos limites espaciais. Durante a enunciação, os atos concretizam-se no mundo fenomênico, sem determinações espaciais específicas. Assim que forem relatados linguisticamente, as coordenadas de lugar passam a ser indeclináveis: uma, relativa ao aspecto espacial atribuído ao evento, relatado no fato da prova (lugar *na* prova); outra, ao limite territorial em que foi redigido o enunciado (lugar *da* prova)[18].

Os dois limites espaciais não necessariamente coincidem, já que um refere-se ao local de ocorrência do evento (Município de Vinhedo-SP, por exemplo), que só alçará a condição de fato jurídico em sentido estrito, se ocorrido no

18 Confira-se Fabiana Del Padre Tomé (*A prova no direito tributário*. São Paulo: Noeses, 2005, p. 198-200).

território previsto no critério espacial da regra-matriz de incidência tributária, ao passo que o segundo limite refere-se ao local em que o enunciado probatório ingressou no sistema e assumiu a característica de prova (2ª Vara das Execuções Fiscais Federais de Campinas-SP).

Quando não instaurado o contencioso, a prova do fato jurídico ou do ilícito produzida pelo Fisco terá lugar no suporte físico do lançamento ou do auto de infração, que se localizará fisicamente na jurisdição competente para fiscalizar o contribuinte ou não, a depender das regras internas de organização do órgão fiscalizador. Poderá, também, se dar nos autos de um processo de acompanhamento interno de fiscalização, processo esse aberto para mero controle da legalidade dos atos administrativos, sem qualquer participação litigiosa do administrado e sem, rigorosamente, caracterizar-se processo. O final do procedimento investigatório poderá não culminar na lavratura de um auto de infração, dada a regularidade do contribuinte.

Já nos processos administrativo e judicial tributários, o lugar da prova é sempre o processo litigioso (suporte físico), independentemente do meio de prova produzido. Tal processo, neste caso, deverá localizar-se fisicamente na jurisdição competente para julgar a controvérsia. Juridicamente, o documento só será prova quando for anexado aos autos[19], razão pela qual é irrelevante o lugar em que a enunciação probatória tenha se dado, importando apenas que o produto desses atos de fala seja trazido aos autos.

4.6 Controle do enunciado probatório produzido

Fixada a premissa de que a produção dos enunciados probatórios submete-se às regras de produção existentes no sistema, cumpre-nos agora analisar como o direito controla tal produção.

O direito não tem como controlar os atos de fala da enunciação, fontes do direito, já que os eventos são inatingíveis e pertencem ao mundo do ser. O direito não tem como impedir, além disso, que as normas sejam introduzidas no sistema: elas simplesmente ingressam, de forma correta ou incorreta.

Validade ou invalidade são atributos da norma, e não da enunciação, e, se constatada sua invalidade, outro ato de fala deverá ser produzido, a fim de criar norma que expulse a primeira, inválida, do sistema.

---

19 Isso na perspectiva dinâmica da prova (prova no direito processual, com vistas à aplicação da norma geral e abstrata). Se na estática, a prova é elemento de direito material, e não necessitará ser juntada a um processo. É o caso dos documentos que dão suporte aos lançamentos contábeis feitos pelo contribuinte e que auxiliaram no cálculo do IRPJ e da CSLL, bem como nas demais formas de constituição do crédito tributário pelo administrado, em que não haja litígio.

Para se verificar a validade do processo de produção de normas, parte-se da análise da enunciação-enunciada, cotejando-a com as regras de estruturas previstas pelo direito posto. Vejamos as palavras de Tárek Moysés Moussallem[20]:

> A enunciação-enunciada, que já é direito positivo (norma jurídica geral e concreta), permite a reconstrução da enunciação, situada fora do direito positivo, por meio das categorias de pessoas, espaço, tempo e procedimento constantes do documento normativo. Na enunciação-enunciada está o produto do efetivo exercício da competência e do procedimento, circunscritos a um tempo e a um espaço determinados. Esses quatro elementos são previstos em outras normas do próprio direito positivo e são denominados "fundamentos de validade" (condições de validade). Ao cotejar o fundamento de validade com a enunciação-enunciada, o direito positivo controla a regularidade da norma produzida.

Tal assertiva vale para as provas: sua produção somente pode ser analisada após a inserção do enunciado no ordenamento, por meio das marcas encontradas na norma introdutora (dêiticos presentes na enunciação-enunciada). Por isso, tratando-se da elaboração de normas jurídicas, salienta Gabriel Ivo[21] que um documento pertence à categoria de lei porque em seu corpo físico está grafado o termo *lei*. Daí decorre que, a princípio, foram aplicadas as normas reguladoras do procedimento de criação de uma lei. O mesmo sugere para as provas. Ao se deparar com um documento que contenha a inscrição "laudo pericial" ou "oitiva de testemunhas", advém que o procedimento usado refere-se a tais meios de prova.

---

20 MOUSSALLEM, Tárek Moysés. *Revogação em matéria tributária*. São Paulo: Noeses, 2005, p. 81-82.

21 IVO, Gabriel. *Norma jurídica*: produção e controle. São Paulo: Noeses, 2006, p. 69.

5 Interpretação e axiologia das provas

É difícil interpretar. Por mais que conheçamos o objeto de estudo e que adotemos um método de interpretação, o ato de construção do sentido é extremamente complexo, pois, com frequência, deparamo-nos com termos vagos e ambíguos, contradições entre enunciados, lacunas, existência de mais de uma conclusão possível, dificuldade para compreender o objeto que se pretende conhecer. E com a subjetividade humana.

Por vezes, o sentido construído é o que acreditamos ser o adequado; por outras, aceitamos apenas o possível. O fato é que, não raras vezes, o destinatário da mensagem constrói uma interpretação em que a dúvida é maior que a certeza, porque, apesar de suas convicções – ou da falta delas –, o sistema impõe-lhe que uma decisão seja tomada.

Trataremos a seguir tanto da interpretação quanto dos valores do sujeito que interpreta.

5.1 Interpretação

Não existe sujeito que em algum momento não duvide das coisas, dos outros e de suas próprias certezas, que não se sinta inseguro ante a riqueza e a complexidade do mundo: a dúvida é ínsita ao espírito humano, inseparável daquele que interpreta. Assim são os homens, e existe beleza na incerteza. O importante, então, é reconhecer nessas características elementos positivos à pesquisa, à reflexão, à ponderação, à análise contextual e sistêmica.

Nessa linha, interpretar o direito é conhecê-lo, atribuindo sentido aos seus termos, ou seja, adjudicando-lhes significações. Interpretar é criar. É uma atividade crítica, para a qual não basta ler o enunciado: para se construir o sentido de uma proposição, faz-se imperioso adentrar no sistema jurídico, preencher o termo com conteúdo semântico, identificar sua função pragmática e promover associações com outros enunciados prescritivos, em relações de coordenação e subordinação que requerem um emissor, um receptor e uma troca de mensagem construída de acordo com determinado código.

É por isso que Tercio Sampaio Ferraz Junior[1] afirma o seguinte:

> O que se busca na interpretação jurídica é, pois, alcançar um *sentido* válido não meramente para o texto normativo, mas para a *comunicação normativa*, que manifesta uma relação de autoridade. Trata-se, portanto, de captar a mensagem normativa, dentro da comunicação, como um dever-ser vinculante para o agir humano.

Ao interpretar, o sujeito precisará também adentrar no sistema social, já que as ideologias são formadas dentro dos limites de seu conhecimento acerca do mundo, que transcendem o direito em direção a diferentes segmentos do saber. Exemplo típico é o da incidência do ICMS sobre os serviços de comunicação. O que é comunicação? O acesso à internet pode ser assim considerado? O direito não oferece as respostas suficientes, o intérprete deverá necessariamente percorrer outras áreas do conhecimento.

Do exposto fica claro que, para percorrer todo esse caminho, é preciso ter compreensão de como se orientar no universo constituído por linguagem normativa, científica e ordinária.

5.2 Texto e contexto

Todo texto tem um plano de expressão, de natureza material, e um plano de conteúdo, por onde ingressa a subjetividade de agente para compor as significações da mensagem. O direito, para ser compreendido, precisa ser lido e, ato contínuo, interpretado. Pensar o contrário seria admitir que bastaria ser alfabetizado para aplicá-lo, o que seria um erro, pois o direito é "uma realidade construída e não uma realidade dada"[2].

Texto é suporte físico, referencial, dado objetivo, início do processo de interpretação, base material para produção dos significados e das significações[3]. Sem dúvida alguma, o texto é necessário para a elaboração do sentido,

---

1 FERRAZ JUNIOR, Tercio Sampaio. *Introdução ao estudo do direito*: técnica, decisão, dominação. 6. ed., 2. reimpr. São Paulo: Atlas, 2010, p. 221-222 (destaque do autor).

2 ROBLES MORCHON, Gregório. *Teoría del derecho*: fundamentos de teoría comunicacional del derecho. Madrid: Civitas, 2008, p. 131.

3 Tendo o signo *status* lógico de relação que se estabelece entre o suporte físico, a significação e o significado, para utilizar a terminologia de E. Husserl, pode-se dizer que toda a linguagem, como conjunto sígnico que é, oferece esses três ângulos de análise. Compõem-se de um substrato material que lhe serve de suporte, uma dimensão ideal na representação que se forma na mente do intérprete (plano de significação) e o campo dos objetos referidos pelos signos e com os quais eles mantêm relação semântica (significados).

mas é insuficiente. Imprescindível a presença do intérprete, que constrói o sentido do termo considerando um rol de fatores subjetivos a ele referentes e que emite enunciados que são símbolos do produto de sua compreensão, objetos de nova interpretação. Assim, os planos semântico e pragmático do texto sofrem variações no tempo e no espaço, por influência das mudanças históricas e culturais a que o interprete está exposto.

Por isso, não há interpretação de texto fora de um contexto. O intérprete é influenciado por condicionantes culturais, sociais e valorativas, que os levam a formular a significação de um modo, e não de outro. Esse conjunto de fatores compõe o contexto.

Atento a isso, Paulo de Barros Carvalho chama atenção para a dualidade entre texto e contexto na formação de sentido dos discursos prescritivos. Afirma o autor[4]:

> Não há texto sem contexto, pois a compreensão da mensagem pressupõe necessariamente uma série de associações que poderíamos referir como linguística e extralinguística. Haverá, portanto, um contexto de linguagem envolvendo imediatamente o texto, como as associações do eixo paradigmático, e outro, de índole extralinguística, contornando os dois primeiros. Desse modo, podemos mencionar o texto segundo um ponto de vista interno, elegendo como foco temático a organização que faz dele uma totalidade de sentido – operando como objeto de significação no fato comunicacional que se dá entre emissor e receptor da mensagem – e outro corte metodológico que centraliza suas atenções no texto enquanto instrumento da comunicação entre dois sujeitos, tomado agora como objeto cultural e, por conseguinte, inserido no processo histórico-social, onde atuam determinadas formações ideológicas.

Resta demonstrada, portanto, a circunstância de existirem dois elementos fundamentais para a construção do sentido: texto e contexto.

5.3 Os métodos de interpretação na hermenêutica tradicional

É possível identificar uma metodologia para a construção do sentido ou ela é arbitrária, posto depender dos valores de quem interpreta, influenciado pelo momento histórico e pelo meio?

Entendemos que deva existir um método. A hermenêutica tradicional aponta como principais os da interpretação literal ou gramatical, histórico, lógico,

4 CARVALHO, Paulo de Barros. *Direito tributário, linguagem e método*. São Paulo: Noeses, 2008, p. 10.

teleológico e sistemático. Tais métodos esgotariam o estágio declarativo, e, na eventualidade de lacunas, se partiria para a integração do direito positivo.

O método *literal ou gramatical* é aquele que permanece no plano sintático. Opera tão somente com os significados de base (texto em sentido estrito), desconsiderando que todo processo gerador de sentido pressupõe um contexto histórico, cultural, social e valorativo em que o intérprete está inserido. Adotando-se a diferenciação entre texto e norma, e de acordo com a proposta do giro linguístico a que nos filiamos – em que os conteúdos significativos são criados pelo próprio intérprete, com base nos critérios de uso das palavras em seu contexto histórico-cultural –, a interpretação literal, por si só, mostra-se inapta à construção do sentido.

Já o método *histórico* utilizado pela hermenêutica tradicional verifica as circunstâncias que deram origem aos enunciados normativos, para tentar alcançar a vontade do legislador à época da edição do texto (resgate histórico da enunciação). Embora não deixe de ser um método passível de ser utilizado, a tarefa é difícil, pois o sentido da norma é produto da construção do intérprete inserido em determinado tempo histórico, e não da vontade do legislador no momento em que a norma foi produzida.

O método *lógico*, por sua vez, é aquele mediante o qual os conteúdos de significação são construídos com a aplicação de regras da lógica formal, a partir de deduções – processo pelo qual de duas ou mais proposições conclui-se uma terceira. Restringe-se, pois, ao aspecto sintático da língua, não havendo como compatibilizar o produto de sua interpretação, em relações de coordenação e subordinação, com o sistema. Por considerarmos também a necessidade da semântica e da pragmática, as regras da lógica são insuficientes para a construção do sentido.

O método *teleológico* preocupa-se com a finalidade da norma, com a conduta a ser regulada. O pressuposto do método teleológico é de que sempre é possível atribuir um propósito às normas[5]. Carlos Maximiliano[6] afirma o seguinte:

---

5 Tercio Sampaio Ferraz Junior critica esse posicionamento (*Introdução ao estudo do direito*: técnica, decisão, dominação. 6. ed., 2. reimpr. São Paulo: Atlas, 2010, p. 265), ao afirmar que, "De fato, isso nem sempre é claro e muitas vezes nos levaria a perplexidades. Existem normas costumeiras para as quais é difícil encontrar propósitos e finalidades. O longo uso com o sentimento da obrigatoriedade instaura uma rede de disciplinas sem que possamos encontrar nelas alguma intenção. Apesar disso, para obter a neutralização da carga emocional, é preciso encontrar essas finalidades ou, ao menos, postulá-las".

6 MAXIMILIANO, Carlos. *Hermenêutica e aplicação no direito*. 9. ed. Rio de Janeiro: Forense, 1979, p. 125.

> a norma enfeixa um conjunto de providências, protetoras, julgadas necessárias para satisfazer a certas exigências econômicas e sociais; será interpretada de modo que melhor corresponda àquela finalidade e assegure plenamente a tutela de interesses para o qual foi redigida.

Tal método não deixa de ser uma valoração do intérprete e situa-se principalmente no nível pragmático da linguagem. Mas é também insuficiente.

Por fim, o método *sistemático* é aquele que percorre todos os planos da linguagem e impõe que a significação seja compatível com as demais prescrições que formam o sistema jurídico.

A relação de dependência entre as normas (ou a conexão de sentido) é, nas bem colocadas palavras de Humberto Ávila[7], "um reconhecido *postulado hermenêutico*". Trata-se de exegese completa, que levou Paulo de Barros Carvalho[8] a defender que, "isoladamente, só o último (sistemático) tem condições de prevalecer, exatamente porque antessupõe os anteriores". Com os autores concordamos.

5.4 Limites inerentes ao ato de interpretar

Eros Roberto Grau[9] entende não haver identificação entre texto e norma, enfatizando que:

> o significado (isto é, a norma) é o resultado da tarefa interpretativa. Vale dizer: o significado da norma é produzido pelo intérprete. Por isso dizemos que as disposições, os enunciados, os textos, nada dizem; eles dizem o que os intérpretes dizem que eles dizem [Ruiz e Cárcova].

Tal afirmação não nos impede de apontar limites à interpretação do direito. Interpretar é arbitrário[10], e isso não é necessariamente bom ou ruim. A depender da situação, pode ser positivo ou negativo. Mas é sempre arbitrário.

A necessidade de um conteúdo semântico mínimo, dentro do contexto histórico em que se dá a comunicação, confere sentido aos vocábulos do texto normativo. Disso o intérprete não pode fugir; portanto, a arbitrariedade é limitada.

---

7 ÁVILA, Humberto. *Sistema constitucional tributário*. 3. ed. São Paulo: Saraiva, 2008, p. 30.

8 CARVALHO, Paulo de Barros. *Curso de direito tributário*. 19. ed. São Paulo: Saraiva, 2007, p. 102.

9 GRAU, Eros Roberto. *Ensaio e discurso sobre a interpretação/aplicação do direito*. 5. ed. São Paulo: Malheiros Editores, 2009, p. 27.

10 Utilizamos o signo arbitrário não no sentido de abusivo, mas sim como escolha, que, sem dúvida alguma, sujeita-se aos controles previstos na legislação de regência.

Vejamos agora quatro limites (conhecimento herdado, conteúdo semântico mínimo, momento histórico e contexto), além do texto, intertextualidade, antecedente jurisprudencial vinculatório e definição pela negativa, temas desenvolvidos em outras partes deste livro. Não consideramos, finalmente, que a hierarquia, a cronologia e a especificidade sejam limites à construção do sentido, mas critérios para a solução de antinomias do direito positivo.

5.4.1 Conhecimento herdado

Iniciemos com a seguinte colocação de Leônidas Hegenberg[11]:

> Ao nascer somos "atirados" em um mundo. Diante de nós, uma circunstância cheia de coisas, a que, aos poucos, nos ajustamos. Para que o ajuste não seja apenas "físico", mas também intelectual, contamos com as *interpretações* que dela fizeram aqueles que nos antecederam. A função das interpretações é emprestar inteligibilidade às coisas, permitindo que, ao agir sobre elas, possamos usá-las em nosso benefício (destaque do autor).

O conhecimento herdado diz respeito à assimilação do saber construído no passado por terceiros, limite à interpretação por se constituir em um sistema de referência. Essa pré-compreensão histórica nos foi transmitida em linguagem e é condição de possibilidade de todo o conhecimento.

Manfredo Araújo de Oliveira[12] adverte que "compreendemos a partir de nossos pré-conceitos que se gestaram na história e são agora 'condições transcendentais' de nossa compreensão".

Assim, o intérprete não começa a interpretar como se nada fosse sabido, como se tudo tivesse que ser descoberto. Existe sempre uma pré-compreensão do objeto, decorrente do conhecimento construído e transmitido por outras pessoas e presente no contexto histórico, social e cultural no qual o sujeito está inserido. Essa pré-compreensão pode se confirmar, ou se renovar, com a possibilidade de nova construção de sentido pelo sujeito cognoscente, mas é *a partir dela* que conhecemos o mundo. Obviamente, não faria qualquer sentido abrir mão dessa excepcional bagagem cultural, seja pela impossibilidade de assim o fazer, seja porque tal renúncia representaria um grande sem-sentido. A sociedade de hoje é fruto do conhecimento acumulado durante anos, e não da genialidade individual de alguns.

---

11 HEGENBERG, Leônidas. *Saber de e saber que*: alicerces da racionalidade. Petrópolis: Vozes, 2001, p. 19. Destaque do original.

12 OLIVEIRA, Manfredo Araújo de. *Reviravolta linguístico-pragmática na filosofia contemporânea*. São Paulo: Loyola, 1996, p. 228.

A pré-compreensão dos fatos também nos leva ao conceito de conteúdo semântico mínimo da linguagem, que veremos a seguir. Para que uma mensagem seja conhecida e compreendida, ela necessita ser objetivada para se tornar subjetiva. Muito embora as palavras sejam potencialmente vagas e ambíguas, a forma que determina essa objetivação diz respeito a acepções correntes, do senso comum, conteúdos mínimos comuns aos utentes da comunidade em que se insere o discurso.

5.4.2 Conteúdo semântico mínimo

É sabido que em idêntico tempo e lugar encontramos interpretações diversas sobre os mesmos eventos físicos, sobre as pessoas e seus valores. É possível conviver com a diferença, fruto da imprecisão natural da linguagem e, sobretudo, das ideologias e da abertura do texto.

Gregório Robles toma o direito como um texto aberto, vale dizer, a interpretação promovida pelos aplicadores do direito, bem como a atividade do legislador, atualiza o texto jurídico, que não é pronto e acabado. Em suas palavras[13]:

> A abertura indica que o texto não surge de uma só vez (como acontece com a novela), mas vai sendo gerado e regenerado progressivamente, como mecanismo autopoiético que é. O ser textual do direito é um ser *in fiere*, nunca determinado, mas em permanente transformação. Regenera-se em decisões diárias, que se incorporam em novas leis, em novas normas de vários tipos, em novas sentenças judiciais etc.

O texto normativo precisa ser aberto, caso contrário, a lei seria excessivamente inflexível no tempo e acabaria por deixar de regular as condutas humanas, sua razão de existir. Entretanto, é defeso ao intérprete subverter o conteúdo semântico mínimo presente no contexto histórico em que ele se processa. E, por conteúdo semântico mínimo, deve-se entender a significação de base do termo, outrora arbitrada e aceita pela sociedade (consenso construído ao longo da história, em torno de um determinado significado).

O Supremo Tribunal Federal já enfrentou essa questão, sendo as seguintes as palavras do Min. Marco Aurélio:

> Não posso, onde está escrito receita bruta, entender que houve referência a faturamento, a receita líquida. Não posso! Se o fizer, estarei partindo

---

13 ROBLES MORCHON, Gregório. *O direito como texto*: quatro estudos de teoria comunicacional do direito. Tradução de Roberto Barbosa Alves. Barueri-SP: Manole, 2005, p. 29.

para um campo de absoluto subjetivismo. Tenho que enfrentar a lei tal como ela se contém. Tenho que proceder ao cotejo sem substituir-me como que ao legislador, sem alterar o próprio texto legal[14].

Merece destaque, também, parte do voto do Min. Cezar Peluso, nessa mesma decisão:

> Mostrou Saussure que ninguém pode duvidar de que o termo (signo linguístico) não decorre da natureza do objeto (significado), mas é estipulado arbitrariamente pelos usuários da linguagem, mediante consenso construído ao longo da história, em torno de um código implícito de uso. Por maiores que sejam as imprecisões, há sempre um limite de resistência, um conteúdo semântico mínimo, recognoscível a cada vocábulo, para além do qual o intérprete não está autorizado. Na grande maioria dos casos, os termos são tomados no significado vernacular corrente, segundo o que traduzem dentro do campo de uso onde são colhidos, seja na área do próprio ordenamento jurídico, seja no âmbito das demais ciências, como economia, biologia etc., sem necessidade de processo autônomo de elucidação. Quando não haja conceito jurídico expresso, tem o intérprete de se socorrer, para a reconstrução semântica, dos instrumentos disponíveis no próprio sistema do direito positivo, ou nos diferentes corpos de linguagem.

E como identificar o mínimo a partir do texto? Parece-nos que essa tarefa é possível mediante, a princípio, (i) a contraposição às demais classes de definições dos termos (o que é renda não é serviço, receita, circulação etc.); e (ii) pela definição pela negativa, ou seja, dentro do conjunto de fatos que podem ser considerados renda, *não podem* ser renda aqueles que impliquem diminuição patrimonial (dispêndios, despesas, desembolsos), já que renda pressupõe acréscimo, identificado mediante contraposição de ingressos e despesas vinculadas à produção da riqueza, dentro de determinado lapso temporal eleito pela lei.

5.4.3 Momento histórico

Considerando certo tempo histórico, há a limitação conferida pelo uso dos termos em determinada comunidade linguística, e essa forma de utilização nos é dada pela atualização que o plano pragmático da linguagem exerce sobre o plano semântico. Tem-se, por consequência, o caráter evolutivo e mutável da interpretação.

---

14 RE 390.840-5.

Wittgenstein, na segunda fase de sua obra, modifica seu pensamento, abandonando a concepção designativa da linguagem para adotar a concepção de que o significado de uma palavra encontra-se em seu uso em dada comunidade, uso este limitado por regras, jogos de linguagem[15].

Aplicando esse entendimento ao direito e à sua interpretação, o intérprete pode construir a mensagem dentro dos significantes possíveis para o termo: ainda que esse significado seja novo, será legítima a interpretação, se adequada aos usos e costumes vigentes à época de sua construção.

Momento histórico não se confunde com conhecimento herdado: este diz respeito ao conhecimento acumulado ao longo dos anos e recebido pelo intérprete, ao passo que o primeiro é fruto de valores, necessidades e características do exato tempo em que se dá a interpretação. Usar cinto de segurança, não fumar em estabelecimentos públicos fechados, enviar a declaração de imposto sobre a renda pessoa física via internet, realizar atos de comércio eletrônico são situações hoje corriqueiras em nossa sociedade, e com elas naturalmente lidamos, contrariamente ao que ocorria há 15 (quinze) anos. O momento histórico, portanto, é outro.

Outro exemplo é o art. 150, VI, *d*, da Constituição, que confere imunidade aos livros, jornais, periódicos e o papel destinado a sua impressão. No momento da promulgação da Constituição, não se cogitava no Brasil, ao menos ao cidadão comum, a possibilidade de circulação e comercialização de livros eletrônicos. Com a mudança da tecnologia, nos dias de hoje, muito se discute nos meios jurídicos, qual seria o conceito de livro[16].

Aqui, o texto constitucional não foi alterado, mas a interpretação de um dispositivo está sendo debatida justamente porque ocorreu a mudança do momento histórico. Se assim não fosse, o direito positivo perderia sua característica de contemporaneidade, da possibilidade de perdurar.

5.4.4 Contexto

Vimos que não há correta interpretação de um texto fora de um contexto. O intérprete é influenciado por diversas condicionantes que o levam a

---

15 Sobre o tema, ver as obras *A validade jurídica pré e pós-giro linguístico*, de Sônia Maria Broglia Mendes (São Paulo: Noeses, 2007), e *Os limites à interpretação das normas tributárias*, de Tathiane dos Santos Piscitelli (São Paulo: Quartier Latin, 2007).

16 No Acórdão n. 00110316, proferido pela Seção de Direito Público do Tribunal de Justiça de São Paulo, consta o seguinte: "Ora, o livro, como obra (não importa se em papel ou em CD-ROM) goza de imunidade preceituada na Constituição e, se esta estendeu a imunidade a seu suporte (o papel utilizado), é curial que alcança também qualquer outro meio não convencional utilizado para a edição do livro".

formular a significação de um modo, e não de outro. É um ato de escolha, de preferência. Para interpretar, valora-se.

Contexto é aqui utilizado como meio cultural, histórico e social no qual as provas são produzidas, bem como os aspectos inerentes à enunciação da norma, aos valores do intérprete e às características extrínsecas e intrínsecas do próprio fato probando e dos valores do sujeito que o praticou, elementos esses responsáveis por dar, manter ou modificar o sentido de uma prova.

É pelo contexto que a singularidade dos fatos se manifesta, que o sujeito age de uma forma e não de outra, que o que a princípio "não faz sentido" pode fazer, que os propósitos apresentados convencem. É pelo contexto que se torna mais fácil identificar o dolo ou a culpa do agente em um caso concreto, a evasão ou a elisão fiscal, o erro esporádico do lançamento contábil ou a fraude a ensejar a multa qualificada. Pelo contexto, cria-se um limite seguro à interpretação.

5.5 Método proposto para a construção do sentido

Todo texto tem um plano de expressão e um de conteúdo. É pelo primeiro que o intérprete inicia a interpretação, construindo os conteúdos dos vários enunciados ou frases prescritivas, para, posteriormente, ordená-los na forma estrutural.

Se retivermos a observação de que o direito se manifesta sempre em quatro planos (S1, S2, S3 e S4), quais sejam: o das formulações literais (S1); o de suas significações enquanto enunciados prescritivos (S2); o das normas jurídicas, como unidades de sentido obtidas mediante grupamento de significações que obedecem a determinado esquema formal de implicação (S3); e o dos vínculos de coordenação e de subordinação que se estabelecem entre as regras jurídicas (S4), não é difícil imaginar a dificuldade de se interpretar.

Afora isso, a intertextualidade e a inesgotabilidade da interpretação também estão sempre presentes. Intertextualidade consiste no diálogo que os textos passados, presentes e futuros mantêm entre si, independentemente das relações de hierarquia e de prevalência (norma geral ou específica; posterior ou anterior; conceitos de direito privado aplicados ao direito público). É a intertextualidade *stricto sensu*. Já a *lato sensu* abrange todos os setores que têm o direito como linguagem objeto, tais como a sociologia do direito, história do direito etc.

No que diz respeito à inesgotabilidade, podemos afirmar que a interpretação é infinita, nunca restrita a determinado campo semântico. Por isso, todo texto pode ser reinterpretado. Tempo histórico, pessoas, valores, tudo influencia a interpretação. Um singelo exemplo é que quanto mais se estuda um determinado texto doutrinário, mais ele se torna conhecido. As palavras grafadas no papel não mudaram, o que se alterou foi a compreensão do objeto.

Por todas essas razões, não poderíamos deixar de reconhecer a complexidade da interpretação. Subjetivismo e liberdade sempre existirão, mas, mesmo assim – ou sobretudo por isso –, é importante criar-se um método para o percurso gerador do sentido, do texto até a norma de sentido deôntico completo.

Não se trata de um "protocolo de conduta", pois acreditamos não haver uma única maneira correta. Mas não deixa de ser um norte seguro, que considera o triângulo semiótico (signo, significado e significação) e passa pelos quatro planos de linguagem mencionados acima e objetivados, de forma muito feliz, por Paulo de Barros Carvalho. Eis o método proposto:

- *Primeiro*: o texto é o ponto de partida, mesmo para enunciados implícitos, que dos textos derivam.
- *Segundo*: no preenchimento do conteúdo semântico, deve-se considerar o uso comum dos vocábulos (arbitrariedade e, posteriormente, consenso). Além disso, a discricionariedade existente no preenchimento do conteúdo semântico do termo submete-se a um mínimo, composto pela (i) contraposição às demais classes de definições e (ii) definição pela negativa.
- *Terceiro*: o preenchimento do conteúdo semântico de termos jurídicos deverá também subordinar-se às definições de direito privado e aos antecedentes jurisprudenciais vinculatórios.
- *Quarto*: no plano pragmático, o contexto assume vital importância. O intérprete é influenciado por aspectos culturais, sociais e valorativos, e constrói o seu sentido a partir desses vetores, numa inevitável hierarquia de preferências. O livre convencimento motivado permite controlar a significação criada pelo sujeito.
- *Quinto*: deve-se unir cada vocábulo, em seguida frase por frase, compondo um domínio de significações, que, por sua vez, deverão ser submetidas às relações de coordenação e subordinação normativas, a fim de construir o correto sentido e assegurar sua compatibilidade com as demais prescrições que formam o sistema jurídico.
- *Sexto*: concluídas as etapas acima, poderemos formalizar em linguagem competente as unidades normativas, agrupadas segundo fórmulas moleculares caracterizadas pelo conectivo implicacional e que comporão o sistema normativo. Teremos chegado, então, ao plano S4 (para concomitantemente retornar ao subdomínio S1).

5.6 Axiologia das provas

Toda ação humana está indissociavelmente ligada ao valor. Valorar a prova não foge à regra, pois, se a prova manifesta-se sempre por meio da linguagem e se a linguagem é um objeto cultural criado pelo homem e, por isso, necessariamente impregnado de valor, não poderíamos deixar de reconhecer a influência dos valores na Teoria das Provas.

O termo *axiologia* designa a Teoria Geral dos Valores. Embora seja inconteste a dificuldade da definição do termo *valor*, ela não impede que seu conteúdo semântico seja construído e tampouco que o vocábulo seja estudado. Demonstração disso são os estudos realizados por Miguel Reale e Tercio Sampaio Ferraz Junior.

Iniciemos com Miguel Reale[17], que afirma:

> da mesma forma que dizemos que "ser é o que é", temos que dizer que "o valor é o que vale". Por que isto? Porque *ser* e *valer* são duas categorias fundamentais, duas posições primordiais do espírito perante a realidade. Ou vemos as coisas enquanto elas *são*, ou as vemos enquanto *valem*; e porque valem, *devem ser*. Não existe uma terceira posição equivalente.

E mais adiante o autor acrescenta[18]:

> Os valores não são, por conseguinte, objetos ideais, modelos estáticos segundo os quais iriam se desenvolvendo, de maneira reflexa, as nossas valorações, mas se inserem antes em nossa experiência histórica, irmanando-se com ela. Entre valor e realidade não há, por conseguinte, um abismo; e isto porque entre ambos existe um nexo de polaridade e de implicação, de tal modo que a história não teria sentido sem valor: um "dado" ao qual não fosse atribuído algum valor seria como que inexistente; um "valor" que jamais se convertesse em momento da realidade seria algo de abstrato ou de quimérico. Pelas mesmas razões, o valor não se reduz ao real, nem pode coincidir inteiramente, definitivamente, com ele: um valor que se realizasse integralmente converter-se-ia em "dado", perderia a sua essência que é a de esperar sempre a realidade graças à qual se revela e jamais se esgota.

Já para Tercio Sampaio Ferraz Junior[19], valores são preferências por núcleos de significação; são "centros significativos que expressam *preferibilidade*

---

17 REALE, Miguel. *Introdução à filosofia*. 4. ed. São Paulo: Saraiva, 2007, p. 141-142.

18 REALE, Miguel. *Introdução à filosofia*. 4. ed. São Paulo: Saraiva, 2007, p. 155-156.

19 FERRAZ JUNIOR, Tercio Sampaio. *Introdução ao estudo do direito*: técnica, decisão, dominação. 6. ed., 2. reimpr. São Paulo: Atlas, 2010, p. 86.

(abstrata e geral) por certos conteúdos de expectativa, ou melhor, por certos conjuntos de conteúdos abstratamente integrados num sentido consistente".

Valor pode ser definido como sendo a não indiferença de um sujeito em relação a determinado objeto. É o vínculo que se institui entre o sujeito do conhecimento e o objeto, de forma que o sujeito, movido por uma necessidade, não se comporta com indiferença, atribuindo-lhe qualidades positivas ou negativas.

O valor caracteriza-se pela *polaridade* (um valor contrapõe-se a outro), *implicação recíproca* (existem valores que têm afinidade uns com os outros, implicando-se), *referibilidade* (tudo aquilo que vale, vale para algo ou vale no sentido de algo para alguém), *preferibilidade* e *graduação hierárquica* (um valor, frente a outro, será preferível), *inexaurabilidade* (nenhum bem esgota o valor que realiza, já que os valores sempre admitem novos conteúdos), *objetividade* (os valores não são subjetivos, por não coincidirem com a consciência que cada homem tem deles, não obstante estejam sempre em relação com o homem que os valora); *incomensurabilidade* (o conteúdo de um valor não é passível de quantificação ou mensuração) e *historicidade* (um valor se realiza no decorrer do tempo)[20].

Os valores são inerentes ao homem. O valor está no ser humano, no sujeito cognoscente, e não no objeto. Quem reflete, escolhe, julga é o homem, em função de suas preferências, e não do objeto referido.

Nessa medida, os valores inerentes às normas jurídicas dependem de escolhas humanas, seja do legislador, ao eleger certos fatos dentre inúmeros possíveis (para compor a hipótese e o consequente normativo), seja do aplicador do direito, ao interpretar as normas gerais e abstratas, os fatos alegados pelas partes e as provas coletadas.

Não há critérios seguros e absolutos que indiquem o que é relevante, adequado e justo em cada caso específico, em que normalmente as alegações das partes interessadas se contradizem. A natureza eminentemente subjetiva dos valores jamais terá como ser objetivada, de forma a empregar validade intersubjetiva à análise de casos concretos. Isso explica a razão pela qual para um mesmo fato possa existir mais de um juízo válido, sem que isso afete a validade da prova.

Tratamos prova, aqui, na acepção de fenômeno psicológico, e, nesse instante, é ela ainda irrelevante para o mundo jurídico, uma vez que não se encontra descrita em linguagem competente. Somente após a exteriorização do juízo, em que a motivação do ato revelar quais foram os valores adotados para a formação da convicção do julgador, que não se comportou com indiferença com relação àquele fato, é que o fenômeno psicológico adquirirá relevância jurídica.

---

20 Conforme características apontadas por Miguel Reale (*Introdução à filosofia*. 4. ed. São Paulo: Saraiva, 2007, p. 141 e s.).

5.7 Construção do convencimento

O ser humano, ao agir, o faz com base em decisões decorrentes de suas preferências. Ele escolhe, e sua escolha está insitamente ligada à valoração que faz das coisas e ações ao seu redor. É o que vimos afirmando até aqui.

Um fato é provado no momento em que o julgador considera-o verdadeiro[21]. É o julgador, como destinatário da prova, quem efetivamente anuncia que o fato existiu e com quais características. Como meio de construção de sua convicção, opta por um dos três critérios a seguir: (i) provas legais ou tarifadas; (ii) livre convencimento; ou (iii) persuasão racional.

A adoção das provas legais ou tarifadas consiste na atribuição, a cada prova, de um valor fixo e imutável, não deixando margem de liberdade para apreciação do destinatário. Diminui, sem dúvida alguma, a importância do julgador como intérprete dos fatos. Como exemplo, a presunção relativa de omissão de rendimentos, quando a pessoa física não provar a origem do dinheiro depositado em conta bancária (art. 42 da Lei n. 9.430/96). Também, o art. 406 do CPC, segundo o qual não se admite qualquer outra forma de prova quando a lei exigir o instrumento público. São, entretanto, situações excepcionais.

De modo diametralmente oposto, o livre convencimento confere liberdade plena ao julgador, autorizando que este decida independentemente das provas trazidas aos autos e, até mesmo, de forma contrária a elas. Com tamanha liberdade, a insegurança jurídica seria evidente.

Moacyr Amaral Santos[22], em crítica à valoração das provas com base no livre convencimento, manifesta-se da seguinte maneira: "Se a verdade pudesse ser resultante das impressões pessoais do julgador, sem atenção aos meios que apresentam no processo, a justiça seria o arbítrio e o Direito a manifestação despótica da vontade do encarregado pelo Estado de distribuí-lo".

Exemplo ainda hoje existente é o do Tribunal do Júri, em que os jurados decidem, tomando-se por base exclusivamente sua convicção pessoal, sem necessidade de fundamentar as razões de seu convencimento e de sua decisão.

Já no sistema orientado pela persuasão racional, o julgador é livre para decidir segundo seu convencimento, que necessariamente deve estar pautado no conjunto probatório constante dos autos. O julgador fica adstrito aos fatos alegados e provados, devendo decidir com base nas provas que lhe são apresentadas, podendo sopesá-las de acordo com sua livre convicção.

---

21 Embora um fato possa ser verdadeiro sem ser provado, como na hipótese em que ele é apenas alegado, e o sujeito que competia refutá-lo silencia-se.

22 SANTOS, Moacyr Amaral. *Prova judiciária no cível e comercial*. 5. ed., v. 1. São Paulo: Saraiva, 1983, p. 7.

Confira-se as palavras bem colocadas de Vicente Greco Filho[23], sobre a persuasão racional:

> ao mesmo tempo em que mantém a liberdade de apreciação, vincula o convencimento do juiz ao material probatório constante dos autos, obrigando, também, o magistrado a fundamentar sua decisão de modo que se possa aferir o desenvolvimento do seu raciocínio e as razões de seu convencimento.

A persuasão racional é também designada livre convencimento *motivado*, tendo em vista não se admitir arbitrariedade no julgamento, exigindo-se razoabilidade[24] na relação estabelecida entre as provas constantes dos autos e a decisão do julgador. Duas são, portanto, suas consequências: (i) impossibilidade de o julgador decidir exclusivamente com base em sua convicção pessoal; e (ii) necessidade de motivar (explicar) a decisão.

É esse o critério adotado pelo CPC (art. 371), e também pelas legislações que disciplinam o processo administrativo tributário das diversas pessoas políticas (na esfera federal, art. 9º, *caput*, do Decreto n. 70.235/72 e, no Estado de São Paulo, art. 19 da Lei n. 13.457/2009).

Entendemos, para concluir, que o sistema de construção do convencimento adotado pelo sistema brasileiro é o do *livre convencimento motivado*, não admitindo que a apreciação das provas seja feita de forma livre e injustificada. Pressupõe, também, razoabilidade na relação estabelecida entre o conteúdo das provas e a conclusão obtida a partir delas.

5.8 O valor probatório dos documentos contábeis ontem e hoje

Ao longo de muitos anos, a contabilidade foi considerada um instrumento útil e independente da Ciência do Direito Tributário. O bom profissional deveria conhecer a Constituição e as leis, e não necessariamente regras contábeis. Esse entendimento mostrou-se equivocado, e, aos poucos, o conhecimento técnico-contábil ganhou espaço, de forma que, hoje, o estudioso e aplicador do direito tributário deve possuir sólidas noções desse substrato de linguagem

---

23 GRECO FILHO, Vicente. *Direito processual civil brasileiro*. 16. ed., v. 2. São Paulo: Saraiva, 2003, p. 199.

24 O princípio da razoabilidade prescreve que, ao elaborar a lei, bem como ao aplicá-la, respeitem-se os critérios aceitáveis do ponto de vista racional, considerando o senso normal das pessoas e o que ordinariamente acontece. As atividades legislativa, executiva e judiciária devem desenvolver-se harmoniosamente com o interesse público. Assim, serão ilegítimos os atos desarrazoados ou praticados desconsiderando-se as situações que, normalmente, seriam atendidas por aqueles que tivessem atributos normais de sensatez (valores do homem médio).

técnica, fundamental para a apuração de diversos tributos e para o conhecimento da posição patrimonial e financeira de uma sociedade, além de exercer relevante papel contra a evasão fiscal e os crimes contra a ordem tributária. É por meio da contabilidade que se faz possível provar a ocorrência de diversos fatos lícitos e ilícitos, e quantificá-los.

É dever de toda pessoa jurídica efetuar os lançamentos contábeis devidos, atos unilaterais vinculados a outros suportes físicos, que os sustentam.

Nessa medida, não basta que a pessoa jurídica lance uma receita ou uma despesa, deverá guardar, pelo menos até o final do prazo decadencial, todos os documentos que lhe dão suporte, tais como notas fiscais de prestação de serviço ou de venda de mercadorias, recibos e demais comprovantes de recolhimento de despesas dedutíveis. Não o fazendo, o lançamento contábil perderá sua validade, e deverá ser desconsiderado em eventual fiscalização.

Partamos por ora da premissa de que o documento contábil foi corretamente constituído e que existem provas a ele relativas, a fim de avaliarmos o valor probatório da escrituração. Entendemos que ela constitui-se em relevante meio de prova para fins tributários – já que colabora com a identificação e quantificação dos fatos –, inabalável pelas circunstâncias de o lucro contábil não coincidir integralmente com o lucro real[25] e tampouco por poder ser retificada dentro do prazo legal (como, inclusive, ocorre com qualquer outro meio de prova).

As informações geradas pelo sujeito passivo devem ser sopesadas juntamente com outros meios de prova existentes, o que equivale afirmar que são provas necessárias para a comprovação de muitos dos fatos jurídicos (em especial os que consideram lucro e receita), mas insuficientes. Em outras palavras, em que pese seu elevado valor probatório, o Fisco não deve se satisfazer com as informações lá constantes, tendo em vista seu caráter não absoluto. Sobre isso, a lição de Alberto Xavier[26]:

---

25 De acordo com Luís Eduardo Schoueri (O mito do lucro real na passagem da disponibilidade jurídica para a disponibilidade econômica. In: MOSQUERA, Roberto Quiroga; LOPES, Alexsandro Broedel. *Controvérsias jurídico-contábeis* (aproximações e distanciamentos). São Paulo: Dialética, 2010, p. 253), "o lucro contábil apura a movimentação patrimonial da empresa. Assim, receitas e despesas são somadas, chegando-se a um lucro líquido do período. Também no lucro real somam-se receitas e despesas. Não obstante, nem toda receita reconhecida pela Contabilidade é igualmente reconhecida para fins tributários. Mencione-se, nesse sentido, o caso das receitas isentas, como os dividendos recebidos de outras pessoas jurídicas: embora sejam eles uma receita da empresa beneficiária (afinal, os dividendos são um acréscimo patrimonial), a legislação tributária expressamente os isenta. Tem-se, assim, um caso de disparidade entre o lucro contábil e o lucro tributário, já que o primeiro será composto por uma receita que não será incluída para fins de cálculo do segundo".

26 XAVIER, Alberto. *Do lançamento*: teoria geral do ato, do procedimento e do processo tributário, p. 138.

> A existência de escrituração regular não constitui, pois, um limite aos poderes de investigação do Fisco, que pode socorrer-se de qualquer meio de prova para impugnar a veracidade dos fatos nela registrados [...]. O que a existência da escrituração regular impede, isso sim, é a aplicação do mecanismo do arbitramento, na sua primeira fase de substituição da base de cálculo primária (lucro real) por uma base de cálculo subsidiária (receita bruta). Existindo escrituração regular, o Fisco está vinculado à sua adoção como base de prova da base e cálculo primária, podendo socorrer-se de outros meios probatórios para confirmar ou infirmar sua correspondência com a realidade.

Cumpre-nos mencionar, ainda, o disposto no art. 226 do Código Civil, segundo o qual "Os livros e fichas dos empresários e sociedades provam contra as pessoas a que pertencem, e, em seu favor, quando escriturados sem vício extrínseco ou intrínseco, forem confirmados por outros subsídios".

Em função desse dispositivo, as informações lançadas pelo contribuinte sempre farão prova contrária a ele, que, para refutá-las, deverá apresentar novo conjunto probatório, consistente e idôneo[27]. Os lançamentos unilateralmente criados valerão perante terceiros, se observado o procedimento de elaboração e certificação dos registros, tais como a autenticação da Junta Comercial. Caso o Fisco não concorde com as informações lá consignadas, deverá, de forma motivada, refutar o conteúdo do enunciado[28]. É nesse sentido o entendimento de Ricardo Mariz de Oliveira[29]:

> A importância da função normativa da Contabilidade é de tal magnitude que, como já dito acima, a lei confere à Contabilidade em ordem, lastreada em documentos regulares, a condição de prova a favor da pessoa jurídica contra o próprio Fisco, a quem cabe provar a irregularidade ou inveracidade dos registros contábeis (Decreto-lei n. 1.598, de 26-12-1977, art. 9º). Fora do direito tributário também há norma no mesmo sentido de que a escrituração mantida com observância das formalidades legais faz prova a favor do comerciante: trata-se do art. 8º do Decreto-lei n. 486, de 3-3-1969.

---

27 Acórdão n. 204-03.265 da 4ª Câmara do antigo 2º Conselho de Contribuintes.

28 Nos termos do § 2º do art. 9º do Decreto-lei n. 1.598/77, aplicável à determinação do lucro real, cabe à autoridade administrativa a prova da inveracidade dos fatos registrados com observância do disposto no § 1º, que, por sua vez, prescreve que a escrituração mantida com observância das disposições legais faz prova a favor do contribuinte dos fatos nela registrados e comprovados por documentos hábeis, segundo sua natureza, ou assim definidos em preceitos legais.

29 OLIVEIRA, Ricardo Mariz de. *Fundamentos do imposto de renda*. São Paulo: Quartier Latin, 2009, p. 1015.

E o Código de Processo Civil, por sua vez, prescreve que os livros comerciais provam contra o comerciante, admitindo prova contrária (art. 378), e que, quando preencham os requisitos exigidos por lei, provam a seu favor em litígios com outros comerciantes (art. 379). O Código Civil de 2002 acrescentou uma norma neste mesmo sentido, a qual se encontra em seu art. 226.

Deve-se deixar claro, entretanto, que eventual erro existente na elaboração do documento contábil não tem por consequência implicar o nascimento da obrigação tributária pretensamente omitida. Não poderia ser assim. O dever descumprido foi o de registrar corretamente as informações contábeis e fiscais, e, por força disso, aplicável será a sanção prevista em lei. Entender de forma diversa seria violar os princípios da legalidade e da tipicidade, por força dos quais a obrigação de pagar tributos nasce somente com o fato jurídico tributário. Mas, se a retificação do dado incorreto levar ao conhecimento da ocorrência do fato jurídico, a obrigação tributária deverá ser constituída, com a aplicação das penalidades legais cabíveis.

A existência de uma contabilidade idônea faz prova, além disso, a favor do administrador, tornando mais difícil – ou não tão simples – a caracterização da responsabilidade pessoal prevista nos arts. 135 e 137 do CTN. Isso porque o Código Civil e as legislações societária e tributária eximem o administrador de responsabilidade pelas decisões baseadas em ato regular de gestão e em observância aos deveres de diligência e lealdade[30]. Por isso, é vital a importância da contabilidade.

Finalmente, cumpre-nos justificar a razão pela qual fizemos referência, neste subtítulo, aos advérbios de tempo *ontem* e *hoje*. Acreditamos que o até aqui exposto refira-se à contabilidade que regeu fatos ocorridos no passado e que ainda causarão efeitos tributários ao longo dos anos. Mas a visão do presente é outra.

A mudança entre a força probatória exercida pela contabilidade do passado e a do presente reside na adoção da essência econômica na interpretação dos fatos contábeis e pode, eventualmente, ser diversa da jurídica. Em outras palavras, a prevalência da essência sobre a forma, e a consequente incompatibilidade entre as interpretações contábil e tributária, torna perigoso utilizar-se indistintamente a prova contábil como suporte para a criação de obrigações tributárias.

30 Embora não textualmente consagrada no ordenamento jurídico brasileiro, uma regra como a *business judgment rule* norte-americana – segundo a qual os Tribunais não revisarão decisões dos administradores, boas ou ruins, que tenham sido tomadas respeitando-se os deveres legais pertinentes – presume legítimo o registro contábil fundado em critérios técnicos, transparentes e que reflitam a essência do ato.

A adoção da essência econômica, como elemento de interpretação contábil dos negócios jurídicos, coloca em posição hierarquicamente inferior os negócios jurídicos, os contratos firmados e as formalidades que os revestem. Em razão disso, em que medida fatos contabilizados sem considerar a natureza jurídica, mas a nova metodologia contábil, podem ser utilizados como prova judicial? Deixaria um juiz de considerar os elementos jurídicos que conformam um negócio para examiná-los do ponto de vista da contabilidade?

Entendemos que não deva ser assim. Para o direito tributário, em que o princípio da legalidade constitui-se em forte direito do contribuinte e limite à autuação estatal, há clara primazia da natureza jurídica, ressalvada a hipótese de simulação. Por isso, ainda que para fins contábeis um negócio deva ser interpretado segundo a metodologia da essência econômica, para fins jurídicos prevalece a da natureza jurídica.

É por isso que Elidie Bifano[31] afirma: "daqui em diante, nem sempre a contabilidade será elemento decisivo de prova, porém, tampouco poderá criar direitos e obrigações, em detrimento dos contratos firmados".

Nessa medida, a utilização da prova contábil, para fins fiscais, deve ser feita com muito cuidado, para não induzir o julgador a erro. Se para a contabilidade determinado fato pode ser traduzido de forma diversa da jurídica, é somente esta última que deverá ser considerada na análise tributária, seja no que diz respeito à prática do fato, seja à sua quantificação.

A contabilidade é e sempre será um importante instrumento, mas a prova contábil, para fins fiscais, é e será útil somente quando não conflitar com normas legais que regem a construção dos fatos jurídicos tributários. Um fato relevante contabilmente será também relevante tributariamente, se, e somente se, a lei assim prescrever. Analogia e abuso de direito são tentativas ilegais de tipificação de fatos.

---

31 BIFANO, Elidie Palma. Contabilidade e direito: a nova relação. In: MOSQUERA, Roberto Quiroga; LOPES, Alexsandro Broedel. *Controvérsias jurídico-contábeis* (aproximações e distanciamentos). São Paulo: Dialética, 2010, p. 134.

SEGUNDA PARTE:
PRÁTICA

6 Casos práticos gerais

Já tivemos oportunidade de afirmar, no Capítulo 1, que *a verdade é menos importante que a certeza*. Justificamos nosso posicionamento baseados no fato de que os eventos fenomênicos são inatingíveis, por terem se esgotado no tempo e no espaço, e a linguagem que se tem sobre eles é apenas uma tradução, jamais a perfeita representação do ocorrido.

É somente com as provas que o direito confere alguma certeza à probabilidade de ocorrência física dos eventos descritos nos fatos e, com isso, assegura o cumprimento da legalidade e da segurança jurídica.

Neste e nos próximos Capítulos, trataremos de diversos casos concretos em que a produção de provas é de suma importância para a solução da controvérsia.

Ao fazermos uma incursão pragmática envolvendo tributos federais, estaduais e municipais, escolhemos 33 (trinta e três) situações, muitas vezes complexas do ponto de vista teórico e ricas de detalhes fáticos, levadas aos Tribunais Administrativos e Judiciais nacionais e que justificam o elevado número de referências jurisprudenciais feitas neste livro. Sobre todas essas situações procuramos nos posicionar e apresentar soluções a partir das provas possíveis de serem produzidas e da base teórica construída nos Capítulos anteriores. Procuramos unir, da primeira à última linha, teoria e prática.

Antes de iniciarmos a análise proposta, contudo, não podemos perder de vista dois pontos: todo modelo teórico de compreensão da realidade implica uma simplificação do objeto, e as provas a seguir elencadas não são exaustivas, pois o contexto é único.

Justamente por causa do contexto não se torna possível unificar a solução, tornando-a invariável diante de situações que precisam ser tratadas de formas distintas. Entender de maneira diversa é empregar diminuição arbitrária e perigosa: não se pode exigir uma resposta única, geral, se os casos concretos são individuais, especiais e revelam uma riqueza ímpar.

6.1 Troca internacional de informações fiscais

Atualmente, não é possível garantir o cumprimento das leis tributárias de um Estado sem contar com informações fiscais de caráter transnacional, tendo em vista o intenso processo de globalização das atividades econômicas e financeiras, bem como pela formação de blocos econômicos e pela livre circulação de pessoas e capitais.

Esse contexto histórico ampliou as possibilidades de duplo ou múltiplo interesse tributário sobre determinada riqueza, bem como de evasão fiscal.

A difusão dos impostos sobre o capital, sucessão e renda tornou-se motivo para a necessidade de uma regulamentação internacional, já que vários Estados passaram a tributar essas manifestações de riqueza, independentemente da origem.

Além disso, constatou-se um incremento importante no volume de operações econômicas internacionais: boa parte do comércio mundial é exercido por empresas multinacionais, o que acaba por gerar conflitos de bitributação internacional ao dificultar a identificação de um único elemento de conexão, dentro das classes "estabelecimento/domicílio" e "fonte produtora de riqueza". Por fim, nas últimas décadas também se notou o aumento da evasão fiscal internacional como resultado do "*dumping* fiscal" (*fiscal degradation/harmful tax competition*), em virtude da disseminação de paraísos fiscais.

A reação adotada inicialmente pela maioria dos países, frente à internacionalização da vida econômica e financeira e a fraude internacional, foi cobrar tributos sobre todo fato que pudesse ter alguma conexão (real ou pessoal) com seu território, ainda que o fato típico tributário ocorresse fora de suas fronteiras. Exemplos típicos, no Brasil, são o ISS importação e o IR sobre lucro de controlada sediada no exterior.

Essa medida fiscal resultaria praticamente inoperante, se as Administrações não dispusessem da *necessária informação fiscal* para exigir ou garantir o cumprimento das obrigações tributárias. Necessário, portanto, um sistema de obtenção de informação que transcendesse as fronteiras territoriais dos países.

Por isso, nos tratados internacionais[1] sobre matéria tributária, destaca-se a cláusula da troca de informações entre as Administrações Tributárias. Esse intercâmbio constitui-se em importante mecanismo de prevenção ou elimi-

1 Tratado é todo acordo formal concluído entre pessoas jurídicas de direito internacional público, e destinado a produzir efeitos jurídicos. Conforme lição de Francisco Rezek (*Direito internacional público*: curso elementar. 10. ed. São Paulo: Saraiva, 2005, p. 15-16), "o uso constante a que se entregou o legislador brasileiro da fórmula *tratados e convenções*, induz o leitor à ideia de que os dois termos se prestem a designar coisas diversas, mas são sinônimos. As variantes terminológicas de tratado concebíveis em português são as seguintes: acordo, ajuste, arranjo, ato, carta, código, compromisso, constituição, contrato, convenção, convênio, declaração, estatuto, memorando, pacto, protocolo e regulamento".

nação da bitributação e da evasão tributária internacional e há de ser positivado, desde que não haja contrariedade às Constituições de cada país.

O cerne de um efetivo sistema de controle fiscal é a informação (inteligência). Nas palavras de José Manuel Calderón Carrero[2], temos o seguinte:

> O controle das obrigações tributárias não representa outra coisa que não administrar informação. Através de uma eficiente rede de informação, os agentes tributários podem verificar que contribuintes realizam fatos com relevância fiscal internacional ou não. A relevância da manutenção de um fluxo sistemático de informação tributária radica na possibilidade do controle fiscal pela administração. Ademais, exerce um efeito persuasivo frente aos contribuintes. Certamente, o Fisco pode levar a cabo um controle fiscal efetivo das operações que ocorrerem dentro das fronteiras de seu mesmo país, pois, geralmente, tem ou pode obter os meios e, em especial, a informação que o permite garantir o cumprimento das leis tributárias. Sem embargo, quando se trata do controle das operações internacionais, surgem muitos obstáculos para que se possa implantar um efetivo controle fiscal, um de tais impedimentos – provavelmente o maior – é a falta de informação fiscal transnacional.

Assim, a maioria dos países tomou consciência de que a via mais eficaz para controlar a magnitude dos efeitos negativos acima expostos (bitributação e evasão) é através da cooperação mútua internacional, passível de ajudar a identificar os fatos que representem conexão internacional. É sobre isso que trataremos a seguir.

6.1.1 Instrumentos internacionais de intercâmbio de informações

Como vimos, o surgimento de instrumentos internacionais de intercâmbio de informações deveu-se à percepção dos membros da comunidade internacional acerca dos problemas representados pela aplicação de distintos sistemas tributários nacionais, a fatos jurídicos que transcendiam as fronteiras de um único Estado.

É sabido que a origem da cláusula de intercâmbio de informação remonta a meados do século XIX, época em que a Bélgica firmou vários tratados fiscais com a França (1843), Países Baixos (1845) e Luxemburgo (1845), em que regras específicas de cooperação foram incluídas.

---

2 CARRERO, José Manuel Calderón. *Intercambio de información y fraude fiscal internacional*. Madrid: Centro de Estudios Financieros, 2000, p. 28.

A expansão do uso de mecanismos de assistência mútua ocorreu, entretanto, somente nos anos 1970, devido à discussão da soberania política dos entes envolvidos, ao sigilo fiscal dos contribuintes, à complexidade técnica da troca de informações e à falta de confiança entre as Administrações Tributárias dos distintos países.

A Organização de Cooperação e Desenvolvimento Econômico (OCDE) desenvolveu o mais importante modelo de convênio para evitar a dupla tributação internacional e prevenir a evasão fiscal. Em que pese a natureza jurídica ser de mera recomendação, a Convenção-Modelo obteve um grande respaldo na comunidade internacional, e muitos países passaram a utilizá-la como texto básico de seus tratados.

A Convenção-Modelo da OCDE é a adotada pela maioria dos países de grande expressão econômica, sejam eles membros ou não da Organização. Além dela, surgiram também dois outros modelos de tratado: o modelo norte-americano, utilizado pelos Estados Unidos da América em todos os seus tratados contra bitributação, e o da ONU, que encontrou uma aceitação maior nos países menos desenvolvidos.

O Brasil ainda não é membro da OCDE, mas utiliza a Convenção-Modelo em todos os seus tratados sobre bitributação e evasão fiscal. Vejamos o enunciado do art. 26 da referida Convenção, que introduziu o intercâmbio de informações:

> Art. 26.
> Troca de informações
> 1. As autoridades competentes dos Estados contratantes trocarão entre si a informação previsivelmente relevante para aplicar as disposições da Convenção ou para administrar ou pôr em vigor as leis internas dos Estados contratantes, das suas subdivisões políticas ou autarquias locais, na medida em que a tributação nelas prevista não seja contrária à Convenção. A troca de informações não é restringida pelo disposto nos arts. 1º e 2º.
> 2. Qualquer informação recebida, nos termos do parágrafo 1º, por um Estado contratante, será considerada secreta do mesmo modo que a informação obtida com base na legislação interna desse Estado e só poderá ser comunicada às pessoas ou autoridades (incluindo tribunais e autoridades administrativas) encarregadas da liquidação ou cobrança de impostos referidos no primeiro período, ou dos procedimentos declarativos ou executivos relativos a estes impostos, ou da decisão de recursos referentes a estes impostos. Essas pessoas ou autoridades utilizarão as informações assim obtidas apenas para os fins referidos. Essas informações podem ser reveladas em audiências públicas de tribunais ou em decisões judiciais.

3. O disposto no número 1 e 2 não poderá ser interpretado no sentido de impor a um Estado contratante a obrigação de:
a) tomar medidas administrativas contrárias à sua legislação, e à sua prática administrativa ou às do outro Estado contratante;
b) fornecer informações que não possam ser obtidas com base na sua própria legislação ou no âmbito da sua prática administrativa normal ou nas do outro Estado contratante;
c) transmitir informações reveladoras de segredos ou processos comerciais, industriais ou profissionais, ou informações cuja comunicação seja contrária à ordem pública.
4. Se, em conformidade com o disposto neste artigo, forem solicitadas informações por um Estado contratante, o outro Estado Contratante utiliza os poderes de que dispõe a fim de obter as informações solicitadas, mesmo que esse outro Estado não necessite de tais informações para os seus próprios fins fiscais. A obrigação constante da frase anterior está sujeita às limitações previstas no número 3, mas tais limitações não devem, em caso algum, ser interpretadas no sentido de permitir que um Estado Contratante se recuse a prestar tais informações pelo simples fato de estas não se revestirem de interesse para si, no respectivo âmbito interno.
5. O disposto no número 3 não pode em caso algum ser interpretado no sentido de permitir que um Estado contratante se recuse a prestar informações apenas porque estas são detidas por uma instituição bancária, um outro estabelecimento financeiro, um mandatário ou por uma pessoa agindo na qualidade de agente ou fiduciário, ou porque essas informações são conexas com os direitos de propriedade de uma pessoa.

As informações passíveis de serem trocadas são, principalmente, as seguintes: financeiras, contábeis e transacionais relevantes, incluindo a identidade do contribuinte, terceiros e clientes, e das partes envolvidas em operações bancárias e societárias.

O dado informado poderá, também, consistir em detalhes da estrutura jurídica da propriedade de ativos por parte de toda e qualquer pessoa que atue na condição de agente fiduciário, *nominee* ou *manager*, sem que possa ser invocado segredo profissional ou prerrogativa pessoal (esses profissionais deverão revelar os titulares reais de estruturas jurídicas coorporativas ou contratuais de qualquer natureza, sócios, fundadores, *trustees* ou beneficiários de fundações, situados em um ou mais elos de uma cadeia de participações).

Mas também existem limites previstos no art. 26, que podem ser sintetizados da seguinte forma:

1. Limites em razão dos tributos: informações devem referir-se somente aos tributos objeto da Convenção.

2. Limites em razão da competência: os Estados contratantes não são obrigados a adotar medidas administrativas contrárias à sua legislação, ou à prática administrativa, ou às do outro Estado contratante, nem a fornecer informações que não poderiam ser obtidas com base em sua própria legislação ou no âmbito da sua prática administrativa normal, ou das do outro Estado contratante.
3. Limites em razão da matéria: os Estados contratantes não podem fornecer informações que revelem segredo comercial, industrial, profissional, processo comercial ou industrial, ou informações cuja comunicação seja contrária à ordem pública.

O art. 26, ademais, protege o direito interno dos Estados e respeita o sigilo bancário, o que, na opinião de muitos, representa um entrave ao desenvolvimento da cooperação internacional. Para a Organização, entretanto, a preservação do sigilo não é impeditivo ao desenvolvimento da cooperação internacional, já que a maioria de seus Estados-membros contempla, em seus direitos internos, a possibilidade de se ter acesso a toda a informação bancária e fiscal necessária à aplicação de determinadas leis, em especial as relacionadas à lavagem de dinheiro e à evasão fiscal.

Os dois maiores problemas relacionados à efetiva concretização do intercâmbio de informações foram, na realidade, a heterogeneidade das informações (cada Estado tem um sistema tributário distinto e cada sistema trabalha com métodos de obtenção e retenção de informações também distintas e que, muitas vezes, não são as necessárias ao país solicitante) e os paraísos fiscais, que não forneciam informações do real titular de bens e direitos[3].

Como resultado disso, em 2002, 2005 e 2006, a OCDE aperfeiçoou novos modelos de tratado, integrados ao primeiro, e cujo principal propósito, considerando-se os fins deste livro, foi o de incrementar a cooperação internacional no intercâmbio de informações, recomendando, inclusive, que os Estados autorizassem suas Administrações Tributárias a ter acesso *direto* às informações bancárias dos contribuintes, como método de eficácia na arrecadação[4].

---

3 Muitos desses países ainda não fornecem todas as informações relevantes aos Estados requerentes. Entretanto, inúmeros tratados bilaterais de troca de informações, seguindo o Modelo OCDE, foram ou estão sendo negociados. Áustria, Bélgica, Luxemburgo e Suíça retiraram as reservas formuladas à nova versão do art. 26 do Modelo OCDE e estão renegociando seus tratados nas novas bases. Liechtenstein, Andorra e Mônaco já se comprometeram a acatar o padrão internacionalmente aceito. Costa Rica, Malásia, Filipinas e Uruguai, tidos como últimos "paraísos não cooperativos", também mudaram de postura diante da eminência de sanções internacionais (listas negras, retenções na fonte, restrições a ajudas financeiras etc.). Parece ser o fim da tolerância aos paraísos fiscais.

4 Segundo o art. 5º, §§ 4º, *b*, e 5º, *f*, os Estados devem assegurar que suas autoridades competentes tenham "capacidade jurídica para obter e fornecer as informações fiscais relevantes

De forma complementar, o art. 7º do novo modelo excluiu a possibilidade de os Estados-membros considerarem o sigilo bancário como espécie de "sigilo profissional ou comercial", de modo que o intercâmbio de informações não pudesse ser negado por esse motivo.

Um último ponto a se destacar é que a OCDE reconhece que os Estados vêm tentando deter a evasão fiscal internacional por meio de medidas unilaterais (no Brasil, o parágrafo único do art. 116 do CTN, as regras sobre preço de transferência etc.). Não obstante, reconhece que tais medidas unilaterais têm uma eficácia limitada e, nesse sentido, afirma que só uma cooperação internacional pode torná-las eficaz.

6.1.2 *As modalidades de solicitação de informação tributária internacional*

Existem 3 (três) modalidades de solicitação da informação tributária internacional, todas elas obrigando as autoridades competentes a fornecer as informações que tenham, de contribuintes e não contribuintes, inclusive não residentes. São elas:

1) *Informação por petição ou específica.* Este tipo de informação tem origem na solicitação de um país a outro, sobre um contribuinte específico ou sobre fatos concretos.

Quando a informação requerida não estiver disponível nos arquivos do Estado requerente, referido Estado tomará as medidas necessárias e permitidas pela legislação, a fim de obtê-las junto a outro Estado. O requerente deve provar – mediante apresentação de processo administrativo ou judicial, em que o devido processo legal, o contraditório e a ampla defesa tenham sido observados – ter esgotado as fontes locais de investigação, sem que tenha sido possível obter o resultado necessário.

A informação pode ser solicitada pela Administração Tributária do Estado contratante solicitante ou pelo Poder Judiciário.

A recepção desta solicitação pelo Estado solicitado também deve seguir alguns trâmites, fundamentais para a legalidade do ato. Depois de recebida, a solicitação da informação deve passar pelo Poder Judiciário local, para que seja feita a análise da legalidade de tal solicitação, vinculada aos indícios existentes e justificadores da troca de informações, ao fato de o Estado solicitante ter esgotado todos os seus recursos para obtenção da informação de relevância fiscal, ao respeito ao devido processo legal, à ampla defesa e ao contraditório na

---

e, especificamente, as informações que estejam sob controle das instituições bancárias, financeiras ou fiduciárias".

apuração interna dos fatos indiciários e, finalmente, ao fato de o tributo objeto da solicitação fazer parte do convênio firmado entre os Estados contratantes[5].

2) *Informação espontânea ou voluntária.* O intercâmbio espontâneo ou voluntário consiste em proporcionar informação à outra parte contratante, quando não houver solicitação específica para tanto. As autoridades competentes dos Estados contratantes transmitirão mutuamente informações de maneira espontânea, sempre que tiverem conhecimento de fatos que possam ser relevantes para um outro Estado. As autoridades determinarão o tipo de informação objeto da troca, estabelecendo a forma e o idioma em que se realizará a transmissão.

Para a legalidade do ato, é necessário que o Estado informante tenha previamente intimado o fiscalizado para prestar informações, defender-se etc. No caso de neste procedimento ficar comprovado o ilícito fiscal em ambos os territórios, ou apenas no do Estado receptor da informação, o Estado informante poderá, espontaneamente, enviar os dados coletados, a fim de que o outro tome conhecimento dos fatos e das medidas legais cabíveis. Com isso, há evidente cooperação para o combate à evasão fiscal. É o conhecimento como ferramenta da concretização da legalidade.

3) *Informação automática ou de rotina.* Trata-se de informações rotineiras, que podem referir-se à renda recebida por residentes de cada país, proveniente de fontes localizadas em outro, assim como dos impostos retidos sobre essa renda no país da fonte. Compete às partes contratantes estipular, em negociação bilateral, a determinação do tipo e da classe de informação que se deseja trocar, em forma habitual ou automática. As autoridades competentes estipularão também a forma, o idioma e os procedimentos que utilizarão.

Como, nesse caso, a informação é enviada sem a necessidade de comprovação de qualquer indício de fraude, entendemos ferir o sigilo fiscal brasileiro.

6.1.3 Valor jurídico-probatório da troca de informações

Um ponto importante a se definir, a fim de atribuir a real importância ao intercâmbio de informações, é o seu valor jurídico-probatório. Em outras palavras, em que medida uma informação é útil às autoridades fiscais brasileiras como prova de ilícitos.

---

5 Registre-se, ainda, que as autoridades judiciais contam com mecanismos próprios e específicos para obter dados em poder de autoridades estrangeiras. Dentre eles destacam-se os instrumentos de cooperação judicial internacional, por exemplo, na Europa, o Convênio Europeu de Assistência Judicial em matéria penal, de 20 de abril de 1959, aplicável aos delitos fiscais.

As informações internacionais são importantes como qualquer outra prova, e devem ser avaliadas dentro do conjunto probatório, como mais um elemento que o compõe. Não são mais ou menos relevantes do que as provas produzidas em território nacional. Devem, obviamente, estar traduzidas para a língua portuguesa, a fim de permitir ao acusado defender-se.

A importância da prova internacional variará, também, de acordo com seu conteúdo (gravidade da infração e forma da descrição do fato ilícito) e da maneira pela qual ele foi produzido (se respeitados os direitos individuais do fiscalizado, mediante garantia do devido processo legal).

No que diz respeito à forma de apresentação, importante é tanto a descrição minuciosa e clara do ilícito, quanto a juntada de todo tipo de prova documental, eletrônica, pericial etc., de reconhecida autenticidade, coletada pelo Estado informante durante o procedimento de fiscalização. Nesse sentido, não basta que um Estado informe a existência de omissão de receitas por parte de uma determinada empresa, mas que, juntamente com essa conclusão, anexe ao dossiê os livros e registros fiscais, informes, notas fiscais, *e-mails*, laudos etc. É a prescrição contida no § 3º do art. 26 da Convenção-Modelo da OCDE[6].

6.1.4 *Intercâmbio de informações internacionais como exceção aos sigilos bancário e fiscal*

Nas Constituições dos países-membros da OCDE, não há proteção absoluta do sigilo bancário, para efeitos fiscais. No Brasil, o entendimento é o mesmo, embora ainda hoje exista uma grande resistência a essa possibilidade de transferência de informações, talvez pelo receio de que poderá haver abuso em sua utilização ou pelo próprio interesse em qualificar tal acesso como algo arbitrário e violador dos interesses individuais do cidadão e, com isso, assegurar que indícios relevantes de fraude fiscal permaneçam ocultos.

O sigilo fiscal possui duas características: pressupõe a reserva de confidencialidade de toda informação obtida pela Administração Tributária, que não pode revelá-la a terceiros; e, por outro lado, impede que a informação

---

6 "§ 3º Ali onde for expressamente solicitado pela autoridade competente de um Estado contratante, a autoridade competente do outro Estado contratante enviará a informação a que se refere este preceito na forma de declarações testemunhais e cópias autenticadas de documentos originais (incluindo livros e registros, documentação, informes, declarações e planilhas, contabilidade, contas e escritos), da mesma forma que tais testemunhos e documentos podem ser obtidos de acordo com a legislação e prática administrativa deste outro Estado em relação com seus próprios impostos".

em poder da Administração possa ser usada, pelos seus próprios funcionários, para fins diferentes dos estritamente tributários. Os dados bancários objeto da quebra de sigilo seguem essas diretrizes.

De acordo com o art. 116, VIII, da Lei n. 8.112/90, o servidor público tem o dever de manter sigilo sobre assuntos da repartição. No que concerne especificamente à Fazenda Pública e a seus funcionários, a matéria é disciplinada pelos arts. 198 e 199 do CTN.

O art. 198 proíbe a divulgação, pela Fazenda Pública e seus funcionários, de informes sobre a situação financeira e econômica dos sujeitos passivos e de terceiros, bem como de seus negócios e atividades. Os §§ 1º e 3º trazem exceções que se diferenciam pela peculiaridade de, no primeiro caso, a informação não deixar de ser sigilosa, ao passo que, no segundo, ela deixar de ser, tal como ocorre com as representações fiscais para fins penais, inscrições em dívida ativa e parcelamentos ou moratórias. Da proibição prevista no *caput* do art. 198 são excepcionados os casos previstos no art. 199, bem como os de requisição de autoridade judiciária no interesse da justiça, de comissão parlamentar de inquérito (art. 58, § 3º, da Constituição Federal) e do Ministério Público da União no exercício de suas atribuições (Lei Complementar n. 75/93, art. 8º, § 2º), importando saber se são também excepcionados da proibição os casos previstos em tratados internacionais destinados a evitar a dupla tributação, e a prevenir a evasão tributária.

O inciso X do art. 5º da Constituição Federal prescreve que "são invioláveis a intimidade, a vida privada, a honra e a imagem das pessoas, assegurado o direito a indenização pelo dano material ou moral decorrente de sua violação". Assim, a constitucionalidade da cláusula da troca de informações, inserida em tratados internacionais de que o Brasil é parte, deve ser aferida mediante cotejo com o direito à privacidade previsto na norma constitucional.

6.1.4.1 O direito constitucional à privacidade e o sigilo bancário

Como harmonizar a vida social com os direitos à privacidade e à intimidade? O texto constitucional não se refere à manutenção de uma intimidade injustificável. Muito pelo contrário, a sintaxe do dispositivo apenas não admite a violação ilegal, ilícita[7]. É por isso que, em nosso entender, a relativização do direito à intimidade é adequada e necessária.

---

7 Cf. Eurico de Santi (Fundamento jurídico constitucional do direito à prova, as obrigações acessórias e o sigilo bancário. In: NEDER, Marcos Vinicius; SANTI, Eurico Marcos Diniz de; FERRAGUT, Maria Rita (coord.). *A prova no processo tributário*. São Paulo: Dialética, 2010, p. 63).

O inciso X do art. 5º da Constituição tem sido objeto de controvérsias, tanto na doutrina quanto na jurisprudência. Tercio Sampaio Ferraz Junior[8], ao se debruçar sobre o tema, conclui que vida privada e intimidade são diferentes; por consequência, possuem implicações jurídicas diversas. Vejamos:

> Embora os comentadores não vejam diferença entre vida privada e intimidade (cf. Ferreira Filho, 1990:35, Cretella Júnior, 1990:257), pode-se vislumbrar um diferente grau de exclusividade entre ambas. A intimidade é o âmbito do exclusivo que alguém reserva para si, sem nenhuma repercussão social, nem mesmo ao alcance de sua vida privada que, por mais isolada que seja, é sempre um viver entre os outros (na família, no trabalho, no lazer em comum). Não há um conceito absoluto de intimidade. Mas é possível exemplificá-lo: o diário íntimo, o segredo sob juramento, as próprias convicções, as situações indevassáveis de pudor pessoal, o segredo íntimo cuja mínima publicidade constrange. Já a vida privada envolve a proteção de formas exclusivas de convivência. Trata-se de situações em que a comunicação é inevitável (em termos de relação de alguém que, entre si, trocam mensagens), das quais, em princípio, são excluídos terceiros. [...] A vida privada pode envolver, pois, situações de opção pessoal (como a escolha do regime de bens de casamento) mas que, em certos momentos, podem requerer a comunicação a terceiros (na aquisição, por exemplo, de um bem imóvel). Por aí ela difere da intimidade, que não experimenta esta forma de repercussão.

No Supremo Tribunal Federal, o sigilo, tanto fiscal quanto bancário, tem sido entendido como expressão do direito à privacidade (e não à intimidade), *não se revestindo de caráter absoluto*. Na petição 577-5-DF (*RTJ* 148/366), tendo por objeto o sigilo bancário, o Relator, Ministro Carlos Mário Velloso, afirmou em seu voto:

> O sigilo bancário protege interesses privados, é ele espécie de direito à privacidade, inerente à personalidade das pessoas e que a Constituição consagra (C.F., art. 5º, X), além de atender "a uma finalidade de ordem pública, qual seja a de proteção do sistema de crédito", registra Carlos Alberto Hagstrom, forte no magistério de G. Ruta (*Le Secret Bancaire en Droit Italien*, Rapport, p. 17; Carlos Alberto Hagstrom, "O Sigilo Bancário e o Poder Público", *Rev. de Direito Mercantil*, 79/34). Não é ele um direito absoluto, devendo ceder, é certo, diante do interesse público, do interesse da justiça, do interesse social, conforme, aliás, tem decidido esta corte

8 FERRAZ JUNIOR, Tercio Sampaio. Sigilo de dados: o direito à privacidade e os limites à função fiscalizadora do Estado. *Revista dos Tribunais, Cadernos de Direito Tributário e Finanças Públicas*, São Paulo: Revista dos Tribunais, n. 1, p. 141-154, out.-dez. 1992, p. 143.

> [...] Esse caráter não absoluto do segredo bancário, que constitui regra em direito comparado, no sentido de que deve ele ceder diante do interesse público, é reconhecido pela maioria dos doutrinadores. O segredo há de ceder, entretanto, na forma e com observância de procedimento estabelecido em lei.

Mas, recentemente, ao analisar a contraposição do direito ao sigilo bancário diante do dever de pagar tributos, o STF fixou a seguinte tese em relação ao item *a* do Tema 225 da sistemática da repercussão geral: "O art. 6º da Lei Complementar n. 105/2001 não ofende o direito ao sigilo bancário, pois realiza a igualdade em relação aos cidadãos, por meio do princípio da capacidade contributiva, bem como estabelece requisitos objetivos e o translado do dever de sigilo da esfera bancária para a fiscal".

Esse também é o nosso entendimento. O sigilo bancário não é absoluto, e, no que diz respeito ao aspecto fiscal, deve ceder ao interesse público de obter informações que possam se configurar relevantes a tipificar indícios de prática do fato jurídico tributário, desde que, obviamente, dentro das condições legais e respeitando a privacidade do indivíduo. A interpretação do direito à privacidade, na forma ora proposta, garante tanto a eficácia na produção de provas tributárias, quanto a concretização da legalidade e da igualdade. Os benefícios parecem, portanto, muito maiores que a prevalência cega e absoluta da privacidade.

6.1.4.2 Sigilo bancário e a regulamentação infraconstitucional

No Brasil, não há lei que proteja o sigilo bancário das atribuições legais do Fisco de controlar a veracidade das informações declaradas pelo contribuinte. O que existe é autorização legal de, sob rígidas condições e procedimentos, obter informações financeiras dos contribuintes com o objetivo de assegurar a legalidade e a igualdade tributárias.

Vejamos as palavras de Eurico de Santi[9]:

> A igualdade impõe-se ao sigilo bancário. E como a legalidade é o instrumento da igualdade, então, a aplicação efetiva da lei geral e abstrata impõe-se sobre a intimidade e sobre o sigilo de dados. O privilégio de não transferir os dados bancários à administração implica o benefício de ocultar a prova que é condição do ato de aplicação da lei, rompendo a legalidade.

---

9 FERRAZ JUNIOR, Tercio Sampaio. Sigilo de dados: o direito à privacidade e os limites à função fiscalizadora do Estado. *Revista dos Tribunais, Cadernos de Direito Tributário e Finanças Públicas*, São Paulo: Revista dos Tribunais, n. 1, p. 141-154, out.-dez. 1992, p. 61.

Também apropriadas são as palavras do Ministro Sepúlveda Pertence, nos autos do Mandado de Segurança n. 21.729/DF, ao considerar que o sigilo bancário não é abrangido pela garantia da vida privada nem por outro direito fundamental, sendo tão somente tutelado no âmbito da legislação ordinária e, assim, passível de limitações. Confira-se:

> O sigilo bancário só existe no Direito brasileiro por força de lei ordinária. Não entendo que se cuide de garantia com *status* constitucional. Não se trata da "intimidade" protegida no inciso X do art. 5º da Constituição Federal. [...] Em princípio, por isso, admitiria que a lei autorizasse autoridades administrativas, com função investigatória e sobretudo o Ministério Público, a obter dados relativos a operações bancárias.

A Lei Complementar n. 105/2001 regulou definitivamente o instituto do sigilo bancário frente à Administração Tributária e estabeleceu a possibilidade de o Fisco determinar às instituições financeiras a transferência dos dados protegidos pelo sigilo bancário de seus clientes, sujeitos a um procedimento administrativo de fiscalização.

Por força desta lei, e dos Decretos n. 3.724/2001 e 4.489/2002, os dados transferidos ao Fisco ficam protegidos pelo "sigilo fiscal", segundo o qual tais dados não são acessíveis a terceiros, e são transferidos ao Fisco de forma global e mensal, ou seja, sem a individualização de operações, preservando-se a intimidade do indivíduo.

Ora, a Lei Complementar n. 105/2001 estabeleceu o dever de informação, acerca de operações financeiras, mas restrito ao necessário para a identificação dos titulares das operações e dos montantes globais mensalmente movimentados, vedada a inserção de qualquer elemento que permita identificar a sua origem ou a natureza dos gastos a partir deles efetuados. É de se notar, portanto, que a possibilidade de transferência de dados bancários ao Fisco respeita os direitos individuais do contribuinte. Não há que se falar em violação da intimidade ou abuso. Se algum problema ocorrer, terá sido em determinado procedimento administrativo, e, neste caso, as Autoridades Administrativas envolvidas deverão ser responsabilizadas civil e criminalmente. Pode ocorrer de o agente fiscal agir de forma ilegal em qualquer situação concreta: o abuso não é prerrogativa do sigilo bancário (e tampouco do fiscal).

Ressalte-se, finalmente, que o STF julgou constitucionais os arts. 5º e 6º da Lei Complementar n. 105, seja ao julgar improcedentes as ADINs n. 2.386, 2.390, 2.397 e 2.859, que versavam sobre a impossibilidade de quebra do sigilo bancário, e a inconstitucionalidade de dispositivos das Leis n. 9.311/96, 105/2001 e 10.174/2001, bem como do Decreto n. 3.724/2001, seja nas ADI 4.006 e 4.010 seja, finalmente, no RE n. 601.314, que fixou tese do Tema 225 da sistemática da repercussão geral, conforme acima assinalado. No entender da Suprema Corte, "vigora no Brasil o dever fundamental de pagar tributos, visto que são eles que, majoritariamente, financiam as ações estatais voltadas à concretização dos direitos do cidadão. Nesse quadro, é preciso que se adotem mecanismos efetivos de combate à sonegação fiscal, sendo o instrumento fiscalizatório instituído nos arts. 5º e 6º da Lei Complementar n. 105/ 2001 de extrema significância nessa tarefa".

Finalmente, o STF concluiu que "o art. 1º da Lei Complementar n. 104/2001, no ponto em que insere o § 1º, II, e o § 2º ao art. 198 do CTN, não determina quebra de sigilo, mas transferência de informações sigilosas no âmbito da Administração Pública".

6.2 Colaboração recíproca entre as Administrações Tributárias

Após o advento da Emenda Constitucional n. 42/2003, a Constituição passou a prever que as Administrações Tributárias atuarão de forma integrada, inclusive com o compartilhamento de cadastros e de informações fiscais, na forma da lei ou convênio (art. 37, XXII).

No âmbito da legislação infraconstitucional, a colaboração recíproca é prevista no art. 199 do CTN, cujo *caput* prescreve:

> A Fazenda Pública da União e as dos Estados, do Distrito Federal e dos Municípios prestar-se-ão mutuamente assistência para a fiscalização dos tributos respectivos e permuta de informações, na forma estabelecida, em caráter geral ou específico, por lei ou por convênio.

Assim, as Administrações Tributárias das pessoas jurídicas de Direito Público devem unir esforços na troca de informações sobre contribuintes, terceiros, operações, industrializações, serviços, procedimentos etc.

Para garantir que as informações pessoais dos contribuintes não sejam violadas, as informações fornecidas devem ser restritas àquelas indispensáveis à ação fiscalizadora ou arrecadadora. Além disso, a Administração Tributária que solicitar as informações deve fundamentar a necessidade dos dados solicitados e não pode, após recebê-los, transferi-los a terceiros.

As informações podem também ser prestadas de ofício, justamente porque o intercâmbio é determinado pela lei ou convênio pertinente, visando à cooperação entre as Administrações. Além dos requisitos previstos em lei e convênios específicos, o intercâmbio deve respeitar as regras procedimentais do art. 198, § 2º, do CTN, já que esse mecanismo é imposto para o trânsito de dados do sujeito fiscalizado.

Dois são os principais argumentos existentes para tentar invalidar a troca de informações entre as Administrações Tributárias, nenhum deles, a nosso ver, procedente.

O primeiro diz respeito ao sigilo. Hoje é pacífico o entendimento de que, sem a colaboração do sujeito passivo, arrecadar seria praticamente inviável. Não há estrutura operacional e pessoal suficiente para fiscalizar a grande quantidade de contribuintes, o que justifica a importância dos deveres instrumentais e da constituição do crédito tributário pelo particular. É a concretização do "processo de privatização da gestão tributária", segundo Estevão Horvath[10].

Consequência do direito de prestar informações é a proteção ao sigilo dos dados transmitidos. A Administração Tributária não pode revelar a terceiros os fatos de que tomou conhecimento por conta do cumprimento, pelo sujeito passivo, de seus deveres instrumentais, sob pena de responsabilização administrativa, civil e criminal.

O direito ao sigilo já foi analisado no item anterior e, como vimos, não é ele absoluto. Também não se sobrepõe ao dever de investigação da Administração. Pelo contrário, a relativização dos sigilos bancário e fiscal permite o conhecimento de dados relevantes para a incidência tributária, concretizando, com isso, a legalidade e a igualdade. A realização efetiva da legalidade exige prova dos fatos descritos hipoteticamente em lei.

Por essas razões, o intercâmbio de informações entre os Fiscos não ofende o sigilo fiscal imposto à Administração Pública. O fluxo de dados ocorrerá no âmbito interno dos poderes públicos e não será divulgado a terceiros.

O segundo argumento que pretende invalidar a troca de informações é de que as informações não têm grande valor probatório, uma vez tratar-se de tributos diferentes.

Ora, o escopo da troca de informações não é o de criar autuações automáticas, e sim municiar a entidade tributante com dados relevantes descobertos por outra. A par desses dados, a Administração Tributária receptora deverá proceder às investigações pertinentes e, somente se for o caso, autuar. Trata-se, pois, de mero – mas importantíssimo – subsídio à fiscalização.

Passemos a alguns exemplos de trocas de informações. O primeiro deles é o caso da fiscalização do IPI, promovida pela Receita Federal, que, ao constatar a existência de estoques sem a devida anotação nos livros e registros contábeis e fiscais, toma as medidas cabíveis no interesse da Administração Tributária da União e noticia o ocorrido à Fazenda Pública Estadual, para verificação dos efeitos relativos ao ICMS.

---

10 Baseando-se nas lições de Ferrero Lapatza (HORVATH, Estevão. *Lançamento tributário e "autolançamento"*. 2. ed. São Paulo: Quartier Latin, 2010, p. 71).

Já o segundo exemplo, muito discutido recentemente, diz respeito à fiscalização do Imposto sobre Transmissão *Causa Mortis* e Doação de Quaisquer Bens ou Direitos (ITCMD) promovida pelos Estados, a partir de informações por eles recebidas da Receita Federal. O contribuinte declarava ter recebido doação de dinheiro, títulos ou ações para a Receita (no campo "rendimentos isentos e não tributáveis de transferência patrimonial"), mas nada informava para o Fisco Estadual, deixando de recolher o imposto sobre doações, de 4% do valor da transação no Estado de São Paulo.

Outro exemplo relevante são os convênios firmados entre a Receita Federal e os Municípios, que permitem aos dois órgãos ter acesso a dados que possam ajudar a combater a sonegação de impostos em suas esferas de governo, como o acesso, pelas Prefeituras, aos dados sobre imóveis contidos na Declaração de Informação sobre Atividades Imobiliárias (DIMOB), por meio da qual imobiliárias, construtoras e empresas da construção civil prestam informações anuais à Receita sobre as operações realizadas no setor. Em contrapartida, a Receita poderá acessar as informações do ITBI sob responsabilidade das Prefeituras.

Por fim, a possibilidade de utilização da prova emprestada, nos termos do art. 199 do CTN, é acatada pela jurisprudência, conforme podemos conferir nas duas decisões a seguir, dentre as inúmeras existentes:

> TRIBUTÁRIO. IR. LANÇAMENTO. AUXÍLIO E PROVA EMPRESTADA. ART. 199, DO CTN.
> 1. Todos os órgãos da administração federal, estadual, municipal e autarquias estão obrigados à prestação mútua de assistência e cooperação na fiscalização dos tributos respectivos.
> 2. No lançamento do imposto de renda pode o Fisco federal valer-se de documentos, informações, laudos, autos de infração etc., levados a efeito pela fiscalização estadual.
> 3. Cabe à autora provar os fatos constitutivos de seu direito alegados na inicial, que poderão ser contestados pelo réu em juízo (TRF 1ª Região, AC n. 89.01.04836, Rel. Nelson Gomes da Silva).
> TRIBUTÁRIO. EMBARGOS A EXECUÇÃO FISCAL. IMPOSTO DE RENDA PESSOA JURÍDICA. OMISSÃO DE RECEITA. MATÉRIA PRELIMINAR. MÉRITO. INCORREÇÃO DOS VALORES COBRADOS. PROVA EMPRESTADA. POSSIBILIDADE DE REJEIÇÃO.
> [...] IV. Admissível que o Fisco federal tome emprestado auto de infração lavrado pelo Fisco estadual para lançamento de imposto de renda, onde se comprovou que a embargante deu entrada em seu estabelecimento de mercadoria sem documentário fiscal e sem registro contábil, presumindo-se que as adquiriu com recursos advindos de omissão de receita (TRF 3ª Região, 3ª Turma, AC n. 93.03.049612-4, Rel. Lúcia Figueiredo).

6.3 Elisão e evasão tributárias

Como identificar se as partes celebraram negócio jurídico válido, que implicou redução, eliminação ou postergação da carga tributária, ou se incorreram em ilícito, mediante a realização de atos dissimulados praticados com os fins de ocultar a ocorrência do fato jurídico tributário?

O direito brasileiro protege o direito individual de se auto-organizar. Ao tratarmos de elisão e evasão fiscal, não poderíamos deixar de reconhecer que a essência do negócio celebrado – aqui empregada como natureza e dinâmica da realização do ato, tais como contexto, conteúdo do ato, finalidade etc. – sobrepõe-se à espécie formal de operação (compra e venda, importação por conta e ordem etc.). Se não fosse assim, não teríamos como lidar com a simulação, pois a licitude formal encontra-se presente em grande parte dos atos.

Com isso queremos dizer que não basta a aparência de licitude, pautada em contratos particulares e livros fiscais e contábeis. *Deve ser demonstrada a compatibilidade entre o previsto nos documentos societários e fiscais, e os atos comprovadamente realizados pelos interessados.* Estamos convencidos de que este ponto é crucial.

Heleno Tôrres[11] distingue elisão, evasão e elusão fiscal. Será considerada elisão fiscal a legítima economia de tributos, pela constituição, pelo contribuinte, de situações isentas ou tributariamente menos onerosas. A evasão, por sua vez, restará configurada na medida em que houver uma afronta direta às disposições legais que traçam as hipóteses que geram a obrigação tributária. E, por fim, a elusão fiscal concretiza-se quando houver a efetivação dos chamados "ilícitos atípicos", vale dizer, quando atos lícitos forem praticados, mas acabarem por gerar uma economia tributária ilícita, ao ferir indiretamente a lei.

A jurisprudência administrativa do CARF caminha na adoção dessa distinção, aplicando penalidades para três situações distintas, a saber: (i) negócios lícitos e oponíveis ao Fisco, que não podem ser por este desconsiderados; (ii) negócios lícitos mas não oponíveis ao Fisco, por visarem somente a economia tributária, e que devem ser desconsiderados mas não punidos com multa qualificada; e (iii) negócios ilícitos e não oponíveis ao Fisco, que devem ser desconsiderados e punidos com multa qualificada de 150%.

Apesar de reconhecermos a aplicabilidade da classificação acima, por não aceitarmos que os ilícitos atípicos sejam sempre ilícitos, e nem que, quando ilícitos forem (fraude a lei), sejam de espécie diversa dos "típicos",

---

11 TÔRRES, Heleno Taveira. *Direito tributário e direito privado*: autonomia privada, simulação, elusão tributária. São Paulo: Revista dos Tribunais, 2003, p. 173-276.

optamos por adotar a classificação tradicional, qual seja, a que distingue apenas elisão de evasão fiscal.

Elisão fiscal é a qualificação do ato ou da série de atos que visam à economia fiscal, mediante a utilização de alternativas menos onerosas, autorizadas em lei. Não há simulação. Dentre ao menos duas alternativas possíveis, o sujeito opta pela menos onerosa, tal como ocorre com o planejamento fiscal[12].

Já *evasão fiscal* é a qualificação do ato omissivo ou comissivo, de natureza ilícita, praticado com o fim único de diminuir ou eliminar a carga tributária, ocultando o verdadeiro ato ou a real situação jurídica do contribuinte. Dado seu caráter ilícito e danoso, é dever do Estado combater preventivamente a evasão, bem como punir severamente seus responsáveis, segundo graduações variáveis conforme características de cada caso.

Como exemplos, podemos citar as seguintes situações: (i) consta do contrato social da empresa que seu estabelecimento é em determinado Município, em que a alíquota do ISS é reduzida, mas, no entanto, esta pessoa jurídica nem ao menos possui uma sala naquele local, exercendo suas atividades, com toda a infraestrutura necessária, em outra cidade; e (ii) empresa contrata cooperativa de trabalho em que os cooperados prestam, mediante subordinação, serviços consistentes na atividade-fim da empresa tomadora desses serviços.

Esses atos deverão ser desconstituídos pela autoridade fiscal, que presumirá a ocorrência do fato jurídico e arbitrará a base calculada dos respectivos tributos, já que, no primeiro exemplo, o contribuinte dolosamente ocultou o fato de não estar estabelecido no Município cuja alíquota é mais vantajosa, apenas formalmente encontrando-se naquele território; e, no segundo, em vez de cooperados, os prestadores de serviços são empregados do tomador, sendo que sobre as quantias que lhes são pagas deveria incidir todas as contribuições sobre a folha de salários.

No que diz respeito aos elementos diferenciadores da elisão e evasão, a doutrina tradicionalmente afirma que os atos qualificados como elisivos de-

---

12 Conforme Marco Aurélio Greco (*Planejamento tributário*. 2. ed. São Paulo: Dialética, 2008, p. 81-82), "Nunca é demais repetir que planejamento e elisão são conceitos que se reportam à mesma realidade, diferindo apenas quanto ao referencial adotado e à tônica que atribuem a determinados elementos. Quando se menciona 'planejamento', o foco de preocupação é a conduta de alguém (em geral, o contribuinte); por isso, a análise desta figura dá maior relevo para as qualidades de que se reveste tal conduta, bem como para os elementos: liberdade contratual, licitude da conduta, momento em que ela ocorre, outras qualidades de que se revista etc. Quando se menciona 'elisão', o foco da análise é o efeito da conduta em relação à incidência e cobrança do tributo; por isso, sua análise envolve debate sobre os temas da capacidade contributiva, da isonomia etc.".

vem ser praticados antes da ocorrência do fato jurídico tributário, a fim de evitá-lo. Entendemos, entretanto, que nem toda conduta praticada antes seja elisiva. Se a conduta for ilícita, tal como ocorre na simulação relativa (dissimulação), estaremos diante de evasão fiscal, razão pela qual o critério temporal mencionado, para distinguir elisão e evasão, não nos parece adequado se tomado de forma isolada.

Da mesma forma, nem toda conduta que reduz o débito fiscal, sem evitar a ocorrência do fato jurídico, consiste em hipótese de evasão fiscal. Há condutas não evasivas que se subsumem a normas tributárias que reduzem ou dispensam o pagamento de tributos, mas não evitam a ocorrência do fato jurídico, tal como ocorre com as reduções de base de cálculo, créditos escriturais de ICMS, IPI, PIS e COFINS e regimes tributários especiais (lucro presumido, Simples).

Portanto, a ocorrência do fato jurídico também não é critério preciso de distinção entre elisão e evasão fiscal. Se o que se deseja é determinar a amplitude da liberdade de o contribuinte economizar tributos, o que se deve identificar é o permitido (lícito) ou o proibido (ilícito). Portanto, o critério *licitude ou ilicitude* é o decisivo[13].

6.3.1 Ilícitos atípicos

Ao tratarmos do tema "elisão e evasão fiscais", não poderíamos deixar de abordar a questão dos ilícitos atípicos, bem como do abuso de direito e da fraude à lei, que lhe são considerados espécies.

Condutas diretamente violadoras de uma regra são ilícitos típicos, ao passo que as contrárias a princípios ou a outras regras que compõem o ordenamento jurídico são consideradas ilícitos *atípicos*.

Em nosso entendimento, os fatos são lícitos ou ilícitos, não há uma terceira hipótese. E os ilícitos atípicos não se enquadram na categoria de ilícitos, pois:

---

13 Confira-se, nesse sentido, Douglas Yamashita (*Elisão e evasão de tributos*: limites à luz do abuso do direito e da fraude à lei. São Paulo: Lex, 2005, p. 64): "Sendo o critério da ilicitude aquele decisivo para distinguir entre evasão e elisão de tributos, passou-se em revista crítica sobre diversos preconceitos da doutrina tradicional acerca do conceito de ilícito civil. Verificou-se basicamente que ilícito civil é um ato jurídico contrário ao direito e imputável a um sujeito. Separou-se da essência do conceito de ilícito civil os tradicionais elementos de culpa, dano e indenização. Em especial, verificou-se a ilicitude dos atos nulos, como a fraude à lei ou a simulação. Feito isso, constatou-se que, hodiernamente, a ilicitude já não se limita a condutas contrárias a regras, como a simulação ou fraude (ilicitude típica), mas estende-se a condutas contrárias a princípios (ilicitude atípica)".

1) para tanto, deveriam necessariamente estar previstos em um enunciado prescritivo que proibisse tal conduta[14];
2) o ato abusivo ultrapassa somente os limites axiológicos de uma situação concreta; e
3) o ilícito atípico conta com uma aparência de direito, característica ausente no ato ilícito.

Não poderíamos avançar nesse tema sem antes identificar se a proibição da prática de atos que possam ser tipificados como ilícitos atípicos funciona como espécie de "regra de calibração do sistema" (na terminologia utilizada por Tercio[15]), na tentativa de manter equilibrados os valores "segurança" e "justiça".

As cláusulas gerais relacionam-se ao movimento de descodificação que marca o final do século XX e constitui técnica legislativa que permite dotar de mobilidade o sistema jurídico, destacando a atividade do intérprete em detrimento do legislador, que se abstém de tipificar todas as condutas possíveis, dado que a lei não se altera na mesma velocidade que os fatos sociais (lícitos e ilícitos) que deve regular.

Com isso, as cláusulas gerais permitem a constante atualização do ordenamento, dando flexibilidade ao julgador para decidir sobre novas e peculiares situações de conflito, que não podem estar sempre previstas em lei. Contrapõem-se ao dogma da completude do ordenamento e à sua pretensão de atemporalidade, alicerces do positivismo.

Vejamos a advertência de Marco Aurélio Greco[16]:

> Mas onde está dito que a consequência de um fato não estar previsto em norma específica implicar estar fora do alcance do ordenamento tributário? Diante de uma lacuna, a pergunta crucial que se põe é: que fazer com ela? Como não há norma específica que alcance a hipótese, o intérprete e aplicador precisam se socorrer de uma norma geral que diga o que fazer neste caso. O ordenamento jurídico que preveja que o juiz não pode deixar de decidir (todo o debate sobre o *non liquet*) implica determinar sempre a aplicação de uma norma ao caso concreto. Ou uma norma específica que o preveja em maior grau de detalhe, ou uma norma geral que abranja a classe de hipóteses em que aquele caso se encontra. Essa norma geral tanto pode ser exclusiva como inclusiva. Norma geral exclusiva estabelece

14 A fraude a lei, conforme adiante se verá, não deve ser considerada ilícito atípico, ela é simplesmente ilícita.

15 FERRAZ JUNIOR, Tercio Sampaio. *Introdução ao estudo do direito*: técnica, decisão, dominação. 6. ed., 2. reimpr. São Paulo: Atlas, 2010, p. 190.

16 GRECO, Marco Aurélio. *Planejamento tributário*. 2. ed. São Paulo: Dialética, 2008, p. 160.

> que o não previsto em norma específica estará fora do alcance da tributação; norma geral inclusiva estabelece que o não previsto em norma específica nem por isso deixa de estar dentro do alcance da norma de incidência porque o ordenamento quer que o caso seja alcançado.

Com isso, o autor dá prioridade a uma suposta intenção social do ordenamento (norma geral inclusiva), em detrimento do princípio da estrita legalidade tributária (norma geral exclusiva), analisada sob a ótica formal. Marco Aurélio Greco[17] ainda defende:

> Ocorre que a norma geral inclusiva (que estabelece que, embora não previsto especificamente, o caso deve ser considerado dentro da incidência) é o denominado *princípio da capacidade contributiva*. Vale dizer, apesar de não estar expressamente previsto o caso, mas por manifestar capacidade contributiva tributada pela lei, então, estará alcançado pela incidência tributária.

A capacidade contributiva nortearia, assim, não só a produção, mas também a interpretação e a aplicação da lei tributária. Não concordamos com a dimensão dada acima à capacidade contributiva. Em que pese esse princípio certamente reger a construção das proposições, ele não autoriza o alargamento da hipótese de incidência tributária. A ampliação da liberdade e da subjetividade do intérprete acarreta a perda de previsibilidade e certeza, e pode desvirtuar o texto legal, o que evidentemente não é admissível. O intérprete não pode substituir o legislador: o texto é ponto de partida e limite da interpretação.

Diante do princípio da estrita legalidade tributária, é inaceitável a tipificação de um ilícito a partir de sua previsão genérica[18]. A Administração Pública somente pode agir nos estritos limites da lei, ou seja, não pode ela estipular o que é e o que não é uma conduta ilícita, se a lei não prevê conotativamente tais fatos.

Não ignoramos, e tampouco desprezamos, a circunstância de uma parte significativa de contribuintes deixar de pagar tributos por conta de estruturações lícitas realizadas sem um propósito econômico, além da economia fiscal. Não

17 GRECO, Marco Aurélio. *Planejamento tributário*. 2. ed. São Paulo: Dialética, 2008, p. 161.

18 Nas palavras de Celso Antônio Bandeira de Mello: "a configuração *legal* das infrações administrativas há de ser feita de maneira suficientemente clara para não *deixar dúvida alguma sobre a identidade do comportamento reprovável*, a fim de que, de um lado, o administrado possa estar perfeitamente ciente da conduta que terá de evitar para livrar-se da incursão em penalizações e, de outro, para que seja *objetivamente* reconhecível esta incursão, quando ocorrente" (BANDEIRA DE MELLO, Celso Antônio. O princípio da legalidade e algumas de suas consequências para o direito administrativo sancionador. *Revista Latino-Americana de Estudos Constitucionais*, São Paulo, n. 1, p. 61-75, 2003, p. 65).

desprezamos, também, o dever de lealdade mútua, calcada na boa-fé e na moralidade, que deve reger as relações entre Fisco e contribuinte. E não ignoramos, finalmente, os efeitos danosos à economia e aos investimentos públicos advindos da diminuição de arrecadação e da desoneração de contribuintes que se organizam adequadamente, sobrecarregando os demais.

Ocorre que, por opção valorativa, privilegiamos a legalidade e, por isso, não podemos aceitar a criação de obrigações tributárias pautadas na requalificação de fatos caracterizados, segundo regras do direito civil, como ilícitos atípicos, salvo nas hipóteses de simulação (que para nós são ilícitos).

A influência do direito civil em relação ao direito tributário há de ser analisada com muita cautela. Sobre o assunto, Humberto Ávila assim se manifesta[19]:

> Quando o novo Código Civil importa, então? Quando, não havendo reserva constitucional ou de lei complementar, tivermos matéria de lei federal sem lei específica tributária. O novo Código Civil tem repercussão tributária, portanto, muito restrita.

A corrente que defende a aplicação da teoria da desconsideração do ilícito atípico, em direito tributário, refuta a tese da violação à legalidade, por entender que a proibição ao abuso não autorizaria a Administração Pública, ou o Judiciário, a criar novas hipóteses de incidência, além de privilegiar a capacidade contributiva. A questão seria apenas de "correção da conduta do contribuinte em relação ao ordenamento jurídico". Tratar-se-ia, segundo Marco Aurélio Greco, de (re)qualificação jurídica dos fatos, com o que não concordamos.

Finalmente, cumpre-nos analisar a segurança jurídica. Em nosso entender, a desconsideração dos ilícitos atípicos pode também violar a segurança jurídica, que requer (i) a existência de normas jurídicas; (ii) que as normas sejam prévias aos fatos por elas regulados; e (iii) que esta existência prévia seja conhecida dos destinatários. O abuso de direito, espécie de ilícito atípico, implica a quebra da previsibilidade do contribuinte em relação à conduta estatal, porque ele não tem como saber se a conduta que pretende realizar (ou já realizou) é ou não considerada punível pela Administração Pública.

Passemos agora ao abuso de direito e a fraude à lei, que, conforme já mencionamos, são consideradas espécies de ilícitos atípicos. Para nós, entretanto, o primeiro é fato lícito e o segundo ilícito.

---

19 Eficácia do novo Código Civil na legislação tributária. In: GRUPENMACHER, Betina Treiger (coord.). *Direito tributário e o novo Código Civil*. São Paulo: Quartier Latin, 2004, p. 73.

6.3.1.1 Abuso de direito no Código Civil de 2002 – reflexos em matéria tributária?

É inconteste que ninguém pode fazer tudo o que deseja e que está ao seu alcance. As pessoas vivem em sociedade, relacionam-se com outros indivíduos, e possuem claros limites de atuação na lei e no direito de terceiros (também previstos em proposições jurídicas). O limite do agir e do não agir encontra-se na lei.

Muitos doutrinadores brasileiros e aplicadores do direito defendem a ideia de que os negócios jurídicos necessitam ter uma causa além da economia fiscal, sob pena de desconsideração do ato. Os motivos que normalmente motivam tal posição são: (i) o art. 187 do Código Civil; (ii) a capacidade contributiva, a isonomia e a solidariedade social; e (iii) a tendência internacional de proibir o abuso de direito em prol de uma justiça fiscal e do equilíbrio entre interesses públicos e privados.

Esses argumentos pautam-se, sobretudo, no fato de que, em um Estado Democrático de Direito, não se pode compactuar com comportamentos considerados abusivos. Esse é, sem dúvida alguma, um aspecto inegável, mas a primeira dificuldade reside em confrontá-lo com a segurança jurídica e a legalidade.

Somos do entendimento de que não há, no direito positivo brasileiro, enunciado que determine ao contribuinte a busca da via negocial mais onerosa em termos tributários, nem a proibição pela menos onerosa. Não há na legislação tributária, tampouco, qualquer menção ao abuso de direito, de formas jurídicas, causa econômica ou propósito negocial, efeitos jurídicos relevantes além da economia fiscal, objetivo único ou principal de reduzir ou eliminar impostos, ato anormal de gestão. Esses institutos não foram positivados pelo direito tributário.

Por que, então, tais referências são comuns e, inclusive, justificam posicionamentos e decisões? Segundo Paulo Aires Barreto, algumas razões justificam este fato[20]:

> (i) são temas, em geral, positivados num dado ordenamento jurídico, fora do contexto da legislação fiscal, sendo, de rigor, a análise de sua aplicação ao Direito Tributário; (ii) a exposição de motivos da Lei Complementar n. 104/2001 faz menção ao combate aos planejamentos tributários perpetrados com abuso de direito ou abuso de formas jurídicas; (iii) há certa dificuldade em se precisar os estritos limites normativos de cada um desses conceitos ou institutos jurídicos; (iv) trata-se de conceitos, institutos ou

---

20 BARRETO, Paulo Ayres. *Elisão tributária*: limites normativos. 2008. Tese (livre-docência) – Faculdade de Direito da Universidade de São Paulo. São Paulo: USP, 2008, p. 218-219.

previsões adotados em alguns países para limitar o direito do contribuinte de buscar economia de tributos, inexistindo, por vezes, efetiva preocupação dos intérpretes em fazer uma adequada avaliação de sua positivação no Brasil; e (v) as autoridades fazendárias têm sempre o interesse de dilargar ao máximo as alternativas que venham a respaldar, juridicamente, a requalificação de fatos jurídicos tributários, para se contrapor às alegações em sentido contrário dos contribuintes e seus patronos.

Ao tratarmos do abuso de direito[21], tomamos como ponto de partida a concepção explicitada no art. 187 do Código Civil, segundo o qual "Também comete ato ilícito o titular de um direito que, ao exercê-lo, excede manifestamente os limites impostos pelo seu fim econômico ou social, pela boa-fé ou pelos bons costumes".

Referido artigo traduziu em nível infraconstitucional limites à autonomia da vontade, consubstanciada essencialmente na liberdade de iniciativa garantida pela Constituição, em seus arts. 1º, IV, e 170. No abuso de direito não se nega a existência do direito, mas se questiona o modo de seu exercício, na medida em que ele pode não encontrar justificativa ou exceder o perfil do direito a que se refere e, com isso, implicar distorção não aceita pelo ordenamento positivo, não sendo sequer necessária a consciência por parte do agente, de que houve excesso no exercício de seu direito. Nem sempre, por isso, existe o dolo, contrariamente ao que ocorre na fraude.

Na lição de Calmon de Passos[22], para se definir abuso de direito, talvez o melhor caminho fosse basear-se no pressuposto de que ele se dá quando seu exercício extrapolar o limite do necessário. Isso significa que o indivíduo vai além do direito que realmente possui ou quando o que se visa com referido exercício não é atingir a tutela que a ele se associa, mas algo diferenciado, mesmo que moralmente justificável. Desse modo, entende-se que o ato, se estiver em conformidade com o ordenamento legal, porém manifestar-se de forma contrária à finalidade social inerente ao exercício dos direitos (mesmo que privados), será abusivo e, em decorrência, atentatório ao direito.

Entendemos que o que deve ser levado em conta, para a identificação do abuso de direito, é se o ato praticado foge à normalidade, beneficia os

---

21 Cf. João Batista Lopes (*Tutela antecipada no processo civil brasileiro*. São Paulo: Saraiva, 2001, p. 63), "A expressão abuso de direito é por muitos criticada, pois o direito termina onde se inicia o abuso; assim, não poderia haver abuso de direito, já que o mesmo ato não pode ser, simultaneamente, conforme e contrário ao direito".

22 CALMON DE PASSOS, José Joaquim. *Comentários ao Código de Processo Civil*. v. 3. Rio de Janeiro: Forense, 1974, p. 18-19.

envolvidos e causa prejuízo a outrem. Mas oportuno registrar que, nem por isso, o ato considerado abusivo trará consequências tributárias diversas das aplicáveis ao ato lícito, pois para que haja juridicamente abuso, deve-se haver norma jurídica que aponte qual o direito subjetivo objeto de abuso pelo sujeito, o que não ocorre no caso.

6.3.1.2 Fraude à lei

De acordo com o art. 166, VI, do Código Civil, é nulo o negócio jurídico quando tiver por objetivo fraudar lei imperativa. A fraude é referida no direito positivo tanto no sentido penal quanto civil. Será penal quando houver dolo, como no art. 171 do Código Penal e nos arts. 149, III, e 150, § 4º, do CTN, introduzidos no sistema jurídico na época em que a tipicidade fechada e a legalidade estrita não eram relativizadas, por parte da doutrina e da jurisprudência, pelo abuso de direito, pela capacidade contributiva etc. Nessas situações, a conduta é sempre ilícita. E o sentido será civil (fraude civil ou fraude à lei), quando o objetivo for contornar norma imperativa de tributação, utilizando-se de outra norma jurídica ou da ausência de previsão expressa. A conduta é lícita perante a norma de contorno e ilícita perante a contornada.

Tratemos apenas do ilícito civil, por ser o único que nos interessa no momento. A fraude à lei decorre de uma *violação indireta da lei*, ou seja, a conduta praticada pelo sujeito é lícita, a rigor não viola diretamente nenhum mandamento legal. Entretanto, seu objetivo é contornar norma imperativa (contornada), utilizando-se de outra norma jurídica (de contorno), com o que acaba por afrontar o ordenamento, a proibição ou obrigação prevista em outra norma jurídica.

Orlando Gomes[23] é incisivo: "Há fraude à lei com a realização, por meios lícitos, de fins que ela não permite sejam atingidos diretamente, por contrários à sua disposição".

Assim, praticam-se fatos que se enquadram na norma de contorno, para se evitar a incidência da norma contornada. Neste caso, não estamos diante de conduta ilícita se ela for isoladamente considerada, mas da não aplicação da norma de conduta imperativa (contornada). Tal dinâmica acaba por transformar o que aparentemente era lícito em ilícito.

Para facilitar a compreensão, nada melhor que a figura didática do exemplo[24]: trata-se de um clássico julgado do STF (RE 60.287, Rel. Min.

---

23 GOMES, Orlando. *Introdução ao direito civil*. 12. ed. Rio de Janeiro: Forense, 1996, p. 155.

24 Cf. noticia Marco Aurélio Greco (*Planejamento tributário*. 2. ed. São Paulo: Dialética, 2008, p. 242).

Villas Boas), da década de 1960, em que era proibido importar automóveis a fim de proteger a indústria automotiva nacional, em fase de formação. Esta é a norma 1 (proibido importar automóvel). Portanto, não era possível ao contribuinte chegar ao resultado desejado (ter um automóvel importado) em razão da existência dessa norma. Existia, porém, uma segunda norma que reconhecia haver no Brasil uma frota de veículos que necessitava de peças estrangeiras para continuar funcionando, e esta frota não poderia ser prejudicada. Por isso, existia a norma 2 que permitia a importação de partes e peças (para reposição ou para integrar veículo produzido no Brasil).

Certo contribuinte importou partes e peças (hipótese de incidência da norma 2) suficientes para montar um automóvel no Brasil. Portanto, não violou diretamente a norma 1, que proibia a importação direta de veículos, mas acabou, com a importação das peças, obtendo o resultado que a norma 1 pretendia evitar.

Esse caso foi julgado pelo STF como hipótese de fraude à lei tributária. O contribuinte infringiu a proibição de importar, ainda que não diretamente, já que sua conduta estava acobertada por uma lei (a das partes e peças). A proibição foi manipulada, pois a finalidade da norma 2 era apenas assegurar a manutenção e reposição da frota existente no país. Então, a conduta desse contribuinte teria violado o ordenamento.

Outros exemplos tipificadores de fraude à lei são os seguintes: redução da base de cálculo do ISS, para "compensar" a alíquota mínima de 2% prevista na Emenda Constitucional n. 37/2002; e reduções progressivas da alíquota do IPTU, quando o STF julgou inconstitucional a progressividade de acordo com o valor venal do imóvel.

Em todos esses exemplos verifica-se que a conduta é regulada por uma norma do próprio direito positivo, o que, em certa medida, implica reconhecer que há respaldo no ordenamento jurídico. Mas, como então considerá-la hipótese de evasão fiscal, com as consequências inerentes a esse reconhecimento?

Na fraude à lei, *há violação à ordem posta*. A licitude existe somente se considerarmos a aplicação isolada de uma única norma (de contorno) e não se sustenta, ao interpretarmos o ordenamento como um todo coerente e sistêmico. Há, portanto, ato ilícito, pois a interpretação sistemática é a que deve prevalecer.

A consequência da fraude à lei, no direito civil, é a nulidade do negócio celebrado. No direito tributário, a fraude à lei é forte indício de simulação relativa que, se devidamente comprovada, autoriza a requalificação dos fatos pela autoridade administrativa ou judicial (por ilícito se tratar), mas sem a aplicação da multa qualificada prevista no art. 44 da Lei n. 9.430/96, já que não agride diretamente o consequente de uma norma jurídica que assegure um direito ao Fisco. Sobre o tema das consequências fiscais da fraude, retornaremos no Capítulo 10.

6.3.2 Interpretação econômica dos fatos sociais

Resta-nos ainda tratar da interpretação econômica dos fatos sociais. De acordo com Bernardo Ribeiro de Moraes[25], pela teoria da consideração econômica (teoria da preponderância do conteúdo econômico dos fatos), duas premissas são admitidas:

> a) O direito tributário deve atender o conteúdo econômico das relações jurídicas. O que interessa ao direito tributário é a realidade econômica subjacente em todas as relações jurídicas, uma vez que este campo do direito procura carrear dinheiro para os cofres públicos, ou, como deseja Dino Jarach, o critério da tributação é uma "valorização política da realidade econômica". A lei tributária faz referências a relações econômicas. Efeitos econômicos idênticos devem corresponder a efeitos tributários idênticos;
> b) O direito tributário deve levar em conta os efeitos econômicos do ato e não simplesmente a sua forma jurídica. O significado econômico do fato gerador da obrigação tributária deve ser determinado segundo seu conteúdo real e não segundo as suas formas de manifestação exteriores. O essencial é verificar o pressuposto de fato como este é realmente e não como ele se apresenta. Os fundamentos econômicos da lei tributária fazem parte do seu conteúdo normativo.

Já Fábio Fanucchi[26] consigna:

> [...] para evitar que pensem que estamos endossando regras interpretativas muito ao gosto de algumas autoridades fazendárias, que costumam, com base no que chamam de interpretação econômica das leis tributárias, encontrar fato gerador de tributos onde ele não existe [esclarecendo que] o que está ali dito não significa, absolutamente, que se a lei tributária escolhe um determinado acontecimento jurídico como fato gerador de obrigação tributária, todo e qualquer outro acontecimento jurídico diferente que produza, afinal o mesmo resultado econômico, deverá ser trazido para esfera de incidência do tributo.

---

25 MORAES, Bernardo Ribeiro de. *Compêndio de direito tributário*. 5. ed., v. 2. Rio de Janeiro: Forense, 1996, p. 211 e s.

26 FANUCCHI, Fábio. *Curso de direito tributário brasileiro*. v. 1. São Paulo: Resenha Tributária, 1971, p. 254.

Em nosso entender, a Constituição Federal e o CTN não autorizam a interpretação segundo a realidade econômica dos negócios jurídicos descritos pela hipótese de incidência, especialmente porque tal interpretação viola o princípio constitucional da estrita legalidade – os tipos tributários devem ser interpretados juridicamente, e não de acordo com seu significado econômico – e constitui aplicação não autorizada da capacidade contributiva e analógica da lei tributária, em desacordo com o art. 108, § 1º, do CTN.

A interpretação da legislação tributária deve basear-se na *essência econômica contemplada nas regras-matrizes de incidência*. É somente esse o norte que se deve ter. Nesse sentido, Alfredo Augusto Becker consignou[27]:

> Muito embora o legislador escolha um fato jurídico que é causa, signo ou efeito de um fato econômico, isso não justifica que o intérprete substitua o fato jurídico pelo fato econômico correspondente em sua investigação da realização da hipótese de incidência. Compete exclusivamente ao legislador escolher tanto os fins como os meios.

Por isso Becker conclui[28], com mestria:

> A doutrina da interpretação do Direito Tributário segundo a realidade econômica [...] o que na verdadeira realidade faz é a demolição do que há de jurídico no Direito Tributário. Em nome da defesa do Direito Tributário, eles matam o "direito" e ficam com o "tributário".

6.3.3 Nossa posição

Sem norma não há processo de positivação, e os fatos não adquirem qualificação de fatos jurídicos. É somente o sistema normativo que decide quais fatos são jurídicos e quais não são apreendidos pela juridicidade ou, conforme lição de Lourival Vilanova a respeito dos fatos que trazem consequências jurídicas e os fatos que são juridicamente irrelevantes: "o constituírem-se ou desconstituírem-se fatos jurídicos depende de regras de formação do sistema"[29].

Por isso, tendo em vista que o próprio sistema do direito positivo estabelece quais fatos desencadeiam consequências de direito e os que são juri-

---

27 BECKER, Alfredo Augusto. *Teoria geral do direito tributário*. 4. ed. São Paulo: Noeses, 2007, p. 460 e s.

28 *Ibidem*, p. 118.

29 VILANOVA, Lourival. *Causalidade e relação no direito*. 4. ed. São Paulo: Revista dos Tribunais, 2000, p. 54.

dicamente irrelevantes, é inadmissível aplicar norma por analogia[30] ou em função da capacidade contributiva e do dever fundamental de pagar tributos. Igualmente inadmissível é entender que os atos podem ser de alguma outra espécie que não lícitos ou ilícitos: ou eles estão de acordo com o ordenamento ou contra.

O CTN trata de forma específica dos defeitos de um ato ou negócio jurídico (arts. 116, parágrafo único, 149, VII, 150, § 4º, 154, 155, I, e 180), contemplando somente as hipóteses de dolo, fraude e simulação, inclusive à relativa (dissimulação). Em razão disso, entendemos que o legislador não submeteu o abuso de direito e o conteúdo econômico dos fatos ao tratamento dispensado pela legislação civil. Abuso de direito e abuso de formas jurídicas são figuras referidas apenas na exposição de motivos da Lei Complementar n. 104/2001, que circunscreveu a possibilidade de requalificação à ocorrência de dissimulação.

Havendo na legislação tributária tratamento específico para os defeitos dos atos ou negócios jurídicos, é essa legislação – e não a de natureza civil – que deverá pautar os limites da atuação do contribuinte. Assim, a requalificação de fatos típicos tributários, por autoridade administrativa ou judicial, só poderá ocorrer se restar devidamente comprovada a ocorrência de dolo, fraude, simulação ou dissimulação.

Portanto, o abuso de direito e o conteúdo econômico dos fatos não são ilícitos e não se constituem em hipóteses de evasão fiscal; já a fraude à lei é fato ilícito (dissimulação) e evasivo.

6.3.4 Desconsideração de atos e negócios jurídicos e a Lei Complementar n. 104/2001

O art. 1º da Lei Complementar n. 104/2001 alterou, dentre outros, o art. 116 do CTN, introduzindo-lhe o parágrafo único. Prescreve referido dispositivo que:

---

30 Nas lições de Ruy Barbosa Nogueira (*Curso de direito financeiro*. São Paulo: José Bushatsky, 1971, p. 78), aplicação analógica é aquela em que "a situação de direito é clara, mas a de fato obscura, ou melhor, o texto descreve com clareza uma situação de fato e o intérprete pretende aplicá-la a outra situação de fato, por ser análoga à descrita pelo texto". Para Heleno Taveira Tôrres (Limites do planejamento tributário e a norma brasileira antissimulação (LC n. 104/2001). In: ROCHA, Valdir de Oliveira (coord.). *Grandes questões atuais do direito tributário*. v. 5. São Paulo: Dialética, 2001, p. 118), não se trata de analogia, já que, nesta hipótese, há criação de norma para fato ocorrido, enquanto na elusão dá-se o oposto, ou seja, aplica-se a lei vigente aos casos mascarados ou desviados, por manobra proposital do contribuinte, daquele tipo normativo.

> a autoridade administrativa poderá desconsiderar atos ou negócios jurídicos praticados com a finalidade de dissimular a ocorrência do fato gerador do tributo ou a natureza dos elementos constitutivos da obrigação tributária, observados os procedimentos a serem estabelecidos em lei ordinária.

A constitucionalidade do dispositivo encontra-se em discussão no STF, por meio da ADI 2.446[31]. Já a doutrina brasileira divide-se basicamente em duas correntes interpretativas: os que entendem que este dispositivo legal introduziu no sistema jurídico brasileiro norma geral antielisiva[32] e os que entendem tratar-se de norma antissimulação[33]. Somos adeptos desta segunda corrente, por entender, na linha de Eduardo Domingos Bottallo[34], que "reprimir a elisão é, em última análise, o mesmo que frustrar o regular exercício de um direito". Os direitos e garantias individuais do cidadão contribuinte não foram reformulados por uma norma antielisiva: o direito à auto-organização, ao planejar-se licitamente, permanece existindo.

Para nós, a legislação complementar é inovadora, no sentido de conferir às pessoas políticas competência para a criação de lei ordinária contemplando o procedimento a ser adotado para a desconsideração de atos jurídicos dissimulados. Tal lei ainda não foi criada, e discute-se se a plena eficácia da norma depende de lei ordinária regulamentando os procedimentos a serem seguidos. Entendemos que sim, mas, apesar disso, o ordenamento jurídico brasileiro já autorizava a desconsideração de atos ou negócios, efetivada por meio da utilização das presunções – pautadas nos princípios constitucionais da legalidade, razoabilidade, capacidade contributiva etc. – combinadas com o art. 149, VI, do CTN, que, por sua vez, prescreve que o lançamento será efetuado e revisto de ofício, quando se comprovar que o contribuinte agiu com dolo, fraude ou simulação.

O que se alterou, portanto, foi o fato de o procedimento de desconsideração ser regulado por meio de lei (ordinária), conferindo, sem dúvida alguma, extraordinária segurança jurídica aos contribuintes e aos aplicadores do direito em geral. Para nós, essa é a primeira razão pela qual o enunciado deveria ter sido recebido de forma positiva pela comunidade jurídica.

---

31 Andamento de 25-6-2021: ADI ainda pendente de julgamento, já tendo sido proferidos 5 (cinco) votos pela improcedência da ação.

32 TORRES, Ricardo Lobo. *Curso de direito financeiro e tributário*. 12. ed. Rio de Janeiro: Renovar, 2005, p. 162-163.

33 XAVIER, Alberto. *Tipicidade da tributação, simulação e norma antielisiva*. São Paulo: Dialética, 2001, p. 156-157.

34 BOTTALLO, Eduardo Domingos. *Curso de processo administrativo tributário*. São Paulo: Malheiros Editores, 2006, p. 126.

Entendemos inexistir inconstitucionalidade na desconsideração de atos jurídicos que impliquem evasão fiscal. Como os atos ou negócios dissimulados encobrem o fato real, precursor de consequências tributárias, incumbe à autoridade administrativa desconsiderá-los para tornar conhecido o ato que se quis ocultar.

Além disso, outra questão que merece destaque diz respeito ao fato de o parágrafo único o art. 116 não conferir à Administração o direito de cobrar tributo correspondente ao montante que deixou de ser pago em face da operação economicamente vantajosa, promovida pelo contribuinte dentro dos parâmetros legais[35].

O fato de as exposições de motivos constantes da Lei Complementar n. 104/2001 considerarem que os planejamentos fiscais implicam diminuição de arrecadação e que, por isso, deveriam ser combatidos não significa ter sido essa a hipótese contemplada pela norma: na elisão fiscal não há fato ocultado, único fato típico constante do enunciado-enunciado capaz de gerar a desconsideração do ato. Nessa linha é o entendimento de Paulo Ayres Barreto[36]:

> Descompassos que surjam entre a enunciação e o enunciado-enunciado devem ser solucionados em favor deste último. Desacordos entre a exposição de motivos e os enunciados prescritivos obedecem ao mesmo raciocínio. Tais desacordos são usuais e decorrem, geralmente, do uso de uma linguagem menos técnica na exposição de motivos, em relação àquela utilizada no corpo da legislação levada à votação.

Assim, de acordo com as razões acima, entendemos que o parágrafo único do art. 116 do CTN, introduzido pela Lei Complementar n. 104/2001, é constitucional, o que não afasta a possibilidade de o ato de aplicação ultrapassar os limites legais, hipótese em que somente aquele ato administrativo deverá ser anulado.

---

35 Os arts. 13 a 19 da MP n. 66, não convertidos na Lei n. 10.637/2002, estabeleciam os procedimentos a serem observados pela autoridade administrativa para a desconsideração dos atos ou negócios praticados com a finalidade de dissimular a ocorrência do fato gerador. Embora a finalidade fosse regrar tal procedimento, o texto legal ultrapassou o comando constante da LC, ao prescrever que, para a desconsideração de ato ou negócio jurídico, deve-se levar em conta a falta de propósito negocial ou o abuso de forma jurídica. Ultrapassou os limites legais, também, por caracterizar como abuso de forma a prática de negócio jurídico indireto que produzisse o mesmo resultado do ato ou negócio dissimulado.

36 BARRETO, Paulo Ayres. *Elisão tributária*: limites normativos. 2008. Tese (livre-docência) – Faculdade de Direito da Universidade de São Paulo. São Paulo: USP, 2008, p. 188.

6.3.5 *As provas da elisão e da evasão*

Além de toda a intrincada discussão teórica que acabamos de expor, a qualificação do fato é um grande – senão o maior – problema afeto à elisão e à evasão fiscais, tendo em vista que o contribuinte qualifica-o como elisivo, e o Fisco requalifica-o como evasivo, havendo duas camadas de linguagem conflitantes. Somente a linguagem probatória poderá oferecer subsídios para a solução dessa contradição.

Do administrado não deve ser exigido, de antemão, a prova da boa-fé, se o negócio jurídico foi realizado conforme o direito. Compete ao Fisco trazer elementos que indiquem a ocultação de um evento juridicamente relevante, para que depois seja avaliada a licitude e a ilicitude do ato, aqui entendida não apenas a forma, mas também a essência.

Diante dessas premissas, consideramos os seguintes exemplos de elisão:

1. Constituir dentro de um mesmo grupo econômico duas pessoas jurídicas, uma industrial e outra prestadora de serviços, se os negócios forem efetivamente distintos e as estruturas forem autônomas ou, se compartilhadas, que exista remuneração[37].
2. Aproveitamento de ágio nas hipóteses legais.
3. Compensação de prejuízo fiscal acumulado por sociedade que incorpora outra lucrativa.
4. Estabelecimento de empresa em município com menor alíquota do ISS.
5. Integralização de imóvel no capital de pessoa jurídica, em vez de operação de compra e venda do bem.
6. Construção de fábrica e centro de distribuição em Estado que ofereça benefícios fiscais de ICMS.

Já no que diz respeito à evasão fiscal, citamos os seguintes fatos:

1. Criação de estabelecimento fictício em município cuja alíquota de ISS é reduzida, e por lá as notas fiscais são emitidas e o imposto pago, mas é em outro município que a atividade é exercida[38].
2. Criação fictícia de ágio, em operação jurídica conhecida como "casa e separa"[39].
3. Criação de grupo de empresas sem individualização de empregados, estabelecimentos, atividades, clientes etc., existentes apenas para a divisão de receitas e submissão ao regime do lucro presumido[40].

---

37 Apelação Cível n. 7256055 – TRF3 – Turma Suplementar da Segunda Seção.

38 DP n. 1.000.551 – 1ª CJE do Conselho Municipal Tributário de São Paulo.

39 Acórdão n. 101-96.087 do antigo Conselho de Contribuintes.

40 Acórdão n. 103-07.260 do antigo Primeiro Conselho de Contribuintes.

4. Contratação de pessoa jurídica para prestação de atividades-fim da tomadora, em que haja subordinação fática dos sócios da prestadora ao tomador (objetiva-se o não pagamento do INSS sobre a folha de salários).
5. Declaração falsa para obtenção de vantagens fiscais[41].
6. Remessa de ativos para o exterior (cigarros, armas) com vistas a posterior reintrodução no território nacional, mediante contrabando[42].
7. Declaração incorreta, na declaração de importação, da origem de bem importado e, se material novo ou usado, com o objetivo de, alterando-se as características do bem importado, usufruir de alíquota reduzida (ou zero) de IPI[43].
8. Erro na classificação tarifária de mercadoria, provocando vantagem ilícita não somente quanto à redução da tributação devida, mas também no que toca ao livre trânsito da mercadoria pelo canal verde, que permite o desembaraço automático, dispensados o exame documental da declaração, a verificação da mercadoria e a análise preliminar do valor aduaneiro[44].
9. Depósitos bancários não contabilizados nem justificados, tipificando omissão de receitas[45].

As provas a serem produzidas deverão evidenciar a elisão ou a evasão, de acordo com cada caso concreto acima descrito, bem como desconstituir tal afirmação por meio da apresentação de provas diretas ou indiretas que desqualifiquem o fato que se quer provar.

6.4 Planejamento tributário

O planejamento fiscal *é constitucional e legal*. Assim como o Fisco, o contribuinte pode e deve organizar-se, planejar-se e buscar as alternativas legais mais vantajosas para a realização de seus objetivos sociais.

Planejamento tributário é método de organização preventiva de negócios que têm por fim uma lícita economia de tributos[46]; é típico caso de elisão,

41 Remessa *ex officio* em MS n. 197660 – TRF3 – Terceira Turma.

42 Apelação em MS n. 307718 – TRF3 – Terceira Turma.

43 Apelação cível n. 883850 – TRF3 – Terceira Turma.

44 Apelação em MS n. 198023 – TRF3 – Sexta Turma.

45 Apelação em MS n. 185890 – TRF3 – Sexta Turma.

46 Cf. Heleno Taveira Tôrres (*Direito tributário e direito privado*: autonomia privada, simulação, elusão tributária. São Paulo: Revista dos Tribunais, 2003, p. 175).

autorizada pelo direito de auto-organização garantido pela Constituição Federal, em consonância com o direito de propriedade (art. 5º, XXII) e o pleno exercício da autonomia da vontade (art. 5º, IV, IX, XIII, XV, XVII e XXIII; art. 170 e seus incisos).

Em contrapartida, se o contribuinte agir de forma ilícita, ocultando o fato jurídico tributário para, com isso, buscar uma indevida economia fiscal, ainda que chame essa sucessão de atos de "planejamento tributário", planejamento, na acepção legal ora adotada, não será, e sim evasão fiscal.

A noção de planejamento comporta uma análise sob a díade de "processo" e "produto" na sua explicação. Uma coisa é o procedimento de *planejar*, e outra, distinta, o produto desse procedimento, seu resultado. Enquanto procedimento, "planejar" é trabalho de preparação para qualquer empreendimento, segundo roteiro e métodos determinados, por etapas e com bases técnicas de programas com objetivos definidos. E como ato, o planejamento consiste na orientação que é dada à conduta do sujeito capaz (destinatário) na constituição dos atos jurídicos[47].

A questão fundamental que se coloca, em calorosos debates, é se o efeito do planejamento (economia fiscal) pode ser oponível ao Fisco. Muitas vezes, é difícil identificar claramente a liberdade de se auto-organizar e de celebrar negócios jurídicos lícitos (escolha de atos jurídicos que coincidam com hipóteses de não incidência, de negócios mais favoráveis da perspectiva fiscal etc.), da configuração da ocultação do efetivo negócio praticado entre as partes, mediante *simulação* da vontade real.

Para nós, é apenas essa a separação que deve haver, e não a identificação do propósito negocial/da causa e finalidade não tributárias do negócio jurídico[48], elementos sem dúvida alguma relevantes, mas não positivados na

---

47 Cf. Heleno Taveira Tôrres (Limites do planejamento tributário e a norma brasileira antissimulação (LC n. 104/2001). In: ROCHA, Valdir de Oliveira (coord.). *Grandes questões atuais do direito tributário*. v. 5. São Paulo: Dialética, 2001, p. 104-105).

48 Em sentido contrário ao nosso, Marcos Vinicius Neder (A prevalência da substância sobre a forma nos planejamentos tributários: um falso dilema. In: MOSQUERA, Roberto Quiroga; LOPES, Alexsandro Broedel. *Controvérsias jurídico-contábeis* (aproximações e distanciamentos). São Paulo: Dialética, 2010, p. 340): "Recorrer ao estudo da causa e da forma do negócio jurídico permite compreender a finalidade dos contratantes na realização de determinado negócio jurídico. Afinal, se o ato jurídico é essencialmente manipulação de vontade, ele há de ser, como todo ato racional, necessariamente causado, isto é, posto em existência em vista de um fim que o agente se propõe a alcançar. Desse modo, a causa do negócio jurídico deve ser confrontada com outros elementos do negócio, como o motivo, os valores e a

legislação tributária, de forma que a requalificação de fatos, conforme já vimos no item anterior, não deve ocorrer e, muito menos, implicar a constituição de obrigações tributárias.

Observe-se, ainda, que a presunção de legitimidade é inerente aos atos jurídicos em geral. A lei, a sentença, o ato administrativo e o contrato privado celebrado entre sujeitos de direito presumem-se válidos até que a invalidade seja reconhecida. O princípio da certeza das relações jurídicas conforma a presunção de validade dos atos jurídicos.

A estabilidade do direito repousa na aparência ou na forma aparente de legitimidade dos atos jurídicos. Assim, a requalificação de fatos aparentemente lícitos só pode ocorrer mediante prova, pela Fazenda Pública, dos atos simulados e fraudulentos.

Há de se registrar, finalmente, que em nosso entendimento é completamente descabida a aplicação de multa qualificada na desconstituição de fatos vinculados a planejamentos fiscais – desprovidos, segundo o conceito de planejamento adotado – de fraude, dolo ou simulação, em especial, mas não necessariamente de forma cumulativa, quando (i) todos os atos foram registrados na contabilidade e a fiscalização foi integralmente atendida, (ii) existir (ou na época da ocorrência do fato jurídico tributário existia) razoável e justificável divergência de qualificação jurídica do fato e (iii) a situação praticada pelo contribuinte era aceita no momento de sua prática, pela autoridade administrativa ou judicial[49]. Nesse sentido, a posterior revisão do entendimento jurisprudencial não pode de forma alguma retroagir para qualificar como doloso ato que não foi praticado com qualquer má-fé.

---

duração da reorganização societária, além do possível cotejamento com o conteúdo de acordos entre acionistas ou entre acionistas e terceiros, além de informações externas ao negócio, como as notícias vinculadas sobre a operação societária na mídia, a movimentação financeira, a oitiva das pessoas envolvidas na transação, os vínculos existentes entre os participantes, entre outras possibilidades".

49 Confira-se, a esse respeito, artigo de Gabriel Lacerda Troianelli, denominado "Planejamento tributário e multa qualificada" (*Revista Dialética de Direito Tributário*, São Paulo, n. 179, p. 43-55, ago. 2010), que, dentre outras conclusões, chega à seguinte à p. 55: "a multa qualificada de 150%, prevista pelo parágrafo 1º do art. 44 da Lei n. 9.430/96, não se aplica nas situações em que o contribuinte, às claras e sem tentar ocultar a ocorrência do fato gerador ou de algum de seus elementos, praticar atos ou negócios que, embora lícitos, tenham seus efeitos tributários desconsiderados pelo Fisco. Ainda que tais atos ou negócios tenham por única ou principal finalidade a economia tributária, tal fato, por si só, não configura 'dolo' capaz de justificar a imposição de multa qualificada".

6.4.1 A controvertida questão do propósito negocial

A jurisprudência administrativa nacional brasileira e parte da doutrina têm tendido a reavaliar o direito de se auto-organizar, na medida em que a auto-organização foi utilizada como salvaguarda de diversas ilegalidades. Nessa medida, para afastar a caracterização do abuso, é necessário existir, em caráter exclusivo ou predominante, um motivo extratributário (motivos familiares, políticos, comerciais, operacionais etc.).

É por isso que, segundo Marco Aurélio Greco[50], as seguintes perguntas devem ser respondidas: 1) havia motivo extratributário? 2) Qual era este motivo? 3) O motivo era suficiente ou insuficiente para levar o contribuinte a praticar o ato daquela maneira e naquele momento? E, mais adiante, o autor sintetiza cinco alternativas possíveis[51]: 1) motivo irrelevante; 2) motivo relevante, mas a invocação da liberdade de contratar ou de iniciativa satisfaz esta exigência; 3) motivo pode ser "economizar tributo"; 4) motivo pode ser economizar tributo como instrumento de boa administração (de modo a aumentar o lucro da pessoa jurídica); e 5) motivo e finalidade são elementos fundamentais para definir a natureza e os efeitos dos negócios e, portanto, da oponibilidade de seus efeitos ao Fisco.

Com base nisso e em busca da justiça social, o autor desenvolve interessante estudo acerca do planejamento tributário, discorrendo sobre seus limites negativos e positivos. Relativamente aos negativos, tem-se a necessidade de inexistência dos chamados ilícitos típicos e atípicos, e, quanto aos positivos, uma causa para a realização do negócio jurídico além da economia tributária. É a razão negocial extratributária.

Confira-se, a esse respeito, o posicionamento de Marcos Vinícius Neder[52]:

> Boa parte dos problemas que encontramos, no enfrentamento dos problemas do planejamento tributário, deve-se a propensão para o abandono da consideração da racionalidade econômica como instrumento de aferição da compatibilidade entre a causa e a finalidade do negócio jurídico. É precisamente nesse quadro que se revela importante adotar a

50 GRECO, Marco Aurélio. *Planejamento tributário*. 2. ed. São Paulo: Dialética, 2008, p. 228.

51 *Ibidem*, p. 233 e s.

52 NEDER, Marcos Vinícius. O problema da prova na desconsideração de negócios jurídicos. In: SANTI, Eurico Marcos Diniz de; SOUZA, Priscila de (coord.). *Direito tributário, linguagem e método*: as grandes disputas entre jurisprudência e dogmática na experiência brasileira atual. São Paulo: Editora Noeses, 2008, p. 711.

consistência do conjunto probatório como critério para apreciação dos documentos oferecidos pelo contribuinte para comprovação do negócio jurídico. Se constatarmos, a partir das evidências coletadas, a falsidade ou a ausência de causa, bem como incoerência entre a finalidade e a forma adotada pelo ato ou negócio jurídico, é admissível a desconsideração desse ato ou negócio para fins de comprovação da licitude da operação negocial.

Entendemos que o legislador também não contemplou o propósito negocial como elemento necessário à validade do negócio jurídico de consequências tributárias nem autorizou que, em sua ausência, a requalificação do fato pela Administração ou pelo Judiciário seja possível. A ausência demanda, somente, uma fiscalização mais minuciosa no contribuinte.

Não nos esqueçamos de que a Constituição Federal assegura, como regra geral, o direito à propriedade. A tributação só pode atingir validamente o patrimônio do contribuinte, se houver previsão legal prévia. Nessa medida, o contribuinte pode proteger e utilizar o seu patrimônio da forma que melhor lhe convier, desde que não haja previsão legal proibindo tal conduta. A Constituição assegura, também, a liberdade de realização de quaisquer atos lícitos (direito de auto-organização).

A identificação da ausência de propósito negocial serve, no máximo, de alerta às autoridades fiscais, já que, no caso concreto, pode ter havido simulação. É nesse sentido o entendimento de Misabel Derzi[53]:

> Sendo o direito à economia de imposto um direito que se sustenta por si, a inexistência de propósito negocial na prática de qualquer ato de reorganização societária é mero indício que poderá levar ao reconhecimento de uma simulação. Assim sendo, a análise da *causa simulandi*, ou seja, a necessidade da realização do negócio, que alguns denominam de **propósito negocial**, poder ser um indício que facilita a identificação da simulação, dentro de um conjunto de provas consistente. Nada tem de decisivo, é mero indício dentre outros (destaque da autora).

Do exposto, concluímos que a requalificação pautada na ausência de propósito negocial, por autoridade administrativa, só poderá acontecer se restar comprovada a ocorrência de dolo, fraude, simulação ou dissimulação. Qualquer outra hipótese, de acordo com direito vigente, constitui-se em legítima economia de tributos.

---

53 DERZI, Misabel Abreu Machado. O direito à economia de imposto – seus limites (estudos de casos). In: YAMASHITA, Douglas (coord.). *Planejamento tributário à luz da jurisprudência*. São Paulo: Lex, 2007, p. 326.

6.4.2 A prova no planejamento: dois casos concretos

Conforme veremos oportunamente, a intenção é um dos temas mais árduos enfrentados pelo aplicador da norma. Como elemento intersubjetivo é inatingível, só passível de verbalização pelo agente que a possui, o que torna o modo de aferi-la técnica imprecisa e pouco confiável.

São somente as provas apresentadas pela fiscalização e pelo contribuinte que assegurarão a manutenção de um lançamento que desqualificou o planejamento tributário e constituiu o crédito dos tributos não pagos, além de multa e juros.

Por isso, a prova da licitude ou ilicitude que permeia o planejamento deve ser feita a partir das características que o envolvem e que muitas vezes são dotadas de elevado grau de subjetividade, contrariamente ao que ocorre com o "mero" descumprimento de deveres instrumentais ou, no outro extremo, em casos latentes de crime contra a ordem tributária. A comprovação do dolo deverá recair, nesse sentido, sobre a sucessão de atos que levam a crer ter ocorrido o ilícito, e não sobre o fato típico tributário.

Nessa medida, quatro são os pontos relevantes a serem investigados e provados, a partir de todo o contexto que envolve o contribuinte e os atos e negócios jurídicos por ele realizados:

1. o escrito e o não escrito;
2. o ocorrido (o que ocorreu foi compatível com o descrito nos documentos coletados?);
3. a conduta das partes (como subsídio na identificação da provável manifestação de vontade); e
4. o contexto temporal da conduta (o antes e o depois da realização do fato em análise).

Para elucidar esses pontos, analisemos dois precedentes jurisprudenciais do antigo Conselho de Contribuintes, em que, a partir das provas trazidas aos autos, foi possível formar a convicção acerca da legalidade, ou não, do planejamento. Vamos a eles[54]:

- **Acórdão n. 103-23.357, do antigo Primeiro Conselho de Contribuintes**

No caso do processo administrativo n. 11516.002462/2004-18 (Acórdão n. 103-23.357), determinada sociedade foi excluída do SIMPLES por

54 Sobre essas provas, confira-se minucioso artigo de Samuel Carvalho Gaudêncio, O planejamento tributário e a prova na requalificação dos fatos ilegais (In: NEDER, Marcos Vinicius; SANTI, Eurico Marcos Diniz de; FERRAGUT, Maria Rita (coord.). *A prova no processo tributário*. São Paulo: Dialética, 2010, p. 207 e s.).

ter auferido, no ano-calendário de 2000, receitas superiores ao limite estabelecido para as empresas de pequeno porte, tendo sido lavrado contra si auto de infração que constituiu créditos tributários do IRPJ, com base no lucro arbitrado, bem como créditos tributários reflexos relativos ao PIS, à COFINS e à CSLL.

No auto de infração, a fiscalização entendeu ter havido simulação na constituição de uma sociedade "paralela" à autuada, que tinha como único objetivo permitir a evasão do pagamento de tributos (sociedade que teria sido criada apenas com o intuito de dividir as receitas escrituradas e, assim, não ultrapassar o limite legal do SIMPLES). Dessa forma, todas as receitas da sociedade paralela foram consideradas receitas da sociedade autuada, que passaram a compor a base de cálculo dos créditos tributários constituídos de ofício, acompanhados do lançamento de multa qualificada, de 150%.

A sociedade autuada, por sua vez, impugnou o auto de infração, alegando que os objetos sociais eram distintos e que a existência de duas empresas, no mesmo endereço, não é vedada por lei e se justificava por uma questão de logística e estratégia comercial, que culminavam em redução de custos. Alegou, também, que não havia motivação legal para que a fiscalização unificasse o faturamento das sociedades e que a multa qualificada não poderia ser mantida, diante da ausência de comprovação de fraude.

A controvérsia chegou até o antigo Primeiro Conselho de Contribuintes, por meio de recurso voluntário, provido em sua totalidade. Em sua decisão, o Conselho entendeu que não havia ilegalidade na conduta da sociedade, apenas por ela ter escolhido o caminho tributário menos oneroso. Considerou, ademais, que para que houvesse a requalificação dos fatos elisivos, obrigatoriamente devem existir nos autos provas contundentes do ilícito, não podendo a fiscalização valer-se de meros indícios para desconsiderar o fato conhecido, até porque é seu o ônus da prova, *in verbis*:

> [...] A falta de aprofundamento da ação fiscal faz com que os fatos apontados como indícios de simulação, quais sejam, a instalação das duas empresas na mesma área geográfica e as alterações dos seus objetivos sociais, reservando-se a uma a fabricação do casco e à outra os serviços de montagem da embarcação, possam ser tidos como desdobramento da atividade antes exercida por uma delas, objetivando racionalizar as operações e minorar a carga tributária. A conclusão diversa chegaria se a fiscalização comprovasse que a empresa desqualificada não mantinha registros e inscrições fiscais próprias, que não possuía quadro próprio de empregados, que não celebrava negócios, que não emitia documentação, que não mantinha escrituração fiscal relativa aos seus negócios. O argumento de

que o desmembramento das atividades operacionais teve por único escopo obter economia tributária não é suficiente, por si só, para a desconsideração dos atos e negócios jurídicos realizados com amparo legal.

Assim, podemos concluir que, nas hipóteses de planejamento tributário, é condição para a validade do lançamento tributário que a fiscalização descreva e comprove minuciosamente os fatos que levam a crer que o negócio foi simulado. Não o fazendo, o crédito tributário deve ser anulado.

- **Acórdão n. 107-08.326, do antigo Primeiro Conselho de Contribuintes**

Nesse caso, foram constituídos créditos tributários de ofício relativos ao IRPJ e, via reflexa ao PIS, COFINS e CSLL, em virtude da constatação, pela fiscalização, de que a empresa autuada havia omitido receitas, ao promover a segregação de receitas com outra empresa do grupo.

Em minuciosa investigação probatória – devidamente traduzida para os autos do processo –, foi constatado pela fiscalização que:

> (i) Os contratos nos quais não se pactuou o fornecimento de eletrodomésticos, a fiscalização demonstrou que o custo da cozinha entregue e montada era distribuído na seguinte proporção: a) 67,89% referente à prestação de serviços e b) 32,11% à fabricação da cozinha.
> (ii) "B" tinha os mesmos sócios da empresa autuada ("A"), além de utilizar de toda sua estrutura administrativa e de pessoal, sem rateio de custos. Também utilizava o mesmo imóvel, sem qualquer estipulação de aluguel.
> (iii) Existia um informe publicitário que tratava as duas sociedades como uma só e que dizia o seguinte: "Mais uma tranquilidade que nossa fábrica com cerca de 57.000 m² e equipamentos de última geração, coloca à sua disposição. [...] E a montagem será sempre feita por equipes especializadas da própria empresa, monitorizada em cada etapa. Os prazos são rigorosamente cumpridos. A responsabilidade direta da empresa é total".
> (iv) Os vendedores de "A" captam o pedido, que é único, mas desdobrado em dois contratos. As comissões são lançadas e pagas por "A".
> (v) O contador de "A" e "B" é o mesmo.
> (vi) "A" e "B" utilizam-se do mesmo nome comercial e logotipo.

Na impugnação foi alegado que "A", cujo objeto social era o comércio de móveis, eletrodomésticos e prestação de serviços, havia sido constituída em 1972, enquanto "B" tinha por atividade a fabricação de móveis e havia sido fundada em 1964. Ambas as empresas exerciam atividades autônomas e diversas, pois, enquanto a uma delas cabia a elaboração de projetos, venda de eletrodomésticos e a instalação, à outra cumpria fabricar móveis com base nos projetos elaborados pela primeira. Indicou, ainda, diferenças no número de empregados e filiais, e nos tributos pagos por cada uma delas.

A defesa também esclareceu que o custo final na comercialização dos produtos era distribuído entre as duas na proporção de 25% e 75%, aproximadamente. Como "B" não possuía departamento de venda, seus produtos eram fabricados sob encomenda e por intermédio de "A".

Em primeira instância, a impugnação foi julgada quase totalmente procedente, e o processo remetido ao então Primeiro Conselho de Contribuintes. Ao analisar o caso, o Conselho partiu da premissa de que a lide referia-se à acusação de que a "A" e "B" operavam, de direito, como empresas distintas, mas, de fato, formavam uma única empresa. Com isso, tratou o caso como omissão de receitas oriunda de simulação, nos seguintes termos:

> consistente em distribuir o faturamento entre duas pessoas jurídicas distintas que, na verdade, formariam uma única empresa, cuja finalidade seria a fuga à tributação pelo IPI, alcançada pela atribuição de maior parte do preço global de venda das cozinhas personalizadas a serviços (projeto e montagem), sujeitos ao ISS Municipal, cujo ônus tributário resultaria inferior ao do imposto federal.

O órgão colegiado considerou também que nos negócios jurídicos simulados raramente a fiscalização lançará mão de provas documentais, pois elas dificilmente existirão. Assim, seria necessário valer-se das presunções legais, relativas e simples.

Ademais, o Relator consignou:

> Salta aos olhos que toda a estrutura administrativa está concentrada na fiscalizada. Apesar de, no papel, só responder pelo projeto da cozinha e pelo fornecimento de alguns eletrodomésticos, a fiscalizada é a que contabiliza a maior parte das despesas operacionais, sendo a cozinha e decoração mero departamento (fábrica) da autuada.

Dessa forma, a decisão administrativa definitiva foi de se tratar de empresas únicas e de receita omitida, restabelecendo as exigências incidentes sobre as receitas omitidas.

Como é possível concluir pela descrição acima, a produção probatória foi minuciosa, direta e convincente, e, por conta disso, chegou-se à conclusão de que se tratava de evasão fiscal.

6.5 Responsabilidade pessoal do administrador pelo passivo fiscal da pessoa jurídica

É de suma importância para a tipificação da responsabilidade do administrador pelo passivo fiscal da pessoa jurídica diferenciar os atos de gestão empresarial, praticados de forma lícita, daqueles praticados de forma ilícita.

Os primeiros dizem respeito ao exercício regular da gestão da sociedade, visam a alcançar os objetivos sociais e obrigam somente a própria sociedade. Já os segundos são praticados pela pessoa física do administrador – sócio e acionista, ou não – e obrigam pessoalmente o indivíduo, ficando a sociedade e seu respectivo patrimônio, a princípio, livres de qualquer responsabilização. A responsabilidade é *exclusiva* do administrador, por ser esta a regra, em nosso entender, prevista nos arts. 135 e 137 do CTN.

O elemento subjetivo, aqui, significa que a responsabilidade nasce somente se o administrador agir intencionalmente, com o *animus* de praticar o ilícito não tributário, mesmo sabendo que o ordenamento jurídico proíbe tal comportamento. Reportamo-nos ao Capítulo 10, em que tratamos da impossibilidade de provar a intenção do agente de praticar o ato doloso, mas oferecemos uma possível solução: a prova deverá recair sobre as características da sucessão de atos que resultaram na fraude (a "dinâmica da fraude"), e não nela em si.

Há de se registrar, também, que não consideramos que a culpa seja elemento suficiente para a caracterização do tipo (arts. 135 e 137 do CTN). O entendimento de que a culpa bastaria reside no fato de que, como a norma não dispõe expressamente sobre a necessidade do dolo, ela seria suficiente para ensejar a responsabilidade do administrador, entendimento esse fundado, ademais, na supremacia do interesse público.

Ocorre que a separação das personalidades, e a necessidade de gerir sociedades economicamente estáveis e instáveis, somadas ao direito constitucional à propriedade e ao princípio da não utilização do tributo com efeitos confiscatórios, vedam que um administrador seja responsabilizado por ato não doloso. A intenção de fraudar, de agir de má-fé e de prejudicar terceiros é fundamental.

É nessa linha o entendimento da Receita Federal do Brasil, que reconhece que o dolo é necessário para a atribuição da solidariedade tributária, ao afirmar, no Parecer Normativo COSIT/RFB n. 04/2018[55], que "não é qualquer ilícito que pode ensejar a responsabilidade solidária. Ela deve conter um elemento doloso a fim de manipular o fato vinculado ao fato jurídico tributário (*vide* item 13.1)."

O Judiciário, por sua vez, pacificou o entendimento de que a simples falta de pagamento do tributo não gera a responsabilidade pessoal do administrador. Em função das reiteradas decisões, editou-se a Súmula 430-STJ, segundo a qual "O inadimplemento da obrigação tributária pela sociedade não gera, por si só, a responsabilidade solidária do sócio-gerente".

---

55 Item 26 do PN COSIT/RFB n. 04/2018.

É a partir desse prisma que a responsabilidade prevista nos arts. 135 e 137 do CTN deve ser interpretada. Caso contrário, a intervenção no patrimônio particular, e na liberdade do administrador, será injurídica e totalmente incompatível com as garantias que a Constituição defere a todos, a título de direitos fundamentais.

Por fim, a prática dolosa impõe o reconhecimento de que o administrador tinha opção entre praticar ou não a infração. Se a opção de evitá-la inexistia, a pessoa não poderá ser considerada responsável, pois lhe faltava o *animus*, em que pese o resultado de seu ato. A única exceção é se o administrador provocou intencionalmente a impossibilidade da opção, a fim de, em última análise, beneficiar-se do ilícito e, ao mesmo tempo, afastar a sua responsabilidade pessoal.

Passemos às provas da conduta ilícita do administrador. O Fisco tem de provar, primeiramente, o fato ilícito não tributário e doloso. Como exemplo de condutas praticadas pelo administrador, que poderão gerar sua responsabilidade pelo débito, fazemos referência ao art. 12 da Lei n. 13.918/2009, do Estado de São Paulo, que alterou o art. 9º da Lei n. 6.374/89 e que contempla um vasto rol de fatos. São os seguintes[56]:

> (i) Ato com excesso de poder ou infração de contrato social ou estatuto, tais como alienação desautorizada de ativo fixo da sociedade e a comercialização de mercadorias sem prévia previsão no contrato social e autorização de funcionamento pelo órgão regulamentador, bem como a prática fraudulenta de atos do comércio em geral.
>
> (ii) Ato ou negócio, em infração à lei, com a finalidade de dissimular a ocorrência do fato gerador do tributo ou a natureza dos elementos constitutivos da obrigação tributária, especialmente nas hipóteses de interposição de sociedade ou de pessoas e de estruturação fraudulenta de operações mercantis, financeiras ou de serviços.
>
> (iii) Ato com abuso da personalidade jurídica, caracterizado pelo desvio de finalidade ou confusão patrimonial.
>
> (iv) O estabelecimento da pessoa jurídica tiver sido irregularmente encerrado ou desativado.
>
> (v) O Administrador tiver concorrido para a inadimplência fraudulenta da pessoa jurídica, decorrente da contabilização irregular de bens, direitos ou valores ou da transferência destes para empresas coligadas, controladas, sócios ou interpostas pessoas.

---

56 Sobre essa matéria, confira-se Capítulo V, itens 5.7 a 5.14, da obra *Responsabilidade tributária e o Código Civil de 2002* (FERRAGUT, Maria Rita. *Responsabilidade tributária e o Código Civil de 2002*. 2. ed. São Paulo: Noeses, 2009).

(vi) Em descumprimento à notificação, o Administrador tiver deixado de identificar ou tiver identificado incorretamente os controladores ou beneficiários de empresas de investimento sediadas no exterior, que figurem no quadro societário ou acionário de pessoa jurídica em que tenham sido constatados indícios da prática de ilícitos fiscais.

(vii) Ocultação ou alienação de bens e direitos da pessoa jurídica, com o propósito de obstar ou dificultar a cobrança do crédito tributário.

(viii) O Administrador tiver contribuído para a pessoa jurídica incorrer em práticas lesivas ao equilíbrio concorrencial, em razão do descumprimento da obrigação principal, ou o aproveitamento de crédito fiscal indevido.

Além disso, deverá ser provada a autoria da infração, a partir da premissa de que o infrator não é apenas aquele que praticou materialmente o fato, mas também os que com ele colaboraram (partícipes) e os que determinaram a execução da conduta (mandantes).

Assim, é incorreto simplesmente indicar o nome de todos os sócios constantes do contrato social, imperioso que se *individualize* o autor do ato infracional, demonstrando ao menos qual o sócio geria a sociedade e decidia pela prática dos negócios empresariais tipificados como fatos jurídicos tributários (ou que, de alguma forma, pudessem resultar em obrigações tributárias).

Deverá demonstrar, ademais, que nenhuma outra pessoa possuía os mesmos poderes. Se a responsabilidade for compartilhada, a fiscalização deverá indicar quem foi o agente, e apenas na hipótese de essa demonstração não ser possível é que todas as pessoas autorizadas a gerir a sociedade deverão ser solidariamente envolvidas, apurando-se posteriormente a autoria.

Toda essa linguagem é fundamental, pois a responsabilidade pessoal não pode ultrapassar a pessoa do infrator. Insistimos no raciocínio que vimos desenvolvendo: a pessoa física não pode ser responsabilizada nos termos dos arts. 135 e 137 do CTN simplesmente porque é sócia ou administradora, deverá ser plenamente comprovada sua autoria na prática do ato que lhe está sendo imputado ou ao menos sua decisão pela prática do ato.

Em que pese todo o exposto, a posição do STJ é no sentido de que a Administração *não precisa provar* que o agente cometeu algum dos fatos típicos previstos nos arts. 135 e 137 do CTN, caso seu nome conste da certidão de dívida ativa – CDA, título extrajudicial que, por deter presunção de validade (art. 204 do CTN), dispensaria a produção de provas por parte do credor, invertendo o ônus para o acusado. Não se trataria, ainda, de redirecionamento da execução fiscal. Vejamos uma dessas decisões:

> EXECUÇÃO FISCAL. RESPONSABILIDADE DOS SÓCIOS. COMPROVAÇÃO DO EXCESSO DE PODERES, INFRAÇÃO À LEI OU AO ESTATUTO OU DISSOLUÇÃO IRREGULAR. CASO EM QUE O NOME DO SÓCIO

> CONSTAVA DA CDA. PRESUNÇÃO DE LIQUIDEZ E CERTEZA NÃO ABALADA. DISSOLUÇÃO IRREGULAR. CERTIDÃO DO OFICIAL DE JUSTIÇA. PROVA *IURIS TANTUM*.
> I – Restou firmado no âmbito da Primeira Seção desta Corte o entendimento de que, sendo a execução proposta somente contra a sociedade, a Fazenda Pública deve comprovar a infração a lei, contrato social ou estatuto ou a dissolução irregular da sociedade para fins de redirecionar a execução contra o sócio, pois o mero inadimplemento da obrigação tributária principal ou a ausência de bens penhoráveis da empresa não ensejam o redirecionamento. De modo diverso, se o executivo é proposto contra a pessoa jurídica e o sócio, cujo nome consta da CDA, não se trata de típico redirecionamento, e o ônus da prova de inexistência de infração à lei, contrato social ou estatuto compete ao sócio, uma vez que a CDA goza de presunção relativa de liquidez e certeza. A terceira situação consiste no fato de que, embora o nome do sócio conste da CDA, a execução foi proposta somente contra a pessoa jurídica, recaindo o ônus da prova, também neste caso, ao sócio, tendo em vista a presunção de liquidez e certeza que milita a favor da CDA. Precedentes: EREsp n. 702.232/RS, Rel. Min. CASTRO MEIRA, *DJ* de 26-9-2005, p. 169; AgRg no REsp n. 720.043/RS, Rel. Min. LUIZ FUX, *DJ* de 14-11-2005, p. 214. II – No caso em exame, os nomes dos sócios figuram como responsáveis tributários na Certidão de Dívida Ativa (AgRg no REsp n. 1010661/RS – Primeira Turma – Ministro Francisco Falcão).

Nada mais equivocado. Conforme já tivemos oportunidade de verificar, compete sempre a quem alega provar. A responsabilidade do administrador, oriunda de atos de má gestão empresarial, não excepciona essa regra, porque pode ser provada no curso de uma fiscalização. Da mesma forma que o auditor intima o contribuinte para esclarecer lançamentos contábeis, tempo e forma de integralização de capital, localização de bens do ativo circulante, depósitos bancários não contabilizados etc., poderá, igualmente, intimá-lo para identificar a autoria de um ato de má gestão empresarial. Se o fiscalizado não apresentar os esclarecimentos, a fiscalização estará autorizada a presumir que é o responsável pelo departamento fiscal, o administrador, o sócio etc., a depender de cada caso concreto.

Por outro lado, é absolutamente reprovável dispensar a produção probatória por parte do Fisco, quando o nome do administrador constar da CDA, se a prática do ilícito é condição de validade da aplicação da norma de responsabilidade pessoal ou por infrações. O ilícito deve existir, mas "não precisa ser provado". Em última instância, é o mesmo que afirmar que a jurisprudência considera irrelevante sua ocorrência fenomênica, já que a única condição necessária para sua validade é a mera alegação.

6.5.1 *Portaria PGFN n. 180/2010 e as provas*

Em razão de todo o exposto, consideramos um grande e elogiável avanço a Portaria PGFN n. 180/2010, publicada em 26-2-2010, no que diz respeito à produção probatória por parte da Receita Federal e da Procuradoria, no caso de responsabilidade pessoal do administrador.

De acordo com seu art. 2º, a inclusão do responsável solidário – que para nós é exclusivo – na certidão de dívida ativa da União somente ocorrerá após a declaração fundamentada da autoridade competente da RFB ou da PGFN, acerca da ocorrência de ao menos uma das quatro seguintes situações: (i) excesso de poderes; (ii) infração à lei; (iii) infração ao contrato social ou estatuto; e (iv) dissolução irregular da pessoa jurídica.

Além disso, os arts. 4º e 5º prescrevem:

> Art. 4º Após inscrição em dívida ativa e antes do ajuizamento da execução fiscal, caso o Procurador da Fazenda Nacional responsável constate a ocorrência de alguma das situações previstas no art. 2º, deverá juntar aos autos documentos comprobatórios e, após, de forma fundamentada, declará-las e inscrever o nome do responsável solidário no anexo II da Certidão de Dívida Ativa da União.
>
> Art. 5º Ajuizada a execução fiscal e não constando da Certidão de Dívida Ativa da União o responsável solidário, o Procurador da Fazenda Nacional responsável, munido da documentação probatória, deverá proceder à sua inclusão na referida certidão.

Assim, é possível concluir que, contrariamente à jurisprudência hoje pacífica no STJ, os Procuradores da Fazenda Nacional devem motivar o ato de inclusão do nome do administrador na CDA, *baseando-se nas provas trazidas aos autos e indiciárias da infração*. Tal prescrição revela-se como uma grande esperança de que as relações entre Fisco e contribuinte passarão a ser mais equilibradas. E a sociedade só tem a ganhar com isso.

Algumas reflexões devem ainda ser feitas. O art. 2º não dispõe sobre a necessidade de processo administrativo em face do administrador, prescrevendo apenas a necessidade de fundamentar a inscrição. Não nos parece, entretanto, que a legislação infralegal tenha previsto a desnecessidade da inclusão do administrador no lançamento, em que pese também não ter contemplado sua necessidade.

Se considerarmos os termos do Parecer PGFN n. 55/2009 (itens 96 e seguintes), ainda vigente, infelizmente haveremos de concluir que a posição da Procuradoria é pela desnecessidade do processo administrativo em face da pessoa física, já que, para eles, a responsabilidade do administrador é autônoma à da pessoa jurídica, no que tange à natureza, nascimento e cobrança do crédito, e a natureza da relação entre ambos é apenas de garantia do crédito tributário.

Não concordamos com esse posicionamento. Se as responsabilidades são "autônomas", nada mais correto do que lavrar autos de infração também autônomos e garantir o devido processo legal, por meio da ampla defesa e do contraditório.

Caso a fiscalização constate a responsabilidade pessoal do administrador, seu nome deverá constar do auto de infração, conferindo-se a ele oportunidade de plena defesa. A inclusão do administrador apenas na CDA é inconstitucional e ilegal, pois (i) foi suprimida a instância administrativa, em desacordo com o art. 5º, LV, da Constituição, (ii) a indicação do nome na CDA não é ato jurídico que o direito reconheça como apto a constituir o crédito tributário perante a pessoa física e (iii) para que o administrador defenda-se por meio dos embargos, com a execução fiscal suspensa, deverá garantir o juízo em montante equivalente ao da dívida[57].

Por fim, um último fato precisa ser analisado, e diz respeito à inexistência de bens suficientes para a quitação do débito, como motivo suficiente ao redirecionamento da execução fiscal em face do administrador[58]. Normalmente, esse procedimento não é realizado com base em qualquer ato investigatório prévio, de apuração da causa de insuficiência de bens.

O redirecionamento, nos termos ora colocados, é ilegal. A Fazenda deveria, primeiro, investigar o motivo pelo qual não existem bens suficientes para, somente se detectado o desfazimento fraudulento, decorrente de decisão imputável ao administrador, redirecionar a execução. Faz-se mister, portanto, provar que, por decisão do administrador, os bens foram transferidos da sociedade, com o intuito de se evitar que a dívida fosse com eles quitada.

6.6 Sociedades inexistentes "de fato"

Sociedades inexistentes "de fato" são as fictícias, "de papel", desprovidas de fundamento econômico e *affectio societatis*, criadas ou mantidas sem a finalidade

57 *Vide* FERRAGUT, Maria Rita. *Responsabilidade tributária e o Código Civil de 2002*. 2. ed. São Paulo: Noeses, 2009, p. 175-181.

58 "Ajuizada execução fiscal contra sociedade por cotas de responsabilidade limitada, e não localizados bens desta suficientes para o adimplemento da obrigação, pode o processo ser redirecionado contra o sócio-gerente, hipótese em que este deve ser preliminarmente citado em nome próprio para se defender da responsabilidade imputada, cuja causa o credor deve traduzir em petição clara e precisa" (STJ, 2ª Turma, REsp 7.397-MT, Rel. Min. Ari Pargendler, j. 4-9-1995, v.u.).

de desenvolver um objetivo social regular, uma atividade lícita qualquer que justifique a reunião de pessoas. São sociedades que nunca existiram ou que, embora tenham cumprido com as formalidades necessárias ao seu nascimento, deixaram de existir e não se extinguiram formalmente.

Conforme afirma Marco Aurélio Greco[59], "o elemento relevante quando estamos perante uma pessoa jurídica não é apenas a sua existência formal (no registro competente etc.); tão importante ou até mais – em matéria tributária – é a identificação do empreendimento que justifica a sua existência. A criação de uma pessoa jurídica tem sentido na medida em que corresponda à vestimenta jurídica de um determinado empreendimento econômico ou profissional".

O art. 81 da Lei n. 9.430/96 determinou que será declarada inapta, no Cadastro Nacional da Pessoa Jurídica – CNPJ, a inscrição de empresa que não exista "de fato". Por sua vez, a Instrução Normativa SRF n. 66/97, no seu art. 11, foi a primeira norma infralegal a listar as hipóteses de a pessoa jurídica ser considerada inexistente de fato, com a consequente inaptidão de seu CNPJ[60].

Tal dispositivo sofreu sucessivas alterações e, com o advento da Instrução Normativa RFB n. 1.863/2018 (art. 29, II), passou a ser considerada inexistente de fato a pessoa jurídica que:

> *a)* não dispuser de patrimônio ou capacidade operacional necessários à realização de seu objeto, inclusive a que não comprovar o capital social integralizado;
>
> *b)* não for localizada no endereço constante do CNPJ e cujo representante legal:
>
> 1. não for localizado ou alegue falsidade ou simulação de sua participação na referida entidade ou não comprove legitimidade para representá-la, nos termos do art. 7º; ou
> 2. depois de intimado, não indicar seu novo domicílio tributário.

---

59 GRECO, Marco Aurélio. *Planejamento tributário*. 2. ed. São Paulo: Dialética, 2008, p. 350.

60 "2 – Conforme disposto no art. 11 da Instrução Normativa SRF n. 66/97, será considerada inexistente de fato a pessoa jurídica que não dispõe de patrimônio e capacidade operacional necessários à realização de seu objeto; e que tenha cedido seu nome, inclusive mediante a disponibilização de documentos próprios, para a realização de operações de terceiros, com vistas ao acobertamento de seus reais beneficiários. 3 – No caso dos autos, restou apurado pela Alfândega do Porto de Santos que a situação da empresa importadora se amolda ao previsto na Instrução Normativa acima referida, o que implica considerar inidôneos os documentos por ela emitidos, inclusive aqueles que embasaram a importação da mercadoria" (Apelação em MS n. 225064 – TRF3 – Sexta Turma – Rel. Desembargador Federal Lazarano Neto – j. 10-9-2009).

c) domiciliada no exterior, não tiver indicado seu procurador ou seu representante legalmente constituído nos termos do § 1º do art. 7º ou, se indicado, não tenha sido localizado;

d) encontrar-se com as atividades paralisadas, salvo se estiver enquadrada nas hipóteses previstas nos incisos I, II e VI do *caput* do art. 40;

e) realizar exclusivamente:

1. emissão de documentos fiscais que relatem operações fictícias; ou
2. operações de terceiros, com intuito de acobertar seus reais beneficiários;

A prova a ser apresentada pela fiscalização deverá evidenciar qualquer das situações acima referidas, mediante apresentação do contrato social, balanços, diligências ao endereço informado no cadastro junto à RFB e à Junta Comercial e declaração do Imposto de Renda Pessoa Jurídica – DIPJ enviada pelo próprio contribuinte, que demonstre a ausência de receita (indicativa de paralisação das atividades). Também, a fiscalização poderá demonstrar que a situação socioeconômica das pessoas apontadas no contrato social, como principais cotistas da empresa, não era condizente com o volume de importações realizadas, no caso do comércio exterior.

Para todas essas situações, o contribuinte não necessariamente terá agido com dolo, mas os fatos contemplados na legislação, para tipificar a inexistência de fato e imputar-lhe consequências jurídicas, são objetivos. O contribuinte, por exemplo, poderá estar com suas atividades paralisadas não porque pretende fraudar seus credores (extinção da atividade da empresa sem a baixa nas repartições competentes), mas porque sua atividade requer a obtenção de certidões negativas de débito, o que não é possível conseguir diante de seu passivo fiscal. Como decorrência, não poderá contratar com o Poder Público. Pode ser o caso, por exemplo, de empresas de construção civil.

A prova do contribuinte, a depender da alegação formulada, deverá recair para os seguintes fatos: disponibilidade de patrimônio e capacidade operacional necessários à realização de seu objeto; sua localização e a de seus sócios e responsável pelo CNPJ e não paralisação das atividades, ou seu reinício.

A comprovação da origem de recursos provenientes do exterior, se for o caso, dar-se-á mediante, cumulativamente, (i) a prova do regular fechamento da operação de câmbio, inclusive com a identificação da instituição financeira no exterior encarregada da remessa dos recursos para o País, e (ii) a identificação do remetente dos recursos, assim entendido como a pessoa física ou jurídica titular dos recursos remetidos. No caso de o remetente ser pessoa jurídica, deverão ser também identificados os integrantes de seus quadros societário e gerencial.

Não há de se confundir, finalmente, inexistência de fato oriunda da paralisação de atividades (sem baixa nos órgãos competentes) com dissolução irregular.

A paralisação é um grande problema afeto a diversas sociedades que, embora desprovidas de qualquer intuito doloso, simplesmente não têm como continuar operando, porque o negócio não se viabilizou e sua manutenção só aumentaria os passivos fiscal, trabalhista, com fornecedores etc.

Obviamente que existe o legítimo interesse público de a Fazenda Pública cobrar aquilo que lhe é devido, mas, em contrapartida, devemos considerar que as atividades empresariais envolvem certo risco, podendo ou não dar certo, independentemente de ter o administrador agido de forma lícita. Por isso, a paralisação das atividades deve ser analisada com muito cuidado.

A paralisação da empresa, nas situações não contempladas no art. 38, I, II e VI, da IN n. 1.005/2010 acima, deve ser vista como indício de fraude, mas não como prova suficiente. Não temos dúvidas de que a paralisação é utilizada por diversos contribuintes que objetivam fraudar o Fisco, mas a análise superficial do contexto probatório fará com que se inclua, no mesmo rol de fraudadores, devedores que não cometeram qualquer ato doloso. Simplesmente, precisaram encerrar suas atividades e deixaram de solicitar a baixa da inscrição ou a interrupção temporária das atividades. É fundamental, portanto, a análise probatória.

6.6.1 Dissolução irregular da sociedade empresária

O reconhecimento da personalidade jurídica veio criar a distinção entre duas espécies de sujeitos de direito, quais sejam, a sociedade e as pessoas que a integram, normalmente mediante participação na formação do capital social. Mas, diante da possibilidade de os sócios e acionistas utilizarem-se da sociedade para a prática de atos ilícitos, em benefício próprio ou de terceiros, e contrários aos interesses da sociedade e de pessoas de boa-fé, essa distinção não deve ser tomada de forma absoluta.

A solução criada pela doutrina, e aceita pelo Judiciário inicialmente na Inglaterra[61], Estados Unidos e Alemanha, foi a teoria da desconsideração da personalidade jurídica (*disregard doctrine*), em razão da qual deve-se ignorar a autonomia patrimonial da pessoa jurídica, para determinado ato, passando

61 O caso conhecido como Salomon & Salomon & Co., ocorrido na Inglaterra, no ano de 1897, em geral é apontado como sendo o *leading case da disregard doctrine*.

os sócios a responder ilimitadamente pelas obrigações sociais contraídas. Não se trata, pois, de forma de extinção da personalidade.

Pela desconsideração, atingem-se os bens pessoais dos sócios e dos acionistas que tenham praticado atos fraudulentos, não bastando a inexistência de bens sociais e a comprovação de prejuízo ao Fisco, pois a obrigação de pagar tributo é da sociedade (no que diz respeito aos fatos jurídicos por ela praticados). A inadimplência desprovida de dolo provoca apenas a obrigação de a pessoa jurídica quitar a dívida, acrescida das penalidades moratórias e sancionatórias, mas não a responsabilidade pessoal do administrador.

Ora, a separação das personalidades jurídica e física existe no direito brasileiro, e esta regra não é vazia de sentido. Somente em casos excepcionais, como na dissolução irregular da sociedade, é que o administrador deve responder pessoalmente pelo débito. Não fosse assim, quem se sujeitaria a administrar sociedade com dificuldades financeiras? Em uma economia mundial instável, como punir o administrador zeloso, em prol de uma maior arrecadação?

Pois bem. Segundo decidido pela Primeira Seção do STJ nos Embargos de Divergência em REsp n. 716.412/PR, a dissolução irregular é hipótese de infração à lei, prevista no artigo 135 do CTN. E nos termos da Súmula 435 deste mesmo Tribunal, "Presume-se dissolvida irregularmente a empresa que deixar de funcionar no seu domicílio fiscal, sem comunicação aos órgãos competentes, legitimando o redirecionamento da execução fiscal para o sócio-gerente."

Trata-se de presunção relativa de dissolução, o que significa que ela pode ser desconstituída mediante a indicação do correto endereço do devedor.

De acordo com o julgamento do recurso acima referido, foi decidido que o artigo 135 do CTN autoriza o redirecionamento da execução fiscal na hipótese de dissolução. Já no que diz respeito às provas, o STJ entende que a certidão do oficial de justiça é apta a atestar a não localização de empresa executada em endereço cadastrado junto à Autoridade Fiscal (REsp 800.039/SP), embora essa prova não seja exclusiva, conforme explicitado no AgRg no REsp 1527224/SC, relatado pela Ministra Assusete Magalhaes:

> *III. A jurisprudência deste STJ não vincula, necessariamente, a prova indiciária da dissolução irregular da sociedade à existência de certidão, lavrada pelo Oficial de Justiça, atestando a cessação de funcionamento da empresa no endereço constante de seus registros fiscais ou comerciais. Deveras, a correta compreensão da orientação adotada neste STJ é de que, uma vez presente a certidão do Oficial de Justiça, a atestar o encerramento das atividades da sociedade, tem-se por provada, ao menos num primeiro momento, a dissolução irregular da empresa. A inversão do silogismo não se segue. Vale dizer, acaso inexistente a referida certidão, não decorre, necessariamente, a ausência de prova do encerramento irregular da empresa.*

Diante disso, todas as provas admitidas pelo direito são válidas à comprovação do ato doloso, tais como o termo de constatação fiscal em que o auditor atesta que a sociedade executada encontra-se desaparecida; mandado de constatação de atividade empresarial com resposta negativa; certidão do oficial de justiça atestando a não localização de empresa executada em endereço cadastrado junto ao Fisco e devolução de AR pelos Correios somada a outras diligências que demonstrem a não localização da empresa devedora.

Mas não é só isso. Faz-se também necessário definir qual pessoa seria a responsável no caso da dissolução: o sócio da época do fato gerador (infração vinculada ao não pagamento do tributo), ou o da dissolução propriamente dita.

Não temos dúvidas em afirmar ser tão somente o responsável pela dissolução irregular, já que foi *este ilícito* que autorizou o redirecionamento (deixar de funcionar no seu domicílio fiscal, sem comunicação aos órgãos competentes). E se esse foi o ilícito, e a responsabilidade não pode ultrapassar a pessoa do infrator, não há como validamente sustentar que o sócio/administrador que se relacionar tão somente com a inadimplência possa ser corresponsabilizado pela dissolução irregular.

Em que pese o exposto, não há consenso sobre o tema, sendo inúmeros os casos questionados na Justiça. Oportunamente a Primeira Seção do STJ decidirá, sob o rito dos recursos repetitivos, de que forma pode ser redirecionada a execução fiscal (REsp 1645333 – Tema 981). Confira-se:

> *À luz do artigo 135, III, do Código Tributário Nacional (CTN), o pedido de redirecionamento da execução fiscal, quando fundado na hipótese de dissolução irregular da sociedade empresária executada ou de presunção de sua ocorrência (Súmula 435/STJ), pode ser autorizado contra: (i) o sócio com poderes de administração da sociedade na data em que configurada a sua dissolução irregular ou a presunção de sua ocorrência (Súmula 435/STJ), e que, concomitantemente, tenha exercido poderes de gerência na data em que ocorrido o fato gerador da obrigação tributária não adimplida; ou (ii) o sócio com poderes de administração da sociedade na data em que configurada a sua dissolução irregular ou a presunção de sua ocorrência (Súmula 435/STJ), ainda que não tenha exercido poderes de gerência na data em que ocorrido o fato gerador do tributo não adimplido.*

Considerando a premissa acima exposta – de que a pessoa responsável deve ser aquela que se vincula ao ilícito que autoriza o redirecionamento – parece-nos que a decisão correta aponta para o item *ii* acima destacado, ou seja, o redirecionamento pode ser autorizado somente contra *o sócio com poderes de administração da sociedade na data em que configurada a sua dissolução irregular ou a presunção de sua ocorrência.*

E, nesse sentido, se o sócio se retirar em data anterior ao encerramento irregular da sociedade, não poderá suportar as dívidas fiscais assumidas sem dolo do administrador, ainda que contraídas no período em que participava da administração da empresa. A única possibilidade de corresponsabilizá-lo seria provando que a saída não ocorreu de fato, e teria sido simulada visando justamente impedir a incidência da norma de responsabilidade tributária.

Finalmente, não poderíamos deixar de mencionar que com a publicação da Portaria PGFN 948/2017, foi introduzido em nosso ordenamento o Procedimento Administrativo de Reconhecimento de Responsabilidade – PARR, com vistas à apuração de responsabilidade tributária de terceiros pela prática da infração à lei, especificamente a dissolução irregular de pessoa jurídica. Em que pese as críticas existentes ao procedimento, em especial a regulamentação da possibilidade de a PGFN incluir terceiros na dívida ativa, o fato é que, da perspectiva do contraditório o procedimento é muito bem-vindo. Por conta dele, o terceiro poderá provar a inocorrência de dissolução irregular ou a ausência de responsabilidade pelas dívidas antes da inclusão de seu nome da certidão de dívida ativa, evitando-se uma longa e onerosa discussão judicial.

6.7 Aquisição de estabelecimento

O *caput* do art. 133 do CTN estabelece o seguinte:

> A pessoa natural ou jurídica de direito privado que adquirir de outra, por qualquer título, fundo de comércio ou estabelecimento comercial, industrial ou profissional, e continuar a respectiva exploração, sob a mesma ou outra razão social, ou sob firma ou nome individual, responde pelos tributos relativos ao fundo ou estabelecimento adquirido, devidos até a data do ato.

O enunciado faz referência ao verbo *adquirir*, que significa obter, conseguir, alcançar, comprar, passar a ter[62]. Nesse sentido, se houver aquisição de estabelecimento, haverá responsabilidade por sucessão. Essa é a razão de trazermos esse tema a debate: como provar a aquisição, especialmente nas situações em que ela é simulada, a fim de se evitar a atribuição de responsabilidade?

A aquisição que importa a sub-rogação da obrigação tributária é a aquisição da propriedade do estabelecimento. Por isso, o fato de alguém

---

62 O Parecer Normativo CST n. 2/72 explicita, *in verbis*: "Adquirir, juridicamente, é o ato através do qual se incorpora completa e definitivamente ao patrimônio do seu sujeito os direitos inerentes ao seu objeto".

arrendar máquinas, adquirir apenas parte dos ativos do estabelecimento (em vez de todo o patrimônio líquido), locar o prédio onde a devedora exercia suas atividades, explorar a mesma atividade comercial no local onde antes estava instalada a pessoa jurídica devedora etc., não se constitui em fatos suficientes para justificar a responsabilidade por sucessão, conforme adiante se verá.

O exercício contínuo da atividade empresarial exige do empresário, ordinariamente, a fixação em um determinado local, onde acomodará suas instalações, constituirá sua freguesia, armazenará seu estoque, enfim, onde se concentrará o instrumental necessário à consecução do objetivo social da sociedade.

Os bens envolvidos na atividade empresarial podem ser materiais e imateriais. Na primeira categoria, encontramos mercadorias do estoque, mobiliário, equipamentos e maquinaria. Já na segunda, encontramos patentes de invenção, marca registrada, nome empresarial e contratos de exclusividade e clientela. Os imateriais, na grande maioria das vezes, constituem os diferenciais de mercado, responsáveis pelo principal sobrepreço no valor negociado pelas sociedades.

A esse conjunto de bens materiais e imateriais dá-se o nome de *estabelecimento*, sendo o *fundo de comércio* um de seus componentes[63].

O art. 1.142 do Código Civil define estabelecimento da seguinte forma: "Considera-se estabelecimento todo complexo de bens organizado, para exercício da sociedade, por empresário, ou por sociedade empresária".

Assim, estabelecimento é o complexo de bens unidos pela finalidade comum de servir como instrumento da atividade empresarial[64]. Não pode ser

---

63 Não se incluem no conceito de estabelecimento as dependências ou facilidades de terceiros, utilizadas pelo contratado em caráter comprovadamente transitório, para cumprir determinado contrato de prestação de serviços. Da mesma forma, o local onde se encontram mercadorias abandonadas, já que o estabelecimento é dinâmico e está necessariamente a serviço de uma atividade.

64 Cf. Paulo Antônio Caliendo Velloso da Silveira (Do conceito de estabelecimentos permanentes e sua aplicação no direito tributário internacional. In: TÔRRES, Heleno Taveira (coord.). *Direito tributário internacional.* São Paulo: Quartier Latin, 2003, p. 540-548), as regras para qualificação de um estabelecimento permanente são 5, a saber: existência da sociedade (necessidade da existência da pessoa jurídica); presença física (necessidade de uma sede fixa, caracterizada pela presença fixa em um lugar específico, somada à permanência); período de permanência (necessidade de um período de tempo); poder de disposição (exige que a sede fixa de negócios esteja mais do que provisoriamente à disposição da sociedade); e exercício de negócios (a sociedade deve realizar, por meio do estabelecimento, uma atividade que sirva aos propósitos gerais da sociedade).

sujeito de direito nem tem personalidade jurídica, carecendo de capacidade processual ativa e passiva. Sujeito de direito é a sociedade empresária e o empresário, que concretizam o exercício das atividades sociais e dão unidade ao complexo formador do estabelecimento.

O liame que une os bens integrantes do estabelecimento permite-nos tratá-los de forma unitária, distinguindo-o dos bens singulares que o compõem e classificando-o como universalidade de fato[65].

Mas essa não é a única definição do termo. A noção de estabelecimento como um segmento da pessoa jurídica – ou seja, cada local em que a pessoa atua – particulariza-se com os conceitos de matriz, filial, sucursal, depósito, fábrica e outros, e não está afastada pelo Código Civil, já que o § 1º do art. 75, ao tratar do domicílio das pessoas jurídicas em geral, refere-se à existência de "diversos estabelecimentos em lugares diferentes", cada um sendo considerado domicílio para os atos nele praticados.

Estabelecimento como segmento da pessoa jurídica compactua-se também com o art. 4º da Lei Complementar n. 116/2003:

> local onde o contribuinte desenvolva a atividade de prestar serviços, de modo permanente ou temporário, e que configure unidade econômica ou profissional, sendo irrelevantes para caracterizá-lo as denominações de sede, filial, agência, posto de atendimento, sucursal, escritório de representação ou contato ou quaisquer outras que venham a ser utilizadas.

Por isso, estabelecimento é vocábulo ambíguo, podendo referir-se tanto à pessoa jurídica como um todo (complexo de bens heterogêneos, visto unitariamente pelo direito), quanto aos segmentos da sociedade. Para a primeira situação, temos os seguintes artigos do Código Civil: 164, 334, 532, 883, parágrafo único, 932, IV, 1.136, § 1º, 1.164, parágrafo único, 1.754, 1.757, 1.776, 1.777, 1.893, § 2º, 1.901, I, e 1.902. E, para a segunda, os seguintes artigos: 649, parágrafo único, 969, parágrafo único, 1.134, 1.178, 1.187, parágrafo único, III, e 1.467, I.

Já o CTN emprega o termo *estabelecimento* para se referir à segmentação da pessoa jurídica, conforme os arts. 46, II, 49, 51, parágrafo único, e 127, II. Como fica, então, o alcance da sucessão prevista no art. 133 do CTN?

O conceito empregado pelo direito civil é mais abrangente do que o empregado pelo direito tributário. A correta interpretação, parece-nos, é a que considera os dois significados contemplados no Código Civil, não pela

---

65 Universalidade de fato é o conjunto de coisas singulares, simples ou compostas, agrupadas pela vontade da pessoa, tendo destinação comum.

superioridade hierárquica do Código Civil, mas por se tratar de conceito de direito civil que compatibiliza-se com o disposto nos arts. 110 e 133 do CTN e significa que haverá responsabilidade tributária por sucessão tanto se ocorrer a aquisição total da pessoa jurídica, como se ocorrer a aquisição de apenas algum de seus segmentos. Ocorrendo esta última hipótese, não serão objeto de sucessão as dívidas do alienante não relacionadas ao estabelecimento adquirido.

Retornemos aos bens que compõem o estabelecimento. Como vimos, eles podem ser tangíveis e intangíveis, e seu conjunto normalmente possui um sobrevalor em relação à soma dos valores individuais dos bens que o compõem, tendo em vista as consequências que o conjunto provoca.

Essa mais-valia é o que ordinariamente se denomina fundo de comércio (ou aviamento). Por isso, fundo de comércio é apenas um dos elementos que compõe o estabelecimento[66], o sobrevalor que se agrega à expressão econômica primitiva dos bens, em razão do conjunto harmônico por eles formado durante o período em que permanecem associados para servirem à finalidade da sociedade.

Em função disso, o fundo de comércio não pode ser objeto de tratamento isolado, pois não tem existência independente do estabelecimento. E, se é assim, a interpretação do *caput* do art. 133 não deve nos levar a concluir que a mera aquisição do fundo de comércio seja fato jurídico suficiente para ensejar a sucessão. Faltaria, certamente, possibilidade ontológica para sustentar tal conclusão.

Passemos, agora, à questão das provas. Como vimos, caso duas pessoas jurídicas negociem e formalizem a venda de um estabelecimento, com a continuidade do exercício da atividade econômica pelo adquirente, haverá sucessão do passivo fiscal. Mas, e se o negócio não for revestido das formalidades que lhe seriam próprias? Ou se ele for realizado de forma segmentada, com o fim de desconfigurar a aquisição? Desde que construídas provas suficientes para demonstrar que o verdadeiro negócio jurídico foi ocultado, os fatos indiciários são suficientes para imputar a responsabilidade.

Os fatos abaixo, em nosso entender, constituem-se em relevantes indícios da aquisição do estabelecimento que se pretendeu ocultar: alguns com fraca força probatória, se analisados isoladamente (itens *i, v, ix*); outros quase suficientes para provocar o convencimento (itens *iii, iv, x*). A análise há de

---

66 Essa posição não é unânime. Grande parte da doutrina entende que o fundo de comércio não deve ser considerado um dos elementos do estabelecimento, mas apenas um sobrevalor. Outra parte entende que estabelecimento e fundo de comércio são sinônimos.

ser, de qualquer forma, necessariamente conjugada e detalhada, pois não havemos de desprezar que, em muitos segmentos de negócio, as atividades se sucedem sem que haja qualquer relação entre os antigos e futuros proprietários, entre os negócios, entre os patrimônios etc. É a situação de padarias e floriculturas (mesmo espaço físico, ponto, clientes, atividade etc.).

De qualquer forma, vejamos as provas a serem produzidas a fim de demonstrar a aquisição do estabelecimento:

(i) ocupação das mesmas instalações;
(ii) utilização dos mesmos equipamentos e utensílios para o exercício da atividade econômica;
(iii) mesmo controle acionário;
(iv) mesma força de trabalho;
(v) coincidência de um grande número de prestadores de serviços e fornecedores;
(vi) mesmo sistema de informática, sobretudo se for algo específico ao negócio e contiver programação não encontrável em *softwares* "de prateleira";
(vii) similaridade do nome comercial, fantasia, logotipo e marcas;
(viii) atendimento da mesma carteira de clientes;
(ix) simultaneidade entre o início da exploração da atividade econômica pelo adquirente dos ativos e a sua interrupção pelo alienante;
(x) variação da receita, com aumento da sociedade sucessora e proporcional diminuição da sociedade sucedida;
(xi) assunção de dívidas, pelo adquirente, junto a fornecedores do alienante;
(xii) existência de compromisso de não concorrência ou de colaboração; e
(xiii) celebração de contratos de prestação de serviços envolvendo a transferência de *know-how* entre as pessoas envolvidas.

Por outro lado, não gera responsabilidade por sucessão a mera aquisição de imóvel, com suas benfeitorias, para instalar outro negócio; o arrendamento e a locação, quando tais fatos constituírem-se nos verdadeiros negócios jurídicos celebrados. Tudo dependerá, portanto, das provas coletadas.

Trataremos, agora, de algumas situações que demandam especial cuidado na análise, tendo em vista poderem se tratar de negócios jurídicos simulados. Referimo-nos ao arrendamento do estabelecimento, à locação e à venda segregada de ativos.

6.7.1 *Arrendamento*

No arrendamento de estabelecimento empresarial, a exploração da atividade econômica é transferida do proprietário do estabelecimento (arrendante), para o arrendatário, que passará a exercer a referida atividade, detendo apenas a posse do imóvel. Com isso, o que se tem é a mera substituição na exploração da atividade empresarial, mantendo-se inalterada a titularidade dos bens envolvidos. Como contrapartida do negócio realizado, o arrendatário é imitido na posse direta do estabelecimento pelo prazo contratual fixado, obrigando-se a pagar um valor monetário ao arrendante e devendo continuar o exercício da atividade.

Assim, no arrendamento a titularidade do estabelecimento continua sob propriedade do arrendante – sendo repassado ao arrendatário apenas direitos concernentes ao exercício da atividade econômica por um certo lapso temporal, mediante a celebração de um contrato que determinará os valores que deverão ser pagos por conta da transação. Ao final do contrato, os bens devem ser devolvidos ao seu proprietário no estado em que foram recebidos.

Por essas razões, arrendamento não se confunde com alienação. O arrendatário não figura na condição de proprietário, ou seja, adquirente do estabelecimento empresarial. Somente possui a faculdade de usar e gozar da coisa, sem possibilidade de dispor dela de acordo com sua livre vontade.

O art. 133, entretanto, não contempla tal faculdade como suficiente para imputar a responsabilidade por sucessão pelo pagamento do crédito tributário, exatamente porque não há a configuração da aquisição do estabelecimento, com a mudança de sua titularidade. Se há uma operação de arrendamento e existem tributos não pagos que incidam sobre a atividade econômica agora exercida pelo arrendatário, nada impede que estes créditos sejam exigidos do arrendante, que receberá valores por conta do negócio avençado que podem servir, inclusive, de garantia ao cumprimento da obrigação[67].

Situação diversa é se for provado que o arrendamento foi utilizado apenas como subterfúgio para a não imputação da responsabilidade tributária, na medida em que houve verdadeira aquisição do estabelecimento. Nesse caso, o negócio simulado deverá ser desconstituído, para fins de aplicação do art. 133 do CTN.

A prova da simulação dependerá muito do contexto envolvido em cada caso concreto e tem por objeto o mesmo rol de situações descritas acima, para demonstrar a aquisição do estabelecimento[68].

---

67 Cf. Juliana Furtado Costa Araujo (*Responsabilidade tributária na sucessão empresarial*: fusão, incorporação, cisão e aquisição de estabelecimentos. 2010. Tese (Doutorado em Direito) – Pontifícia Universidade Católica. São Paulo: PUCSP, 2010, p. 245).

68 Confira-se parte do voto prolatado no Acórdão n. 203-12654, da antiga Terceira Câmara do Segundo Conselho de Contribuintes: "Intimados a comprovar a relação locatícia alegada, o sujeito passivo e a empresa sucessora não apresentaram qualquer prova documental da existência da mesma. [...] Já a autoridade fiscal carreou aos autos informações e documentos

6.7.2 *Locação*

No que diz respeito à locação, entendimento diverso não pode haver: não se trata de aquisição de estabelecimento que sujeita o locatário à condição de sucessor das dívidas tributárias do estabelecimento.

A Receita Federal do Brasil reafirma este posicionamento, no Parecer Normativo CST n. 2/72, *in verbis*:

> Responsabilidade tributária por sucessão (art. 133 do CTN). Não sendo a locação meio hábil à aquisição de bens, a pessoa natural ou jurídica que figurar como locatária de máquinas ou mesmo de estabelecimento comercial ou fundo de comércio não se sub-roga nas obrigações tributárias do locador, ainda que, em decorrência de inatividade deste, sua clientela passe a ser atendida pela locatária.

Entendemos inexistir qualquer relação entre o detentor da titularidade do bem imóvel e o atual possuidor capaz de ensejar responsabilidade por sucessão, simplesmente porque não houve negócio jurídico que implicasse aquisição da propriedade[69]. Também aqui, referimo-nos a um negócio jurídico realizado sem qualquer tentativa de fraudar o Fisco. Mas se, por meio de um contrato de locação, pretender-se realizar uma verdadeira operação de aquisição

---

suficientes para caracterizar a continuidade da atividade de industrialização de grãos pela empresa Tio Jorge Distribuidora. Senão vejamos: 1) esta empresa utiliza o mesmo nome de fantasia do sujeito passivo e a mesma marca do principal produto vendido pelo sujeito passivo, qual seja o arroz Tio Jorge, sem que tenha sido comprovada a transferência ou cessão da marca entre as partes; 2) os livros contábeis e a documentação fiscal do sujeito passivo estavam arquivados nos estabelecimentos da Tio Jorge Distribuidora; 3) os sócios do sujeito passivo são os mesmos da Tio Jorge Distribuidora; 4) os Auditores-Fiscais foram sempre atendidos no escritório da Tio Jorge Distribuidora, sendo que estavam fiscalizando o sujeito passivo; 5) A contadora da Tio Jorge Distribuidora era funcionária do sujeito passivo até a sua extinção. Frise-se que em momento algum o impugnante contestou tais fatos e provas. O próprio fato da empresa Tio Jorge Distribuidora ter sido defendida pelo sujeito passivo nos autos, sem apresentação de defesa própria, demonstra uma relação entre as mesmas que não se restringe única e exclusivamente a um suposto contrato de locação/arrendamento".

69 "TRIBUTÁRIO. RESPONSABILIDADE POR SUCESSÃO. NÃO OCORRÊNCIA. A responsabilidade prevista no art. 133 do Código Tributário Nacional só se manifesta quando uma pessoa natural ou jurídica adquire de outra o fundo de comércio ou o estabelecimento comercial, industrial ou profissional; a circunstância de que tenha se instalado em prédio antes alugado à devedora, não transforma quem veio a ocupá-lo posteriormente, também por força de locação, em sucessor para os efeitos tributários. Recurso especial não conhecido" (REsp 108.873/SP, Rel. Ministro Ari Pargendler, Segunda Turma).

de estabelecimento, sendo a locação apenas uma via para mascarar a aquisição, tal operação deverá ser desconsiderada para fins de aplicação do art. 133 do CTN.

6.7.3 Venda segregada de ativos

A fim de evitar a responsabilidade por sucessão, alguns negócios jurídicos são realizados segregadamente, ao longo do tempo. Transferem-se a carteira de clientes (ou parte relevante dela), alguns maquinários (os fundamentais para a industrialização) e funcionários (normalmente os imprescindíveis para o negócio, tais como os dos departamentos comercial e técnico). Ambas as sociedades permanecem existindo, por isso não haveria que se falar em sucessão tributária integral (art. 133, I). A alienante dos bens permanece proprietária dos ativos que não mais permitem a continuidade do negócio, ao passo que a adquirente passa a ser detentora dos indispensáveis à atividade.

Tratemos da polêmica envolvendo a aquisição da carteira de clientes. Inicialmente, adotemos a ressalva bem colocada por Juliana Furtado Costa Araujo[70]:

> Tecnicamente, não há que se falar em alienação de clientela, pois ela não se constitui em bem imaterial de propriedade do empresário ou da sociedade empresária, que possa ser utilizado segundo sua livre vontade. Configura-se como uma situação fática, identificada com o grupo de indivíduos que mantém relações com quem explora o estabelecimento empresarial, dotada de valor econômico, de maneira que inexiste a possibilidade de sua propriedade ser atribuída a uma pessoa específica.

A clientela confere mais-valia ao negócio e, embora rigorosamente não possa ser vendida, é intangível, muitas vezes transferida a terceiros em função da possibilidade da continuidade dos contratos existentes, em que a sub-rogação de direitos não é vedada, bem como da possibilidade de se dispor de um direito relativo ao cadastro de clientes, facilitando futura contratação entre o adquirente da carteira e os clientes do estabelecimento originário.

O que deve ser considerado, tanto aqui quanto em todas as demais situações de alienação segregada, é avaliar se se trata de mera compra de um ativo

70 ARAUJO, Juliana Furtado Costa. *Responsabilidade tributária na sucessão empresarial*: fusão, incorporação, cisão e aquisição de estabelecimentos. 2010. Tese (Doutorado em Direito) – Pontifícia Universidade Católica. São Paulo: PUCSP, 2010, p. 253.

isolado, que não afetará a atividade desenvolvida pelo alienante, ou se há uma velada aquisição de estabelecimento empresarial, pelo fato de a carteira de clientes, maquinários, funcionários etc. representar sua própria existência. Se for demonstrada a impossibilidade de continuação da atividade do estabelecimento alienante (os bens que remanesceram não são capazes de garantir a continuidade de sua atividade empresarial, por serem secundários e incapazes de manter os atributos que o estabelecimento necessita para subsistir), tratar-se-á de venda e aplicação da norma de sucessão. Em sentido oposto, não.

6.8 Arbitramento da base de cálculo dos tributos

O agente administrativo detém competência para estabelecer um critério especial para a prática do lançamento: o lançamento por arbitramento, espécie do gênero lançamento de ofício, tendente a avaliar preços, bens, serviços ou atos jurídicos, sempre que inexistirem documentos ou declarações do contribuinte, ou que, embora existentes, não mereçam fé.

Lançamento é tanto procedimento quanto ato-norma produzido pela Administração. Pela primeira acepção, constitui-se no procedimento de apuração do fato jurídico que dá nascimento à relação jurídica tributária, em que o sujeito passivo obriga-se a cumprir determinada prestação, representada pelo pagamento de quantia em dinheiro, em benefício do sujeito ativo. A quantia pela qual se obriga é determinada pela aplicação da alíquota prevista em lei sobre a base de cálculo.

Já como ato-norma, é norma individual e concreta que descreve no antecedente o fato jurídico e prescreve, no consequente, a relação jurídica tributária. O antecedente é o suporte físico de fato jurídico típico provado de forma direta ou indireta; já o consequente deverá contemplar a base de cálculo originária, indiretamente provada.

Assim, o lançamento por arbitramento pode tanto constatar de forma direta, no antecedente da norma, a ocorrência do fato jurídico tributário e arbitrar, no consequente, a base calculada do tributo, quanto, na impossibilidade de constatação direta do fato, ter por indiretamente conhecida a ocorrência do fato e arbitrar o valor da base calculada, havendo, com isso, presunção do fato jurídico e arbitramento da base calculada. Seja como for, o importante é que o arbitramento, na qualidade de ato-norma, refere-se somente ao consequente da norma individual e concreta e, na de procedimento, à sucessão de atos tendentes a apurá-lo.

O fundamento de validade do lançamento por arbitramento é o art. 148 do CTN, que estabelece que quando o cálculo do tributo tenha por base, ou tome em consideração, o valor ou o preço de bens, direitos, serviços ou atos jurídicos, a autoridade lançadora arbitrará aquele valor ou preço, sempre que sejam omissos ou não mereçam fé as declarações ou os esclarecimentos prestados, ou os documentos expedidos pelo sujeito passivo ou pelo terceiro legalmente obrigado, ressalvada, em caso de contestação, avaliação contraditória, administrativa ou judicial.

Assim, o arbitramento do valor ou preço de bens, direitos, serviços e atos jurídicos poderá validamente ocorrer sempre que o sujeito passivo, ou terceiro legalmente obrigado, não prestar declarações ou esclarecimentos, não expedir os documentos a que esteja obrigado e prestar declarações ou esclarecimentos que não mereçam fé, ou expedir documentos que também não a mereçam.

Diante dessas características, verifica-se, primeiramente, que o arbitramento é dotado de caráter *excepcional* e só deve ser exercido em casos extremos, já que a base de cálculo originária é a que deve ser utilizada, por ser a prevista na regra-matriz de incidência tributária e por guardar, a princípio, relação direta com as riquezas constitucionalmente previstas. Desdobramento necessário dessa conclusão é que, se apresentados esclarecimentos e declarações e expedida documentação na forma da lei sem vícios que a desclassifiquem, a prova encontra-se a favor do contribuinte, cabendo à autoridade administrativa a comprovação da inveracidade dos fatos informados ou registrados.

O que a documentação idônea impede é a substituição da prova direta pela indiciária. A existência de documentação regular impede a aplicação do arbitramento, sem afastar, entretanto, o dever-poder de o Fisco questionar a veracidade dos dados constantes da documentação, podendo, no caso de serem constatadas irregularidades, lançar de ofício o montante até então não levado à tributação. Por outro lado, se for impossível ao Fisco reconstituir, por causa dos vícios constantes desses suportes físicos, a prova de que necessita, o arbitramento é cabível.

Para que o lançamento por arbitramento não incorra em nenhuma inconstitucionalidade, por exemplo, confiscar o patrimônio do contribuinte, a observância dos princípios da razoabilidade, da proporcionalidade e da capacidade contributiva, quando da elaboração dos enunciados gerais e abstratos e individuais e concretos, faz-se imperiosa.

Ocorre que, em face do elevado grau de subjetividade próprio desses princípios constitucionais, muitas vezes o controle do ato-norma jurídico de arbitramento é tarefa das mais árduas. Visando a diminuir essa subjetividade, elencamos os seguintes critérios objetivos, passíveis de serem adotados em grande parte das vezes:

(i) O ato jurídico de arbitramento deve ser sempre motivado, permitindo com isso o controle de sua constitucionalidade e legalidade, e possibilitando o efetivo exercício do contraditório por parte do contribuinte. Por motivação deve-se entender tanto a indicação dos fundamentos legais que ampararam o arbitramento, como os pressupostos de fato incorridos pelo contribuinte. Os fatos ensejadores, no caso concreto, da competência de arbitrar, devem estar minuciosamente descritos.

(ii) Antes do arbitramento, o contribuinte deve ser intimado para sanar, em prazo razoável e desde que possível, as irregularidades constantes dos documentos fiscais[71].

(iii) Os dados que serviram de base para o arbitramento devem estar descritos. Assim, por exemplo, o nome dos empregados e todas as contas em que foram escriturados os pagamentos a eles efetuados, seja como remuneração, seja como comissão ou reembolso de despesas, devem constar do lançamento.

(iv) Os números e dados utilizados pela fiscalização devem ser obtidos a partir dos documentos do próprio contribuinte. Caso essas informações não sejam conhecidas, deve-se procurar efetuar o arbitramento comparativamente com empresas do mesmo setor[72] e região, segundo valores médios alcançados no mercado local.

(v) Sempre que necessária a utilização de médias, a fiscalização deve procurar considerar o maior período de tempo possível, pois, diante das inúmeras alterações que ocorrem na economia, poucas empresas mantêm-se estáveis com relação ao número de empregados, faturamento e lucro. A utilização de períodos longos permite, a princípio, contemplar essas oscilações.

(vi) Quando houver confronto de grandezas de um exercício para o outro, o agente deverá observar se a atividade exercida pelo contribuinte permaneceu estável, dando margem, se positivo, a uma razoável probabilidade de manutenção do faturamento.

(vii) Se a receita bruta for conhecida, deverá preferencialmente ser utilizada em conjunto com outros elementos de que o Fisco dispõe; se desconhecida, caberá ao Fisco, a seu critério, optar entre as grandezas previstas em lei, como aptas ao arbitramento, tais como valor do ativo, capital social, patrimônio líquido, folha de pagamentos de empregados, compras, aluguel das

---

71 Cf. diversos acórdãos do Primeiro Conselho de Contribuintes, dentre eles o de n. 101-80231/90 ("*Livro Diário* – Sujeita-se ao arbitramento do lucro a empresa que não escritura na forma legal o Diário, *inobstante durante a fiscalização lhe tenha sido concedido, para tanto, prazo razoável*") (destaques do autor).

72 "Em caso de comprovada sonegação, o arbitramento do lucro por confronto com outras empresas, que desenvolvem atividades similares, não viola o RIR – Regulamento do Imposto de Renda. Agravo Regimental desprovido. Decisão Unânime" (Primeira Turma do STJ, Acórdão n. 900012369-0, Relator Ministro Demócrito Reinaldo).

instalações, lucro líquido auferido pelo contribuinte em períodos-base anteriores, sinais exteriores de riqueza, custo da mercadoria, movimentos diários de vendas, área construída, padrão de execução da obra, ofertas de venda no mercado imobiliário e locações correntes. O ato discricionário de escolha deverá levar em conta, além das grandezas legalmente previstas, o tributo cuja base de cálculo está sendo arbitrada, o contexto que envolve o contribuinte e a atividade econômica por ele exercida.

(viii) Os dados da matriz ou de uma das filiais do contribuinte constituem-se em elementos relevantes, caso a fiscalização não disponha de informações específicas para o estabelecimento fiscalizado, mas não deverão ser isoladamente considerados, caso esse estabelecimento encontre-se em região substancialmente diversa ou as características de cada um desses estabelecimentos (número de empregados, clientes, produção, área ocupada etc.) forem sabidamente distintas.

(ix) Da obrigação exigida mediante a aplicação da alíquota legalmente prevista sobre a base de cálculo arbitrada, deverá ser abatido todo o imposto já recolhido, bem como deverão ser efetuadas todas as deduções legalmente permitidas (compensações, despesas etc.)[73].

(x) Os tomadores de serviços ou adquirentes das mercadorias devem ser fiscalizados para, junto aos mesmos, apurarem-se dados que possam conduzir à identificação da base de cálculo. A fiscalização nesses contribuintes, salvo se também portadores de documentação inidônea, ou mesmo se desprovidos de documentação, permitiria a identificação do número de notas fiscais de prestação de serviços ou de venda de mercadorias emitidas em determinado período, o número de meses do período de apuração, a média emitida por mês e, finalmente, o valor médio de cada nota fiscal emitida.

(xi) Os índices artificiais de produtividade, construídos a partir do levantamento dos insumos, matérias-primas e produtos intermediários adquiridos pelo produtor, segundo a média da produtividade existente para o setor, são normalmente elementos seguros.

(xii) O Cadastro Nacional de Informações Sociais – CNIS, a Relação Anual de Informações Sociais – RAIS e o Fundo de Garantia por Tempo de Serviço – FGTS devem identificar o número de funcionários empregados pelo contribuinte e a respectiva massa salarial.

---

73 Segundo decisão da 4ª Turma do TRF da 1ª Região (processo n. 0125084, Relator Desembargador Gomes da Silva, v.u.), "3. O poder-dever outorgado ao Fisco de arbitrar o rendimento tributável das explorações agropastoris, quando o contribuinte não mantiver escrituração contábil dos resultados dessa exploração, não o investe de arbítrio para, sem observância do princípio da legalidade, proceder a lançamento suplementar embasado em meras presunções, desconsiderando documentação idônea do contribuinte relativo às despesas realizadas no imóvel".

Por sua vez, o sujeito passivo poderá defender-se do arbitramento impugnando a legalidade daquela norma individual e concreta (ausência de motivação, aspectos formais etc.), bem como utilizando-se de todas as provas em direito admitidas, ainda que a mais eficaz certamente seja a documental, seguida da pericial. A prova poderá voltar tanto para a inocorrência fática do evento descrito no fato jurídico tributário, quanto para a não configuração dos pressupostos de arbitramento ou a incorreição dos valores constantes da base calculada arbitrada. Vejamos o que pode ser analisado:

> (i) Se estão indicados, na norma individual e concreta de constituição do crédito, todos os dados e documentos utilizados para aferição dos valores arbitrados. Em caso negativo, o lançamento poderá estar cerceando o exercício da ampla defesa e do contraditório.
> (ii) Se todos os documentos solicitados foram fornecidos à fiscalização. Se não, procurar anexá-los na defesa administrativa ou no decorrer do processo.
> (iii) Se o critério adotado pelo Fisco para o arbitramento é muito oneroso e desprovido de razoabilidade, considerando o capital social, o faturamento, o lucro e a própria capacidade operacional da empresa.
> (iv) Se a contabilidade registra a remuneração real dos segurados a serviço do contribuinte, bem como o faturamento e o lucro do mesmo. Em hipótese positiva, provar tais fatos.
> (v) Se a infração cometida consistiu apenas em atraso na escrita ou na entrega de declarações, o que não é considerado antecedente da norma jurídica que tem como consequente o dever de o Fisco efetuar o lançamento por arbitramento, mas tão somente daquela que prevê a aplicação de multa decorrente de descumprimento de deveres instrumentais. Tal fato adquire relevância ainda maior se existirem, na empresa, outros documentos que permitam à fiscalização conhecer o fato[74].
> (vi) Se a documentação irregular poderia ter sido desconsiderada, uma vez que os vícios dela constantes são insignificantes, se comparados ao número de lançamentos contábeis efetuados ou documentos fiscais emitidos.

---

74 Nesses termos, a decisão da 3ª Turma do TRF da 1ª Região (proc. n. 0121164, Relator Desembargador Vicente Leal, v.u.): "Tributário. Imposto de Renda. Atraso na escrita contábil. Arbitramento do lucro. Havendo nos autos elementos concretos provando que foi feita a escrita contábil, embora tardiamente, não se legitima o arbitramento do lucro, presentes elementos concretos que permitam a apuração do lucro real, ou prejuízo, conforme perícia a ser determinada *ex officio* na escrita contábil da empresa. Aplicação da Súmula 76 do ex-TFR. Imposição ao juiz de tentar a busca da verdade substancial, a fim de que a sentença não cometa eventual injustiça a qualquer das partes. Apelação provida para anular o processo a partir da sentença, a fim de que outra seja proferida após regular perícia contábil".

(vii) Se, mesmo diante de omissão de receitas, o contribuinte teve prejuízo, não alterado em virtude dessas receitas, hipótese em que não se faz possível exigir o pagamento de tributos incidentes sobre a renda e o lucro[75].

(viii) Se a fiscalização utilizou-se de exercícios em que a atividade do contribuinte foi atípica, comprometendo a validade da média.

(ix) Se foi realizado o abatimento de pagamentos efetuados e devidamente comprovados, estando, eventualmente, o conta-corrente do sujeito ativo também considerando os débitos como extintos.

(x) Se o recolhimento foi feito de forma descentralizada, hipótese em que o dever de arbitrar a base de cálculo dos tributos devidos por um dos estabelecimentos não confere à Administração o direito de arbitrar a base de cálculo de toda a pessoa jurídica.

(xi) Se determinado documento foi considerado bom para auferir, por exemplo, a média salarial paga pela empresa a seus funcionários, caso em que deverá também sê-lo para identificar o número de funcionários por ela empregados. O documento não pode ser considerado hábil para provar apenas números de interesse da fiscalização[76], a menos que haja alguma razão comprovadamente justificada para excepcionar tal regra.

(xii) Se os números considerados pela fiscalização são irreais, mediante a comprovação de que o número de vínculos constantes no sistema CNIS não lhe pertence, ou que estavam incorretos, considerando-se a RAIS e o FGTS. Poderá ser provado, ainda, que alguns empregados relacionados, para se obter a média de vínculos trabalhistas, já haviam rescindido o contrato de trabalho, comprometendo a validade da média pretendida.

(xiii) Se inexiste pessoalidade, subordinação e não eventualidade na prestação dos serviços, a fim de descaracterizar o prestador como sendo empregado. A inobservância desses requisitos não necessita ser cumulativa para a descaracterização, já que o sujeito só poderá ser considerado trabalhador se cumprir, aí sim cumulativamente, com todos eles.

---

75 Conforme decisão da 4ª Turma do TRF da 3ª Região (proc. n. 03009597, Relatora Desembargadora Lucia Figueiredo), temos o seguinte: "Execução fiscal. Embargos. Imposto de Renda. Alegada omissão de receitas. Decreto-lei n. 1.648/78. I. Lucros não poderiam ser arbitrados se a empresa apresentava prejuízos reiterados, confirmados por perícia. II. O lançamento por arbitramento só tem lugar se não cumpridas as formalidades legais dentre elas, a irregularidade da escrita, inocorrente no caso. III. Remessa oficial desprovida. Sentença confirmada".

76 Decidiu a 4ª Turma do TRF da 1ª Região (processo n. 0125084, Relator Desembargador Gomes da Silva, v.u.) que "[...] 2. O lançamento, por arbitramento, somente se processa quando sejam omissos ou não mereçam fé as declarações ou esclarecimentos prestados, ou os documentos expedidos pelo sujeito passivo (art. 148, do CTN) [...] 4. Age com arbítrio a autoridade fiscal que aceita as informações e documentos do contribuinte sobre sua receita bruta e as despreza quando relativas às suas despesas e investimentos no imóvel. 5. Comprovando a perícia esses fatos, anula-se o lançamento arbitrário realizado. 6. Remessa desprovida".

(xiv) Se existem documentos, tais como notas fiscais de prestação de serviço, guias de recolhimento da Previdência Social, guias de recolhimento de ISS e contrato de prestação de serviço, provando a ausência de vínculo trabalhista.

(xv) Se existe ação judicial proposta, não obstante o fato de sua propositura não implicar o reconhecimento da declaração do direito pleiteado. Em outras palavras, o fato de terem sido propostas diversas ações contra o contribuinte, buscando o reconhecimento de vínculos trabalhistas, não significa que o Poder Judiciário irá reconhecê-los. Isso porque muito embora possa ter havido conciliação entre as partes, com reconhecimento pelo reclamado de vínculo trabalhista, poderá também ter havido conciliação por mera liberalidade do reclamado, sem o reconhecimento do vínculo, ou, ainda, a não conciliação e o não reconhecimento do vínculo pelo juiz, autoridade competente para decidir a lide no caso concreto. Por isso, um mero extrato obtido em cartório distribuidor da Justiça do Trabalho não pode servir de supedâneo para a aferição de vínculos trabalhistas.

6.9 Documentos emitidos por terceiros

Não raramente contribuintes são fiscalizados e autuados, por conta da incompatibilidade entre as informações por eles prestadas e as formalizadas por terceiros, com os quais mantêm alguma relação jurídica. Referimo-nos às declarações de imposto de renda retido na fonte – DIRF e de pessoa física – DIRPF, notas fiscais, recibos, contratos, declarações de vendas fornecidas por instituições financeiras e administradoras de cartões de crédito ou débito etc.

O valor probatório de documento emitido por terceiro é relativo, tendo em vista que não se pode imputar consequências jurídicas a uma pessoa por conta daquilo que não declarou e que não confessa ter praticado. Esses documentos, entretanto, assumem vital importância quando analisados dentro de um conjunto probatório que indique ter ocorrido a ocultação, total ou parcial, de fato jurídico relevante. Vejamos a linha da jurisprudência administrativa:

> IRPF – RENDIMENTOS OMITIDOS – COMPROVAÇÃO. Cumpre ao Fisco fazer prova da omissão de rendimentos atribuída ao contribuinte. A Declaração do Imposto de Renda na Fonte – DIRF, por si só, não faz prova bastante da omissão, constituindo-se indício. Se o contribuinte contestar as informações da DIRF, negando o recebimento dos valores declarados pela fonte pagadora, cabe à fiscalização diligenciar junto à empresa e obter a comprovação dos pagamentos declarados; do contrário, a exigência deve ser cancelada (Primeiro Conselho de Contribuintes – Segunda Câmara – Processo n. 10630.000845/00-24).

Interessante registrar, ainda, que o Judiciário considera que declarações prestadas por terceiros equivalem à prova testemunhal, e, se colhidas sem o crivo do contraditório e não analisadas juntamente com outros elementos, não podem prevalecer[77]:

> PREVIDENCIÁRIO. RESTABELECIMENTO DE BENEFÍCIO DE APOSENTADORIA POR IDADE. ATIVIDADE RURAL. AUSÊNCIA DE PROVA MATERIAL. – Competência da Justiça Federal. Inteligência do art. 109, § 3º, da Constituição Federal. – A atividade rural deve ser comprovada por meio de indício razoável de prova material aliada à prova testemunhal. – Declaração de terceiro colhida em procedimento administrativo não pode ser considerada como início de prova material, pois equivale a depoimento de testemunha, colhido sem o crivo do contraditório e distante da atividade jurisdicional. – Beneficiária da assistência judiciária gratuita, descabe a condenação do autor ao pagamento da verba honorária e custas processuais. Precedentes da Terceira Seção desta Corte. – Matéria preliminar rejeitada. Apelação provida para reformar a sentença e julgar improcedente o pedido (TRF3 – Apelação Cível n. 380007 – Oitava Turma – Rel. Des. Federal Therezinha Cazerta).

Consideramos acertada a dimensão dada a esta prova pela jurisprudência.

6.10 Grupo econômico

O direito societário brasileiro regulamenta expressamente apenas o grupo econômico de direito, também denominado convencional, formalmente constituído entre a sociedade controladora e as por ela controladas, por meio de convenção arquivada perante o registro do comércio, em que as sociedades se obrigam a combinar recursos e esforços para a realização dos respectivos

---

77 No mesmo sentido: "PREVIDENCIÁRIO. AVERBAÇÃO DE TEMPO DE SERVIÇO RURAL. PROVA TESTEMUNHAL. DECLARAÇÃO DO EMPREGADOR FIRMADA EM 1994. VALIDADE PROVA MATERIAL POR CONTEMPORÂNEA AOS FATOS. I. 'Não é admissível prova exclusivamente testemunhal para reconhecimento de tempo de exercício de atividade urbana e rural (Lei n. 8.213/91, art. 55, parágrafo 3º. Súmula n. 27/TRF-1ª Região. II. A prova exclusivamente testemunhal não basta à comprovação de atividade rurícola, para efeito da obtenção de benefício previdenciário' (Súmula n. 149/STJ). III. Em princípio, declaração firmada por terceiros, mesmo que empregador, equivale a prova testemunhal. IV. Firmada a declaração em 1994, pretendendo a parte autora provar trabalho entre 1988 e 1994 tal declaração passa a ser contemporânea aos fatos. V. Remessa Oficial e Apelação do INSS improvidas, sentença de reconhecimento do tempo de serviço mantida" (TRF1 – Acórdão 45077 – Segunda Turma – Rel. Juiz Jirair Aram Meguerian).

objetos sociais, ou para participar de atividades ou empreendimentos em comum (art. 265 combinado com o art. 271 da Lei n. 6.404/76).

A legislação societária vigente nada dispõe sobre o grupo econômico "de fato", reconhecido pelo direito brasileiro mas não formalizado por meio de convenção firmada entre as sociedades que o compõem. O direto societário apenas explicita o que entende por sociedades controladoras, controladas e coligadas, além de vedar a participação recíproca entre sociedades e de prever a responsabilidade dos administradores dessas sociedades por descumprimento de obrigação legal ou contratualmente a eles imposta (arts. 1.097 a 1.101 da Lei n. 10.406/2002 e arts. 243 a 246 da Lei n. 6404/76).

Os tribunais brasileiros, por sua vez, reconhecem a existência não só dos grupos econômicos de direito, mas também dos grupos econômicos de fato, constituídos por sociedades controladas e coligadas, assim como por aquelas que, independentemente desses vínculos, se relacionarem por meio da existência de controle, administração ou direção entre as sociedades envolvidas.

6.10.1 Grupo econômico de direito (ou convencional)

Conforme visto acima, o art. 265 da Lei n. 6.404/76 autoriza expressamente a constituição formal de grupo econômico entre a sociedade controladora e suas controladas, por meio de convenção que deverá atender a todos os requisitos contemplados no art. 269 da mesma lei, dentre eles as relações que serão firmadas entre essas sociedades, a estrutura administrativa do grupo e a coordenação ou subordinação dos administradores das sociedades que o compõem.

A sociedade controladora ou de comando do grupo econômico deverá, necessariamente, ser brasileira. Deverá, ademais, exercer, direta ou indiretamente e de modo permanente, o controle das demais sociedades participantes do grupo, na condição de titular de direitos de sócio ou, ainda, mediante acordo firmado com outros sócios-cotistas ou acionistas (§1º, art. 265, da Lei n. 6.404/76).

Determina o art. 266 da Lei n. 6.404/76, por sua vez, que as sociedades integrantes do grupo econômico convencional manterão personalidade jurídica e patrimônio distintos umas das outras.

A representação das sociedades integrantes do grupo perante terceiros, salvo disposição expressa e em sentido contrário na convenção do grupo, caberá exclusivamente aos administradores de cada uma delas e será exercida de acordo com o previsto em seus respectivos contratos e estatutos sociais (art. 272 da Lei n. 6.404/76).

Pelo fato de o grupo econômico possuir objeto próprio (promoção do interesse geral do grupo), ele se sobreporá aos interesses individuais das sociedades que o compõem, por força do contrato firmado entre elas. Por tal razão, o grupo terá uma administração própria e os administradores das sociedades que o compõem deverão observar as orientações emanadas pela sociedade controladora.

6.10.2 Grupos econômicos de fato

Os grupos econômicos de fato – que certamente são também de direito, por serem juridicamente reconhecidos como tal – podem ser classificados em duas espécies: (i) com unicidade de controle e direção identificada a partir de *relações societárias* (sociedades controladoras/controladas e coligadas) e (ii) o *presumido* a partir da identificação de direção comum e subordinação. Vejamos cada um deles.

- **Grupo econômico de fato por relações societárias**

A primeira espécie de grupo econômico de fato é aquela existente entre sociedades que estão relacionadas em decorrência da participação que uma possui no capital social das outras, sem que haja, todavia, um acordo formal sobre sua organização jurídica, administrativa e obrigacional. Por inexistir regulamentação específica, às sociedades dele integrantes deve ser conferido tratamento jurídico autônomo, como se agissem de forma isolada.

Fábio Ulhoa Coelho[78], ao explicar o que são grupos de fato, afirma:

> *Os grupos de fato se estabelecem entre sociedades coligadas ou entre controladora e controlada. Coligadas são aquelas em que uma tem influência significativa sobre a outra, sem, contudo, controlá-la. Já controladora é aquela que detém o poder de controle de outra companhia.*

Dado que o controle é a característica necessária aos grupos econômicos, podemos ainda acrescentar às nossas reflexões a lição de Modesto Carvalhosa[79]:

> *"O controle acionário de uma companhia pode ser exercido de forma 'indireta' quando a 'fonte do poder' de controle é constituída pelas 'relações de participação' entre duas ou mais sociedades. No caso, a 'relação de poder' não é parte da estrutura interna de uma companhia, mas de um grupo de sociedades, de fato ou de direito. O 'poder de controle' deriva de relações societárias entre as companhias e é exercido, 'indiretamente', pelos órgãos sociais de outra companhia."*

---

78 *Manual do direito comercial – Direito da empresa*, p. 256.

79 *Comentários à lei das sociedades anônimas*, p. 222.

Portanto, para a configuração de grupo econômico de fato por relações societárias é necessário que (i) uma das sociedades tenha influência significativa na outra, sem controlá-la (coligada), ou (ii) uma das empresas seja titular de direitos de sócio sobre as outras que lhe assegure, de modo permanente, preponderância nas deliberações sociais, em especial o de eleger a maioria dos administradores (artigo 116, *a*), hipótese em que será considerada a sociedade controladora.

De acordo com o § 2º do artigo 243 da Lei n. 6.404/76, e com o artigo 1.098 do Código Civil, sociedades controladoras são aquelas que detêm, direta ou indiretamente, participação em outra sociedade, em proporções suficientes para assegurar às primeiras a maioria dos votos em reuniões ou assembleias de sócios e o poder de eleger a maior parte dos administradores desta sociedade (controlada). Sociedades controladas, por outro lado, são aquelas em que a maior parte de seu capital votante é detido por uma sociedade controladora e a maioria de seus administradores são eleitos por esta (controladora).

O conceito de sociedades coligadas, por sua vez, é definido no artigo 1.099 do Código Civil, que dispõe ser "coligada ou filiada a sociedade de cujo capital outra sociedade participa com dez por cento ou mais, do capital da outra, sem controlá-la."

Já a Lei n. 6.404/76 considera serem sociedades coligadas aquelas nas quais a investidora tenha influência significativa, ou seja, quando a investidora detenha ou exerça o poder de participar das decisões políticas, financeiras ou operacionais da investida, sem, no entanto, controlá-la. Finalmente, o direito societário determina como critério de presunção de influência significativa, a participação da investidora igual ou superior a 20% (vinte por cento) no capital votante da investida, sem, contudo, controlá-la (§§ 1º, 4º e 5º do artigo 243).

Por fim, prevê o artigo 245 da Lei n. 6.404/76 que os administradores das sociedades controladoras, controladas e coligadas não podem, em prejuízo da sociedade que administram, favorecer a sociedade controladora, controlada ou coligada, devendo agir sempre de acordo com os interesses da sociedade por eles administrada. As operações realizadas entre as sociedades componentes do mesmo grupo econômico de fato deverão observar condições estritamente comutativas ou com pagamento compensatório adequado, sob pena de os administradores responderem pessoalmente pelas perdas e danos ocasionados à sociedade que administram. Igual responsabilidade terá a sociedade controladora pelos atos praticados em violação do disposto nos artigos 116 e 117 da Lei n. 6.404/76.

- **Grupo econômico de fato presumido**

No caso do grupo econômico de fato presumido, as sociedades não são coligadas e tampouco controladoras/controladas, mas, em função da *unicidade de controle*, conclui-se pela formação do grupo.

É relevante observar que, apesar da administração única, as sociedades efetivamente existem. Não se trata de um único negócio, não há simulação, não há independência meramente formal das pessoas jurídicas.

De acordo com a legislação trabalhista (Decreto-lei n. 5.452/43, artigo 2º § 2º), "sempre que uma ou mais empresas, tendo, embora, cada uma delas, personalidade jurídica própria, estiverem sob a direção, controle ou administração de outra, constituindo grupo industrial, comercial ou de qualquer outra atividade econômica, serão, para os efeitos da relação de emprego, solidariamente responsáveis a empresa principal e cada uma das subordinadas."

Já a legislação tributária federal define infralegalmente os grupos econômicos de fato por presunção. Segundo o artigo 494 da Instrução Normativa RFB n. 971/2009, "Caracteriza-se grupo econômico quando 2 (duas) ou mais empresas estiverem sob a direção, o controle ou a administração de uma delas, compondo grupo industrial, comercial ou de qualquer outra atividade econômica."

Como o controle nem sempre é reconhecido pelos seus membros, faz-se necessária a construção de um conjunto probatório indiciário forte, preciso e concordante para sustentar a presunção. Tais indícios consistem, precipuamente, na identificação das seguintes situações:

- Formação de quadro societário por parentes ou conhecidos próximos (e não pelas mesmas pessoas, a fim de não qualificar o grupo como sendo "de fato por relações societárias")
- Identidade de administradores
- Estrutura administrativa compartilhada
- Identidade de logomarcas e páginas da internet
- Fatos relatados em reclamações trabalhistas
- Responsáveis perante as instituições financeiras

Trata-se de presunção *relativa* passível de desconstrução no curso do processo, quando a ampla defesa for exercida. Obviamente que, de forma isolada, tais indícios são irrelevantes para a comprovação da existência de grupos econômicos. E a ausência de alguns deles é igualmente irrelevante. O *controle* é o dado decisivo, e os fatos acima descritos colaboram para o convencimento de que ele encontrava-se presente entre as pessoas jurídicas envolvidas.

A pergunta que então se coloca é a seguinte: poderia o direito reconhecer a existência do grupo com base apenas no conjunto indiciário acima?

Entendemos que sim, tendo em vista a premissa de que, para que exista um grupo econômico de fato, deve-se comprovar a existência de controle unificado entre pessoas jurídicas existentes. E tal prova pode dar-se de forma direta ou indireta (presunções).

Portanto, há grupo econômico quando existir controle, administração ou direção entre as sociedades envolvidas – que existem efetivamente e não são fictícias, devendo o contribuinte provar, se for o caso, que há propósito negocial nas empresas, que elas operam efetivamente, possuem empregados, contratam terceiros, realizam acordos comerciais e prospectam novos negócios – independentemente dos vínculos societários existentes entre as partes. E não há quando esses requisitos não se revelarem presentes.

6.10.3 Da imprescindível distinção entre separação societária meramente formal ("grupo econômico irregular") e grupos econômicos de fato

Faz-se necessário estabelecer uma diferenciação entre sociedades fictícias – também denominados "grupos econômicos irregulares – e grupos econômicos de fato, porque a constante e equivocada equiparação dessas duas realidades vem provocando a incorreta aplicação da responsabilidade tributária, tal como ocorre com acórdãos que afastam a prescrição intercorrente, por entenderem que o negócio é único ("tudo uma coisa só"). E também quando o artigo 50 do Código Civil é aplicado na hipótese de autonomia fictícia da personalidade jurídica.

Recorrentemente são considerados integrantes de um mesmo grupo econômico sociedades sobre as quais paira a acusação de inexistência de autonomia patrimonial, operacional e laboral. Nesses casos, em que a separação societária é meramente formal e a simulação da autonomia é comprovada, as sociedades juridicamente distintas são, na verdade, uma só. E justamente por isso elas não poderiam ser consideradas integrantes de um grupo econômico de fato, pois, para tanto, é necessário que se tenha *ao menos duas sociedades efetivamente existentes* e unidade de direção.

A Receita Federal do Brasil, por meio do Parecer Normativo COSIT/RFB n. 04/18, procura distinguir essas duas situações jurídicas, ao afirmar o seguinte: "Nessa toada, há que se ter a comprovação pela fiscalização da existência de grupo irregular, que, repita-se, não se confunde com o grupo econômico de fato legítimo". (item 25, fls. 13.)

A jurisprudência, entretanto, ainda não se atentou para essa distinção. São infindáveis as decisões que, embora considerem tratar-se de uma única empresa (separação societária meramente formal), qualificam o caso como sendo de "grupo econômico de fato", e a ele aplicam todo um conjunto normativo inadequado. Chega-se a considerar que "a caracterização de grupo econômico impõe a demonstração de que a empresa devedora pertence a grupo de sociedades sob o mesmo controle e com estrutura meramente formal."[80] Ora, por que a estrutura meramente formal seria elemento caracterizador de um grupo econômico? Mais que isso: como uma estrutura meramente formal poderia implicar o reconhecimento da existência de um grupo econômico, que obrigatoriamente pressupõe duas ou mais sociedades efetivamente existentes?

Com a devida vênia, ao equiparar situações tão distintas, estão sendo formados na jurisprudência precedentes que não poderiam ser utilizados para ambas as situações. Exemplo típico é a afirmação de que "não é a cabível a prescrição intercorrente para o redirecionamento da execução fiscal aos grupos econômicos", ou se aplicar o artigo 50 do Código Civil, que afasta apenas provisoriamente a autonomia patrimonial das sociedades envolvidas.

A decisão a seguir, do TRF da 3ª Região (AC n. 90030190143), retrata o equívoco a que nos referimos:

> *IV – Pelos documentos dos autos, as empresas executada e embargante apresentam identidade ou grande semelhança de ramo de atividade, local de sede e quadro societário, sendo ambas representadas na execução e nestes embargos por um mesmo sócio, circunstâncias estas não infirmadas pela embargante-apelante, tudo revelando tratar-se de uma única empresa, senão até uma possível fraude, aplicando-se a teoria da desconsideração da personalidade jurídica das empresas (Código Civil, art. 50), sendo a embargante a responsável pelo crédito em execução, por ele respondendo com seu patrimônio.*
> *V – A situação descrita assemelha-se à de uma fusão de empresas prevista no artigo 132 do CTN, embora na realidade se trate de uma única empresa que abusa da personalidade jurídica como se houvesse duas empresas distintas, conduta que o direito coíbe e a justiça rejeita, sob pena de burla a direito de terceiros.*

Sem prejuízo da análise que cada caso concreto requer, exemplificamos abaixo algumas situações que a princípio indicam que a divisão societária é meramente formal:

- Segregação apenas formal de atividades (ausência de estrutura para realização da atividade operacional e não comprovação da execução do serviço/produção);

80 REsp n. 968.564.

- Sociedades que não possuem empregados ou os possui em número insuficiente, faturam e utilizam da força de trabalho de outra sociedade;
- Sociedades que promovem entre si incessante transferência de patrimônio e alteração da estrutura societária;
- Ativos transferidos que continuam sendo usados pelo ex-proprietário por meio de contratos de locação industrial e de veículos, e arrendamentos;
- Documentos bancários que indicavam que os sócios de outra pessoa jurídica são os proprietários e os únicos autorizados a movimentar a conta (indício que também pode indicar apenas a existência de um grupo econômico presumido, a depender de todas as demais características do caso).

A confusão patrimonial, por sua vez, pode ou não significar inexistência de autonomia entre os envolvidos. Isso ocorre porque em algumas situações a confusão é tamanha que não se faz possível identificar o patrimônio, as receitas e as despesas de cada pessoa jurídica, levando a crer tratar-se de uma única sociedade de fato, separada juridicamente apenas por conveniência de seus sócios. Trata-se de típico caso de simulação.

Já na outra situação, a autonomia existe e deve ser respeitada, em que pese a personalidade jurídica poder ser desconsiderada no caso concreto, como por exemplo quando as sociedades contabilizam as despesas incorridas por uma empresa como sendo de outra, ou quando se criam empréstimos recíprocos para oficializar rendimentos ocultos. Há mistura do patrimônio e fraude, *mas não simulação.*

Nesse contexto, destacamos o entendimento de Fábio Ulhôa Coelho[81], para quem "uma sociedade desconsiderada em juízo não tem questionada a validade de seu ato constitutivo, que sequer é objeto de conhecimento judicial, no caso. A decisão que desconhece a autonomia da pessoa jurídica atinge exclusivamente a eficácia de tal ato, e, ainda assim, no episódio posto ao conhecimento do Judiciário."

É exatamente isso. *Na desconsideração não ocorre a extinção da empresa, mas sim a suspensão temporária da eficácia de seu ato constitutivo.* Com a desconsideração tem-se a preservação da sociedade e de sua atividade comercial, *o que não deve ser confundido com os atos de despersonalização,* ou seja, *a pessoa jurídica deixa de existir em função de vícios nas condições legais de sua existência e validade.*

O quadro abaixo demonstra essa importante e necessária distinção:

81 *Desconsideração da personalidade jurídica,* p. 50.

GE de fato por composição societária	GE de fato presumido	GE Irregular
Sociedades relacionadas em decorrência da participação que uma possui no capital social das outras (coligadas ou controladas), sem que haja um acordo sobre sua organização formal, administrativa e obrigacional. ✓ Deve ser conferido tratamento jurídico autônomo, como se as PJs agissem de forma isolada.	Existente quando houver *controle, administração ou direção* entre as sociedades envolvidas. ✓ Presunção relativa (importância das provas indiretas).	É o simulado. Unicidade de controle e confusão patrimonial são provas insuficientes. Deve ser demonstrada a ausência de autonomia patrimonial, operacional, laboral. ✓ Não se trata de grupo econômico, e sim simulação de personalidade jurídica. ✓ Não aplicável a desconsideração da personalidade jurídica (art. 50, CC), pois não existem duas sociedades, o "negócio" é um só.

Portanto, se as sociedades efetivamente existiam e operavam (independentemente de até existir alguma confusão patrimonial passível de ser sancionada), estaremos diante de um grupo econômico de fato presumido, que pressupõe a existência de no mínimo duas sociedades. Mas se houver simulação de autonomia jurídica (e operacional, laboral etc.), não se trata de grupo econômico de fato e é um erro assim qualificá-lo.

Importante implicação do ora exposto é que se as sociedades são simuladas, a aplicação do artigo 50 do Código Civil não seria a correta, devendo ser aplicado o inciso VII do artigo 149 do CTN para fins de responsabilização do "grupo".

Por fim, não poderíamos deixar de registrar que a comprovação da existência do grupo econômico é necessária, mas insuficiente para fins de atribuição de responsabilidade tributária (*vide* decisões do STJ no EREsp n. 859616 e REsp 1511682, bem como o Parecer Normativo COSIT 4/2018). Salvo quando houver interesse comum na situação que constitua o fato gerador da obrigação tributária, ou em certas fraudes devidamente comprovadas, a solidariedade é ilegal. Para se chegar a essa conclusão duas perspectivas precisam ser avaliadas: a normativa e a probatória.

Da perspectiva normativa deve ser identificado o fundamento de validade da atribuição de responsabilidade, tarefa de grande discordância doutrinária e jurisprudencial. Artigo 124, I ou II, do CTN? Artigo 149, VII do mesmo Código? Artigo 30 da Lei n. 8.212/91? Artigo 50 do Código Civil? Nenhuma dessas opções? Finalmente, da perspectiva probatória deve ser comprovada tanto a existência do grupo econômico, quanto as condições legais que autorizam a corresponsabilidade, nos termos acima expostos.

7 Casos práticos federais

Neste Capítulo, nossa proposta é a de tratar de casos práticos que envolvam questões relativas a tributos federais e seus reflexos, tais como o ágio, a interposição fraudulenta no comércio exterior, depósitos bancários não contabilizados, recursos movimentados no exterior sem comprovação da origem, passivo fictício, vínculo empregatício e prestação de serviços via pessoa jurídica, dentre vários outros temas.

7.1 Distribuição disfarçada de lucros

O art. 60 do Decreto-lei n. 1.598/77 e o art. 20, II, do Decreto-lei n. 2.065/83, reproduzidos no art. 528 do RIR/2018, contemplam as situações em que se verifica a denominada distribuição disfarçada de lucros.

A leitura destes dispositivos legais permite ao intérprete aferir em quais condições a realização de determinados negócios jurídicos caracteriza a intenção das sociedades empresárias de distribuir seus lucros sem, contudo, oferecer estes valores à tributação. São elas: (i) a alienação de bem do ativo da pessoa jurídica por valor manifestamente inferior ao praticado pelo mercado (inciso I); (ii) a aquisição de bem do ativo da pessoa ligada por valor manifestamente superior ao praticado pelo mercado (inciso II); (iii) a perda, em decorrência do não exercício de direito à aquisição de bem e em benefício de pessoa ligada, sinal, depósito em garantia ou importância paga para obter opção de aquisição (inciso III); (iv) a transferência, sem pagamento ou por valor inferior praticado pelo mercado, de direito de preferência à subscrição de valores mobiliários de emissão de companhia à pessoa ligada (inciso IV); (v) o pagamento realizado à pessoa ligada a título de aluguéis, *royalties* ou assistência técnica, em montante que exceda manifestamente o valor praticado pelo mercado (inciso V); e (vi) a realização de qualquer outro negócio jurídico com pessoa ligada em condições de favorecimento, ou seja, condições mais vantajosas para a pessoa ligada do que esta obteria contratando com terceiros (inciso VI)[1].

---

1 Não obstante sejam essas as hipóteses legais, importante observar que os §§ 1º e 2º de referido artigo preveem as seguintes exceções: "§ 1º O disposto nos incisos I e IV não se

No que diz respeito à taxatividade dos fatos descritos no enunciado tipificador da Distribuição Disfarçada de Lucros (DDL), a jurisprudência (Recurso Especial n. 499309, de 23-8-2004, Relator Ministro Luiz Fux) entende que a "enumeração das hipóteses de distribuição disfarçada de lucro é taxativa no direito brasileiro". Desta forma, ainda que a realização de determinados negócios jurídicos possa levantar suspeitas por parte dos órgãos da fiscalização fazendária, somente há presunção de ocorrência da distribuição disfarçada de lucros quando observadas as condições previstas na legislação de regência. É esse também o entendimento doutrinário.

O fundamento da distribuição disfarçada de lucros consiste na notória realização de negócios pela pessoa jurídica em favor de seus sócios, acionistas, titulares, administradores sem vínculo de subordinação hierárquica, cônjuge e parentes até o terceiro grau, que constituam formas disfarçadas de evasão de lucros. Consiste, também, na realização de negócios jurídicos em favor de sócio ou acionista controlador por intermédio de terceiros, ou com sociedade na qual a pessoa ligada tenha, direta ou indiretamente, interesse[2].

Os negócios jurídicos que veiculam a distribuição disfarçada de lucros são atos jurídicos presumidamente praticados com fraude, o que compromete sua validade, em virtude do vício de vontade da pessoa jurídica que a celebra, que age em detrimento de seu patrimônio e dos cofres públicos. Porém, esta presunção é relativa, conforme estabelece o § 2º do art. 60 do Decreto-lei n. 1.598/77, pois, caso o contribuinte comprove que o negócio foi

---

aplica nos casos de devolução de participação no capital social de titular, sócio ou acionista de pessoa jurídica em bens ou direitos, avaliados a valor contábil de mercado". E o § 2º, por sua vez, estabelece: "A hipótese prevista no inciso II não se aplica quando a pessoa física transferir a pessoa jurídica, a título de integralização de capital, bens e direitos pelo valor constante na respectiva declaração de bens".

2 Antônio Roberto Sampaio Dória, no artigo "Distribuição disfarçada de lucros e imposto de renda" (*Revista de Direito Tributário*. São Paulo: Malheiros Editores, ano 2, n. 5, jul.-set. 1978, p. 138), afirma basicamente que, em condições de favorecimento significa qualquer negócio de favor, e que, nesse sentido, a legislação estaria infringindo, de certa forma, o princípio da legalidade da tributação, uma vez que "as hipóteses de incidência devem ser predeterminadas, com a possível clareza. Ora, tornar tributável um negócio de favor parece que é fazer entrar em uma área muito instável, muito movediça, muito subjetiva mesmo". Discordamos desse entendimento, na medida em que nos parece ser possível determinar, sem um elevado grau de incerteza, a presença de condições de favorecimento considerando aquelas que prevalecem no mercado. E, se é assim, a hipótese legal não estaria infringindo a legalidade a ponto de conferir à fiscalização discricionariedade para o ato de lançar ou não. O vício pode estar, no entanto, na norma individual e concreta que incorretamente aplica o inciso IV do art. 464.

feito em condições comutativas e de interesse da sociedade, a distribuição disfarçada não se caracterizará.

A prova poderá consistir, por exemplo, na venda de bem da sociedade a sócio, por preço inferior ao de mercado, tendo em vista a imediata necessidade de caixa, a fim de sanar determinado débito com o INSS e, com isso, obter a respectiva certidão negativa, imprescindível para a participação em licitações públicas.

Outro ponto que pode ser questionado diz respeito à base de cálculo presumida, que poderá não corresponder à diferença entre o valor de mercado e o da alienação, entre o custo de aquisição e o valor de mercado etc. Exemplo está na alienação de bens imóveis, cujo valor de mercado pode variar substancialmente considerando-se a época da venda, se o proprietário foi quem colocou o imóvel à venda ou se foi o pretenso comprador que desejou adquiri-lo, e as condições externas ao imóvel. A ampla defesa poderá recair, então, não só sobre o fato jurídico, mas também sobre a base de cálculo identificada.

A aferição da prova produzida pelo contribuinte deverá se pautar em critérios objetivos. No caso acima exemplificado, a questão central a ser provada é, justamente, se o valor do negócio jurídico realizado está condizente com o de mercado[3].

Referida prova poderá ser feita por meio de laudo de avaliação, onde esteja consignado, de forma fundamentada, o efetivo valor do negócio realizado. A fundamentação desta avaliação é imprescindível para que possa ser tida como documento válido, não sendo admitida como prova avaliação genérica, conforme sedimentado na jurisprudência administrativa e judicial[4].

---

3 Acórdão n. 108-09696, do antigo Primeiro Conselho de Contribuintes: "É indubitável a impossibilidade de enquadramento no inciso VI, do art. 464, do RIR/99, que prevê condições específicas para a caracterização da distribuição disfarçada de lucros, qual seja a configuração, necessária, da condição mais vantajosa. Para tanto, o valor de mercado do negócio é parâmetro indispensável para se caracterizar a distribuição disfarçada de lucros, sem o qual esta não se configura".

4 "Os documentos citados pela recorrente como aptos a comprovar a correção da operação levada a efeito no imóvel objeto da constatação fiscal, foram devidamente analisados e rejeitados conforme se verifica pela leitura do processo administrativo, cuja cópia foi carreada aos autos às fls. 20/100. Também pela r. sentença foram os mesmos afastados, corretamente, pois o laudo de avaliação apresentado carece de fundamentação, na medida em que não apresenta os parâmetros tomados para a avaliação do imóvel, bem como porque o valor venal do imóvel para fins de base de cálculo do imposto predial não constitui garantia do seu real valor" (Desembargadora Federal Cecília Marcondes, do Tribunal Regional Federal da Terceira Região, nos autos do recurso de apelação n. 98.03.028777-0).

Assim, analisando em sua totalidade os incisos constantes do art. 528 do RIR/18, pode-se afirmar que a prova suficiente para elidir ou confirmar a distribuição disfarçada de lucros consistirá em documentos que demonstrem a existência ou inexistência de favorecimento ao sócio, se comparado com a realização do mesmo negócio jurídico com terceiros.

7.2 Interposição fraudulenta no comércio exterior

De acordo com a legislação federal, três são as espécies de importação possíveis de serem realizadas: importação direta, por encomenda e por conta e ordem de terceiros.

- *Importação direta.* Também denominada importação por conta própria, é realizada pelo próprio destinatário do bem ou da mercadoria. Nesta hipótese, o adquirente busca o produto no exterior, realiza a negociação e a operação mercantil e é o responsável por sua importação. Não há terceiro envolvido.
- *Importação por encomenda.* Consiste na aquisição, pelo importador, de mercadoria vinda do exterior, para posterior venda a terceiro, que previamente a encomendou.
- *Importação por conta e ordem de terceiros.* Ocorre quando uma empresa promover, em seu nome, o despacho aduaneiro de importação de mercadoria adquirida por outra, em razão de contrato previamente firmado, que poderá compreender, ainda, a prestação de outros serviços relacionados com a transação comercial, como a realização de cotação de preços e a intermediação comercial. Mas a importadora por conta e ordem (prestadora de serviços[5]) continua sendo mera mandatária da adquirente.

A maior parte das interposições fraudulentas de que se tem notícias ocorre na modalidade "por conta e ordem de terceiros", pois essa prática proporciona a não incidência do IPI na revenda das mercadorias no mercado interno, bem como evita sujeitar o adquirente ao controle das transações no

5 De acordo com o Ato Declaratório Interpretativo SRF n. 7/2002, a empresa comercial importadora atua como prestadora de serviços somente na hipótese de ela não adquirir a propriedade das mercadorias importadas. Para que se caracterize a aquisição, é suficiente que ocorra uma das seguintes hipóteses, em que a referida empresa: (i) conste como adquirente no contrato de câmbio; (ii) conste como adquirente na fatura internacional (*invoice*); (iii) emita nota fiscal de entrada ou de saída a título de compra ou venda; ou (iv) contabilize a entrada ou a saída da mercadoria importada como compra ou venda.

comércio exterior. Entretanto, muitas operações dessa modalidade são feitas de forma regular, sendo completamente equivocado associá-las à fraude.

A fim de disciplinar a prestação de serviços de importação, os arts. 2º e 3º da IN SRF n. 225/2002 estabeleceram os requisitos para a atuação de pessoas jurídicas importadoras em operações procedidas por conta e ordem de terceiros, estabelecendo a pena de perdimento para a mercadoria importada (art. 4º), na hipótese de ser prestada informação que não traduza a realidade da operação ou na de ocultação do sujeito passivo, do real vendedor, do comprador ou do responsável pela operação.

A empresa comercial importadora atua como prestadora de serviços somente na hipótese de ela não adquirir a propriedade das mercadorias importadas (art. 1º, parágrafo único, do ADI SRF n. 7/2002). Se, entretanto, houver aquisição, a operação passa a ser da modalidade por encomenda.

A aquisição é comprovada mediante os seguintes requisitos, identificados cumulativamente (art. 2º do ADI SRF n. 7/2002): (i) contrato prévio entre a pessoa jurídica importadora e o adquirente por encomenda, caracterizando a operação por conta e ordem de terceiros; (ii) os registros fiscais e contábeis da pessoa jurídica importadora deverão evidenciar que se trata de mercadoria de propriedade de terceiros; (iii) a nota fiscal de saída da mercadoria do estabelecimento importador deverá ser emitida pelo mesmo valor constante da nota fiscal de entrada, acrescido dos tributos incidentes na importação.

Ademais, o art. 11 da Lei n. 11.281/2006 trouxe importantes esclarecimentos à operação de importação por encomenda, conforme a seguir[6]:

> Art. 11. A importação promovida por pessoa jurídica importadora que adquire mercadorias no exterior para revenda a encomendante predeterminado não configura importação por conta e ordem de terceiros. [...]
> § 2º A operação de comércio exterior realizada em desacordo com os requisitos e condições estabelecidos na forma do § 1º deste artigo presume-se por conta e ordem de terceiros, para fins de aplicação do disposto nos arts. 77 a 81 da Medida Provisória n. 2.158-35, de 24 de agosto de 2001.

---

6 Nesse sentido, a Apelação Cível n. 2006.72.08.001293-8/SC, em trâmite perante a 2ª Turma do TRF4: "Tratando-se de 'importação por encomenda' [...] Em razão da ausência de normas reguladoras dessa modalidade de importação, as autoridades aduaneiras insistiam em equipará-la à importação 'por conta e ordem de terceiro', na qual a importadora é apenas intermediária entre o adquirente interno e o exportador. Ao seu ver, o compromisso de revender as mercadorias importadas a encomendantes predeterminados indicava uma simulação com a finalidade de ocultar o real adquirente da mercadoria. Com o advento da Lei n. 11.281/2006, porém, restou claro que não se confundem as duas espécies.

§ 3º Considera-se promovida na forma do *caput* deste artigo a importação realizada com recursos próprios da pessoa jurídica importadora, participando ou não o encomendante das operações comerciais relativas à aquisição dos produtos no exterior.

Interpretando-se a norma acima, podemos construir as seguintes conclusões:

1. Foi expressamente consignado que a importação para revenda a encomendante predeterminado não configura importação por conta e ordem de terceiros.
2. Até 20 de fevereiro de 2006, edição da Lei n. 11.281/2006, não havia qualquer norma relativa às operações de importação por encomenda. Logo, as regras instituídas pela RFB (IN SRF n. 634/2006), com base na Lei n. 11.281/2006, somente são aplicáveis para os fatos ocorridos após sua vigência.
3. O § 3º prescreve que, na importação por encomenda, o encomendante pode, ou não, participar das operações comerciais relativas à aquisição dos produtos no exterior, o que infirma um dos principais argumentos fazendários favoráveis à tipificação das operações como sendo por conta e ordem de terceiros.

Até aqui, tratamos das espécies de importação. Passemos à interposição fraudulenta.

Nos termos do art. 59 da Lei n. 10.637/2002, que alterou o art. 23, V e parágrafos, do Decreto-lei n. 1.455/76, consideram-se dano ao Erário as infrações relativas às mercadorias estrangeiras ou nacionais, na importação ou na exportação, na hipótese de ocultação do sujeito passivo, do real vendedor, comprador ou de responsável pela operação, mediante fraude ou simulação, inclusive a interposição fraudulenta de terceiros. Já a interposição fraudulenta é presumida no caso de não comprovação da origem, disponibilidade e transferência dos recursos empregados.

Portanto, a lei, ao tratar da interposição fraudulenta, distinguiu-a em duas modalidades, a saber:

1) A materializada pela *ocultação comprovada do real interessado na operação, mediante fraude ou simulação*[7]. Após o advento da Lei n. 11.281/2006,

---

7 AMS n. 87652-PE (proc. n. 2002.83.00.019024-7), 4ª Turma, 5-7-2005, TRF – 5ª Região: "I. Evidenciado o grande descompasso entre a movimentação financeira da empresa importadora e o valor das importações que realiza, acrescida ao baixo consumo de energia elétrica no endereço em que funciona, à inexistência de declaração de renda da empresa e seus sócios nos três anos que antecedem a importação, existem indícios suficientes para que o Fisco

a ausência de indicação, na Declaração de Importação (DI), do adquirente da mercadoria que não o importador, evidencia a hipótese formal da ocultação do verdadeiro interessado na operação de importação, tipificando a interposição fraudulenta, e não mais enquadrando a operação como sendo por conta e ordem de terceiro. Ademais, a jurisprudência administrativa tem reconhecido que a prestação de informações inverídicas na DI, no que diz respeito à indicação do real adquirente das mercadorias importadas, decorre de uma simulação, consumada quando do registro da operação no Sistema Integrado de Comércio Exterior (Siscomex)[8].

2) *Interposição fraudulenta presumida.* É a não comprovação da origem, disponibilidade e transferência dos recursos empregados nas transações internacionais, já que a falta de origem justificada indicaria a existência de um importador oculto. A interposição, neste caso, é apenas presumida, admitindo-se prova contrária ao fato indiciado.

O Poder Judiciário é enfático ao reconhecer a interposição fraudulenta em ambos os casos acima. Vejamos os termos do acórdão prolatado nos autos da Apelação em Mandado de Segurança n. 2003.70.08.000960-0/PR, em trâmite perante a 2ª Turma do Tribunal Regional Federal da 4ª Região:

> O que a lei coíbe, no tipo infracional do art. 23, V, do DL 1.455/37, são as operações de comércio exterior (importação ou exportação) em que ocorra a "ocultação do sujeito passivo, do real vendedor, comprador ou responsável pela operação". Esse é o núcleo do tipo infracional. O meio para sua realização será a fraude, à qual se equipara a simulação. Entre as hipóteses de fraude ou simulação, encontra-se, por fim, a da interposição fraudulenta de terceiros.
>
> É certo que a lei (§ 2º) presume a interposição fraudulenta na operação de comércio exterior ocorrendo "a não comprovação da origem, disponibilidade e transferência dos recursos empregados". Essa presunção, porém, é relativa, admitindo prova em contrário.
>
> Parte ela da suposição de que a falta de origem dos recursos empregados na operação mercantil indica que há um importador ou comprador oculto, que a financia – oculto, porque estaria impedido de realizar diretamente a operação, ou porque não lhe interessa nela figurar ostensivamente.

---

enquadre tal operação como interposição fraudulenta de terceiros em comércio exterior, nos termos do Decreto-lei n. 1.455/76".

8 Acórdão n. 302-38.369, 24-1-2007, 2ª Câmara, Terceiro Conselho de Contribuintes: "A fraude prevista no art. 59 da Lei n. 10.637/2002, considera-se consumada quando do registro das operações no Siscomex".

No caso dos autos, não vejo como se possa configurar a "ocultação do sujeito passivo, do real vendedor, comprador ou responsável pela operação". Está claro que o importador é a própria Vallimex e, assim, também é ela o sujeito passivo das decorrentes obrigações tributárias. São fornecedores perfeitamente identificados, não havendo qualquer dúvida quanto à sua existência e à realidade da operação mercantil. Os destinatários das mercadorias importadas pela Vallimex, por fim, também são conhecidos, tendo ela uma carteira de clientes perfeitamente identificada. Portanto, está suficientemente justificada a origem dos recursos com que a Vallimex opera no mercado externo. Se a compra ocorreu a crédito, aberto pelos próprios exportadores, não há como subsistir a presunção de que haveria um terceiro "real comprador", ou "real financiador", oculto pela operação comercial. A fraude, sabe-se bem, não se presume, e deve ser provada por quem a alega.

7.2.1 *Provas da interposição fraudulenta e a defesa do fiscalizado*

Dentre as inúmeras provas que podem ser produzidas pela Autoridade Administrativa para a tipificação da interposição fraudulenta, elencamos, a título exemplificativo, as abaixo indicadas. Há de se registrar, antes dos exemplos, que esses fatos indiciários não devem ser isoladamente analisados, já que, por si sós, não provam o ilícito (embora alguns exerçam grande peso). A maior ou menor convicção acerca da ilicitude dependerá do número e da gravidade dos indícios trazidos aos autos. Vejamos:

a) transações comerciais da interposta pessoa, apresentando valor de entrada das mercadorias praticamente igual ao valor de saída;
b) confusão de sócios entre a empresa interposta e a empresa do real adquirente;
c) a empresa é constituída por sócios que declaram rendimentos irrisórios em suas Declarações de Imposto de Renda Pessoa Física (DIRPF) ou até se declaram isentos;
d) os sócios não participam do cotidiano da empresa, que é administrada com plenos poderes por uma terceira pessoa, não sócia, mediante instrumento de procuração;
e) o capital social é muito menor que o volume de importações realizadas;
f) fechamento de câmbio com recursos obtidos por meio de adiantamento de clientes ou com depósitos não identificados, ocorridos em dias anteriores, em valores muito próximos aos necessários à quitação desses encargos;

g) inexistência, na contabilidade do importador, de lançamentos sobre o financiamento das operações de importação (exigível), constando apenas a aquisição de mercadorias importadas e pagamentos dos impostos respectivos, sem a informação das fontes destes dispêndios;
h) a carga é originária de um determinado país, mas foi faturada por uma empresa situada em outro, sendo que esta última não está estabelecida no endereço declarado e seu nome não consta de *sites* oficiais de seu país ou, ainda, se a empresa existe, não opera no comércio exterior, e tal atividade não consta de seu objeto social;
i) nos preços declarados nos documentos que apresenta à Receita Federal (faturas comerciais, por exemplo), constam valores reduzidos e inferiores aos comercializados em outras operações de importação ou obtidos na *internet*;
j) a importadora revende a totalidade das mercadorias importadas para a real adquirente das mercadorias objeto de importação, que é a maior cliente da importadora e, em alguns casos, até a sua única cliente;
k) os produtos importados são comercializados, no Brasil, pela empresa oculta, real adquirente, que não consta dos documentos de importação;
l) a importadora não dispõe de depósito para armazenagem dos produtos importados, não possuindo estoque de mercadorias, evidenciando que a mercadoria ao ser liberada é entregue, de imediato, ao real adquirente.

O fiscalizado, por sua vez, deverá apresentar como prova de refutação da fraude os seguintes fatos:

a) a importadora e a encomendante foram regularmente constituídas e seus capitais sociais integralizados (mediante depósito em conta corrente, TED etc.);
b) o importador e o vendedor estrangeiro são conhecidos (endereço, *site* etc.), bem como o encomendante, não havendo qualquer dúvida quanto às suas existências;
c) a indicação do nome do encomendante nas DI não poderia ser exigida até o advento da Lei n. 11.281/2006, quando tal obrigatoriedade foi instituída[9]; além disso, os registros eram feitos exclusivamente via

9 Nesse sentido, a Apelação Cível n. 2006.72.08.001293-8/SC, em trâmite perante a 2ª Turma do TRF4: "Além disso, as supostas irregularidades apontadas pela autoridade administrativa no auto de infração se fundam nas disposições da Lei n. 11.281/2006, que exige, dentre outras formalidades, seja indicado à Receita Federal o nome do encomendante dos bens

sistema, sistema esse que, àquela época, sequer possuía campo para a indicação do encomendante;

d) tanto os exportadores quanto as *tradings* não possuíam qualquer relação societária com a encomendante, mas exclusivamente negocial;

e) efetiva participação da empresa nas transações comerciais, demonstrada por meio de cópia dos instrumentos particulares de negociação, *e-mails* etc.;

f) representantes legais do importador devem conhecer os detalhes das operações em curso e ter poder decisório para sua realização, bem assim devem elas poder relacionar os nomes das pessoas de contato junto aos fornecedores estrangeiros, indicando os respectivos números de telefone e *e-mails*;

g) a empresa importadora funcionava regularmente, o que poderia ser comprovado mediante recibos de contas de energia elétrica, telefone, água; documento de arrecadação do Imposto Predial e Territorial Urbano; contrato de locação ou escritura do imóvel, conforme o caso, e livro de registro de empregados, dentre outras coisas;

h) a capacidade financeira da encomendante é auferida mediante demonstração de empréstimos com instituições financeiras, lucro da própria operação e linha de crédito com fornecedor estrangeiro;

i) não houve adiantamento de recursos para as *tradings*, mas somente pagamento antecipado pelas mercadorias já importadas (por exemplo, com processo de importação/desembaraço concluído), prática essa comum no mercado de comércio exterior;

j) a origem dos recursos é provada mediante registros e demonstrações contábeis, integralização do capital social; transmissão de propriedade de bens e direitos que lhe pertenciam e do recebimento do correspondente preço; financiamento de terceiros, por meio de instrumento de contrato de financiamento ou de empréstimo, contendo: a) identificação dos participantes da operação: devedor, fornecedor, financiador, garantidor e assemelhados; b) descrição das condições de financiamento: prazo de pagamento do principal, juros e encargos, margem adicional, valor de garantia, respectivos valores-base para cálculo e parcelas não financiadas; e c) forma de prestação e identificação dos bens oferecidos em garantia;

---

importados. Entretanto, como bem salientou o MM. Juiz de primeira instância, esse diploma legal não estava em vigor na data em que a operação foi promovida, de modo que não se poderia exigir da impetrante que tomasse tal cautela".

k) quando a origem dos recursos for justificada mediante a apresentação de instrumento de contrato de empréstimo firmado com pessoa física ou com pessoa jurídica que não tenha essa atividade como objeto societário, o provedor dos recursos também deverá justificar a sua origem, disponibilidade e, se for o caso, efetiva transferência; e

l) no caso de comprovação baseada em recursos provenientes do exterior, além dos elementos de prova ora relatados, deverá ser apresentada cópia do respectivo contrato de câmbio.

7.3 Sinais exteriores de riqueza

A tributação da renda a partir de sinais exteriores de riqueza dá-se sempre que os gastos incorridos pelo contribuinte forem incompatíveis com seus rendimentos, permitindo verificar que a renda declarada não é suficiente para justificar tais gastos e implicando a notificação do contribuinte para o procedimento fiscal de arbitramento, que deverá tomar como base os preços de mercado vigentes à época dos fatos, podendo ser, para tanto, adotados índices ou indicadores econômicos oficiais ou publicações técnicas especializadas. Tal previsão encontra-se no art. 6º e parágrafos da Lei n. 8.021/90.

A presunção relativa de que, mediante a identificação de sinais exteriores de riqueza, o contribuinte omitiu rendas ou receitas, pode ser desfeita mediante prova de que os sinais são completamente compatíveis com a renda disponível, e, se incompatíveis, a prova poderá ser no sentido de que a origem do valor arbitrado não se sujeita à tributação ou se sujeita à tributação exclusiva na fonte, conforme já decidido pelo antigo Conselho de Contribuintes[10].

Na ausência de informações por parte do contribuinte, os sinais exteriores de riqueza poderão, inclusive, ser confrontados com o histórico de suas movimentações financeiras, requisitadas diretamente pela Administração Pública, sem quebra do sigilo bancário.

Há de se ressaltar, finalmente, que o contribuinte também poderá questionar o valor da renda presumida, que deverá corresponder apenas às receitas omitidas acrescidas das cominações legais. A base de cálculo que ultrapassar

10 Confira-se: "uma vez regularmente apurado pelo Fisco, cabe ao contribuinte comprovar através de documentação hábil e idônea sua origem se de rendimentos intributáveis ou somente tributáveis na fonte. Não restando comprovado é de se manter o lançamento" (cf. antigo 1º Conselho de Contribuintes, Acórdãos n. 102-22.748; 106-1.272; 102-22.806, 102-21.753; 102-21.879; 102-22.236; 104-6.084; 104-6.180; 106-2.256; 106-2.765).

esse valor deve ser repelida por afrontar os princípios constitucionais da capacidade contributiva, segurança jurídica e tipicidade.

7.4 Depósitos bancários não contabilizados

O art. 42 e parágrafos da Lei n. 9.430/96 considera como omissão de receitas os valores creditados em conta de depósito ou de investimento em instituição financeira, e em relação aos quais o titular não consiga comprovar, mediante documentação hábil e idônea, a origem dos recursos utilizados. O valor da receita ou rendimento omitido será considerado auferido ou recebido no mês do crédito efetuado pela instituição financeira.

No que diz respeito à caracterização de depósitos bancários como indícios de renda omitida, existe uma corrente doutrinária que entende que eles caracterizam-se como prova suficiente do rendimento omitido, cabendo ao contribuinte provar o contrário. Também esse é o entendimento do Fisco Federal[11]. Por outro lado, são inúmeros aqueles que não os admitem, por considerá-los insuficientes para tipificar a omissão, devendo estar presentes também outros indícios, tais como demonstração da natureza tributável do rendimento e de que a pretensa renda não foi ainda tributada.

A divergência foi dirimida pelo Plenário do STF, que em sessão virtual concluída em abril de 2021 reconheceu a constitucionalidade do artigo 42 da Lei n. 9.430/1996. A decisão foi tomada no julgamento do Recurso Extraordinário 855649, com repercussão geral reconhecida (Tema 842).

No julgamento prevaleceu o voto do Ministro Alexandre de Moraes, no sentido de que o artigo 42 da Lei n. 9.430/1996 não ampliou o fato gerador do tributo, mas apenas trouxe a possibilidade de impor a cobrança quando o contribuinte, embora intimado, não conseguisse comprovar a origem de seus rendimentos. Em sua avaliação, pensar de maneira diversa permitiria a vedação à tributação de rendas de origem não comprovada, na contramão do sistema tributário nacional e dos princípios da igualdade e da isonomia.

Em que pese o exposto, a contraposição de provas permanece relevante, já que somente a partir do conjunto probatório faz-se possível decidir acerca da

11 Acórdão n. 16-21001, da Delegacia Regional de Julgamento em São Paulo: "DEPÓSITOS BANCÁRIOS. OMISSÃO DE RECEITA. ARBITRAMENTO. A existência de depósitos bancários não contabilizados e de origem não comprovada caracteriza omissão de receita, que servirá de base para o arbitramento do lucro, quando o contribuinte deixar de apresentar os livros e documentos de sua escrituração". Neste mesmo sentido é o entendimento da Delegacia Regional de Julgamento em Fortaleza, conforme Acórdão n. 08-14684.

constitucionalidade da cobrança de créditos tributários constituídos com base na movimentação financeira não justificada do contribuinte.

Como exemplo, os valores depositados podem ser provenientes de renda não passível de tributação, ou embora passível, já tributada. Poderá ocorrer, ainda, de o contribuinte ter auferido prejuízo no ano-calendário em que os depósitos foram detectados, o que afasta a incidência do imposto sobre a renda ou, finalmente, consistir em renda a ser repassada para outro sujeito, tendo apenas transitado pela conta do fiscalizado.

Portanto, os indícios, por si sós, deveriam provocar apenas uma atividade fiscalizatória extremamente rigorosa, mas não a conclusão de existência de renda omitida. Se o contribuinte justificar a origem dos depósitos, não deve prevalecer a presunção de omissão de receitas/rendimentos[12].

Há de se observar, finalmente, que durante o procedimento de fiscalização a autoridade fazendária tem o dever de intimar todos os titulares das contas bancárias em que transitaram os depósitos sob suspeita, para que prestem os necessários esclarecimentos, sob pena ser reputado nulo eventual auto de infração e imposição de multa, conforme reiteradamente tem decidido a jurisprudência administrativa, *in verbis*:

> DEPÓSITOS BANCÁRIOS – LEI N. 9.430 DE 1996 – CONTA CONJUNTA – PROCEDIMENTO – FISCALIZAÇÃO – Em se tratando de conta conjunta é imprescindível que todos os titulares estejam sob procedimento de ofício, sob pena de comprometer a necessária certeza da exigência dirigida a apenas um deles, mormente quando os indícios apontam para outro titular da conta que não está sob ação fiscal (Primeiro Conselho de Contribuintes – Acórdão 104-19068 – Sessão 5-11-2002).
>
> LANÇAMENTO COM BASE EM DEPÓSITOS BANCÁRIOS. CONTAS CONJUNTAS. Ainda que o outro titular assuma que toda a movimentação na conta bancária lhe pertença, nos casos de contas bancárias em conjunto é indispensável a regular e prévia intimação de todos os titulares para comprovar a origem dos recursos depositados e a infração de omissão de rendimentos deverá, necessariamente, ser imputada, em proporções iguais, entre os titulares, salvo quando estes apresentarem declaração em conjunto (Delegacia da Receita Federal de Julgamento em Fortaleza – 1ª Turma – Decisão 6.922 – 10-10-2005).

---

12 Nesse sentido, o Acórdão n. 101-95111, do antigo Primeiro Conselho de Contribuintes: "DEPÓSITOS BANCÁRIOS DE ORIGEM NÃO JUSTIFICADA – OMISSÃO DE RECEITAS – Justificada a origem dos depósitos bancários mediante apresentação dos contratos de cessão de créditos devidamente contabilizados (tanto a aquisição quanto a subsequente cessão), e não demonstrado, pela fiscalização, que as cessões foram simuladas, não se materializou a hipótese legal que justifica a presunção".

7.5 Recursos movimentados no exterior sem comprovação da origem

Consideramos ser muito grande a dificuldade enfrentada pelo Fisco Federal de provar a omissão de receitas e rendimentos baseada na movimentação de recursos financeiros no exterior. Acredita-se, com base em indícios, ter havido omissão (art. 42 da Lei n. 9.430/96); entretanto, diante da impossibilidade de se produzir provas contundentes acerca da existência das contas bancárias, das respectivas titularidades e das pessoas que ordenaram as remessas, a presunção não se mantém. Em nosso sistema, o convencimento pessoal não assume foros de juridicidade.

Na presunção relativa de que ora tratamos, o Fisco assume que determinada pessoa, por pretensamente ser a ordenante de transferências financeiras a contas no exterior, é a beneficiária dos valores nelas depositados. Por já termos tratado do art. 42 da Lei n. 9.430/96, dispositivo legal que fundamenta a presunção relativa também para os casos de movimentação financeira ocorrida fora do território nacional, nos limitaremos, neste momento, a tratar exclusivamente das provas dos valores creditados em conta de depósito, ou de investimento, mantida junto à instituição financeira no exterior. O ônus da prova é da fiscalização, que deve provar a ocorrência dos fatos indiciários. Não o fazendo, a cobrança é nula.

Os autos de infração lavrados para constituição do crédito tributário costumam possuir diversas falhas probatórias. Dentre elas, as mais comuns são:

a) Parte dos documentos apresentados pelo Fisco está em língua estrangeira, contém expressões e siglas que não permitem ao acusado compreender os dados ali supostamente contidos nem se encontra notarizada e consularizada, violando o princípio constitucional da ampla defesa e o disposto no art. 224 do Código Civil e no art. 129 da Lei n. 6.015/73.

b) Não há prova direta ou indireta de que as contas bancárias movimentadas efetivamente existam e, cada uma delas, em quais instituições financeiras.

c) Não há prova de que o acusado seja o titular de referidas contas, nem beneficiário do dinheiro nelas existente. Os laudos periciais acostados, em muitos casos, atestam que as pessoas relacionadas com as movimentações financeiras foram consideradas por similaridade de grafia, já que os dados, ao serem lançados nos sistemas de transmissão de ordens de pagamento, muitas vezes são feitos com incorreções ou de modo incompleto. Informe-se, ainda, que o Fisco nem sempre exclui a possibilidade de homônimos.

d) Mesmo nas contas em que duas pessoas são aparentemente titulares (normalmente, o cônjuge), não é realizada qualquer intimação ao segundo titular, requisito necessário tendo em vista o disposto no § 6º do art. 42 da Lei n. 9.430/96.

e) Muitos documentos relevantes para a demonstração da fraude não contêm assinatura, visto ou rubrica reconhecida como sendo do contribuinte, que ateste qualquer participação sua nas transações supostamente noticiadas.

f) Os laudos de exame econômico-financeiros produzidos pelo Instituto de Criminalística, tidos como prova a favor do Fisco, não se encontram subscritos, rubricados ou autenticados eletronicamente, impedindo o controle de sua autenticidade. Além disso, fazem referência a apenas alguns contribuintes e são tomados como meio de prova contra todos os demais.

Conforme tivemos oportunidade de concluir anteriormente, a presunção da omissão de receitas/rendimentos, fundada no art. 42 da Lei n. 9.430/96, é constitucional. Entretanto, para o caso específico, em que o Fisco não possui meios de comprovar os indícios, ela não deve prevalecer. Infelizmente, a dificuldade probatória – oriunda das circunstâncias em que os fatos ocorrem – impede que fatos jurídicos sejam conhecidos e impliquem as consequências legais que lhes seriam próprias. É a escolha que fazemos pelos direitos constitucionais do contribuinte (ampla defesa, legalidade, tipicidade, segurança jurídica etc.), em detrimento da arrecadação.

7.6 Passivo fictício

Passivo fictício é o inexistente e refere-se tanto à não indicação, na escrituração, de saldo credor de caixa, como à falta de escrituração de pagamentos efetuados e à manutenção no passivo de obrigações já pagas ou cuja exigibilidade não seja comprovada (Decreto-lei n. 1.598/77, art. 12, § 2º, e Lei n. 9.430/96, art. 40). Implica saldo credor da empresa, tornando provável ter havido mais saídas (pagamentos) que entradas oficiais de dinheiro, e, com isso, o não pagamento dos tributos devidos.

As regras de presunção relativa, que impõem a tributação do imposto sobre a renda incidente sobre a receita omitida, sempre que se identificar a existência de passivo fictício, são aceitas pela jurisprudência[13]. No que diz respeito ao

13 *Vide* a seguinte decisão: "A existência de passivo fictício é relevante para o Imposto de Renda, mas não funciona em relação ao Imposto de Circulação de Mercadorias (ICM), que demanda a prova de uma operação mercantil com seu fato gerador próprio [...]. Simples supri-

ICMS, grande parte da doutrina entende que o passivo fictício é insuficiente para justificar a tributação, uma vez que a renda omitida pode ser proveniente de operações não tributadas por esse imposto, como as financeiras.

A tributação do passivo fictício é possível, caso o contribuinte não esteja tendo prejuízo e a fiscalização identifique indícios suficientes para comprovar que o contribuinte está omitindo receitas de forma a caracterizar evasão fiscal. Mas não configura passivo fictício o pagamento registrado na contabilidade dentro do ano-calendário e falta de caixa para tanto. O passivo fictício aflora por situação exatamente contrária, ou seja, a existência real de um pagamento dentro do ano-calendário, provada por documentação, e a baixa da obrigação no ano seguinte.

Observe-se, por oportuno, que os indícios deverão poder ser sempre questionados pelo contribuinte, seja no que diz respeito à sua existência, seja quanto ao valor. Os indícios deverão, também, ser no mesmo sentido e coletados em maior número possível, evitando-se, com isso, que, a partir da análise de apenas um indício, chegue-se à conclusão que desconsidere a existência de diversos outros em sentido diverso da presunção.

Como exemplos de provas contrárias à presunção, podemos citar: (i) a demonstração de que a pendência de obrigações, no passivo, compensa-se com a pendência em conta do ativo; (ii) a prova de que as obrigações foram pagas com cheques e que estes somente foram levados a débito no mês seguinte ao do encerramento do balanço; (iii) a prova de erro de cálculo na apuração do passivo fictício; e (iv) a prova de que, como a mesma duplicata paga permaneceu por dois ou mais balanços, a tributação só poderá incidir em um período-base.

7.7 Suprimento de caixa

Sempre que a pessoa jurídica efetuar pagamentos de duplicatas com recursos provenientes de receitas omitidas e contabilizá-los, terá também que contabilizar a entrada de dinheiro na conta Caixa, tendo em vista que, se assim não fizer, seu saldo ficará credor. Essa contabilização é denominada suprimento de caixa.

---

mentos de caixa não acarretam circulação de mercadorias e, por isso mesmo, não são tributáveis, tanto mais em relação a eles não se pode falar de valor agregado. Não havendo prova cabal de saída de mercadorias" (Recurso Extraordinário n. 80.695-4). Além disso temos: TRF da 5ª Região, Ac. Ap. 76.179-RN, Rel. Des. Hugo de Brito Machado, e 1º Conselho de Contribuintes, acórdãos de n. 103-03.979; 103-4.928; 101-77.239; 103-06.715; 101-78.188/648/985; 101-80.092; 105-4.613; 101-80.587; 424; 4.953; 102-22.801; 105-2.187; 101-79.665; 103-10.472; 102-24.816; 105-4.769; 105-4.860; 101-80.422; 105-4.505; 103-10.608.

Nos termos do Decreto-lei n. 1.598/77, art. 12, § 3º, e Decreto-lei n. 1.648/78, art. 1º, II (contemplados no art. 294 do RIR/2018), a presunção relativa de omissão de receitas baseia-se em indícios coletados a partir da escrituração do contribuinte ou de qualquer outro elemento de prova, gerando à autoridade administrativa o dever de arbitrar a receita com base no valor dos recursos de caixa fornecidos à empresa por administradores, sócios, titulares da empresa individual ou acionistas, se a efetividade da entrega e a origem dos recursos não forem comprovadamente demonstradas.

Para que a presunção relativa seja afastada, o contribuinte terá necessariamente que provar dois aspectos: a transferência de recursos para a pessoa jurídica, o que facilmente seria provado mediante, por exemplo, cheque nominal em seu favor, e a origem desses valores, se de fonte estranha à sociedade ou, se dela, regularmente contabilizados[14]. Qualquer um desses elementos, isoladamente comprovados, não terá o condão de descaracterizar a presunção de omissão de receitas.

Neste sentido, destaca-se o entendimento esposado no Acórdão n. 107-08229, do antigo Primeiro Conselho de Contribuintes:

> No presente caso, verifica-se que a empresa demonstrou, não só a efetividade da entrega do numerário (através de pagamentos com cheques do sócio, o que foi aceito pela i. DRJ), como, também, que o sócio que aportou o dinheiro tinha condições financeiras para tanto, como se verifica da análise de sua declaração de rendimentos de 1993/1994. Desta forma, provada a origem boa e externa dos valores aportados, bem como a sua efetiva entrega à Recorrente, deve ser reformado o Lançamento de Ofício não só no que se refere à omissão de receita, como também no que se refere à glosa de despesas a título de variação monetária passiva sobre tais empréstimos.

Deste entendimento o Poder Judiciário não diverge, como se observa da decisão abaixo transcrita:

> O empréstimo feito pelo sócio à empresa de que faz parte, para suprimento de caixa, deve ficar cabalmente demonstrado, comprovando-se a origem do numerário e sua entrega efetiva, sob pena de se entender ser fictício para ocultar estouro de caixa (TRF 5ª Região – Acórdão n. 209624-SE – 4ª Turma – Rel. Desembargador Federal (Convocado) Paulo Machado Cordeiro).

---

14 *Vide* Acórdãos de n. 101-77.046/87; 102-24.538/89; 101-79.006/89; 102-24.158/89; 102-24.974/90; 103-09.199/89; e 101-80.088/90, todos do 1º Conselho de Contribuintes.

Destacamos, finalmente, que a presunção de omissão de receitas não se confirmará quando o contribuinte comprovar que os valores aportados na sociedade tiveram origem em pessoas estranhas ao seu quadro societário[15].

7.8 Falta de emissão de documento fiscal

A falta de emissão de nota fiscal, recibo ou documento equivalente, no momento da efetivação das operações de venda de mercadorias, prestação de serviços, operações de alienação de bens móveis, locação de bens móveis e imóveis ou quaisquer outras transações realizadas com bens ou serviços, bem como a sua emissão em valor inferior ao da operação, caracteriza omissão de receitas, rendimentos ou ganho de capital, conforme dispõe o art. 2º da Lei n. 8.846/94 (arts. 295 e 912 do RIR/99).

A não emissão, e a emissão em valor inferior ao correto, tipifica infração às regras que preveem o cumprimento de deveres instrumentais tributários, bem como se constituem em prova indiciária de ocultação de prática do fato jurídico típico e a consequente obrigação de pagar tributos, razão pela qual a presunção de omissão de receitas e rendimentos é artifício legal que não esbarra em nenhuma garantia constitucional conferida aos contribuintes. A presunção, entendemos, é válida, salvo se provado que, não obstante a falta do documento adequado, os tributos foram regularmente recolhidos.

Constatada a omissão, a autoridade arbitrará a receita omitida, tomando por base as receitas e os rendimentos apurados em procedimento fiscal, correspondentes ao movimento diário das vendas, prestação de serviços e de quaisquer outras operações, segundo dispõem o art. 6º e parágrafos da Lei n. 8.846/94 e art. 41 e parágrafos da Lei n. 9.430/96 (art. 296 e art. 298, ambos do RIR/99). Poderá, também, utilizar-se de amostragem para identificar a base de cálculo do tributo, ou seja, arbitrará a receita pretensamente auferida no mês, considerando-se três dias alternados desse mesmo período, que representem variações do funcionamento do estabelecimento, conforme § 1º do art. 6º da Lei n. 8.846/94.

---

15 Nesse sentido, o Acórdão n. 105-14800, do antigo Conselho de Contribuintes: "Omissão de receita – Suprimento de Caixa – Art. 229 do RIR/94 – Supridor Estranho ao Quadro Societário – Inaplicabilidade. A aplicação da presunção de omissão de receita do art. 229 do RIR/94 somente é possível quando o suprimento do caixa é realizado 'por administradores, sócios da sociedade não anônima, titular da empresa individual, ou pelo acionista controlador da companhia'. Sendo o supridor estranho ao quadro societário da contribuinte, sociedade limitada, é inviável a aplicação do dispositivo".

Por fim, o art. 8º da Lei n. 8.846/94 (art. 297 do RIR/2018) permite à autoridade tributária utilizar outros métodos de determinação da receita, sempre que constatar qualquer artifício utilizado pelo contribuinte, visando a frustrar a apuração da riqueza presumidamente manifestada no evento descrito pelo fato.

No que diz respeito ao critério de arbitramento da omissão previsto no art. 41 da Lei n. 9.430/96, pautado na quantidade de matérias-primas adquiridas, a fim de determinar o montante da produção industrial, entendemos que o mesmo deve ser evitado, se não for considerada a relação existente entre a matéria-prima, os insumos utilizados na industrialização e o produto final. Isso porque a perda durante o curso do processo de industrialização pode ser muito elevada, o que desvirtuaria por completo a base de cálculo arbitrada pelo Fisco.

7.9 Despesas dedutíveis na apuração do IRPJ e da CSLL

Custos e despesas operacionais são tratados de forma distinta para fins de dedutibilidade na apuração do lucro operacional das pessoas jurídicas submetidas ao lucro real. Ainda que a regra geral seja de que todo e qualquer dispêndio feito, para aquisição de bens, serviços e utilidades realizados com o propósito de manter em funcionamento a fonte produtora dos rendimentos, deva ser considerado dedutível, a dedução será imediata no caso da despesa e mediata no caso dos custos, que, antes de afetarem o resultado, transitam por contas do ativo.

Definem-se por custos os dispêndios diretos de aquisição e produção dos bens ou serviços. Já despesa é o consumo de bens que, direta ou indiretamente, ajuda a produzir uma receita. É realizada com a finalidade de se obter receita cujo valor seja superior à diminuição provocada pela despesa no patrimônio líquido da pessoa jurídica.

O que nos interessa, neste momento, são as despesas operacionais, consideradas como as não computadas nos custos e necessárias à atividade da empresa e à manutenção da respectiva fonte produtora (art. 47 da Lei n. 4.506/64).

As despesas operacionais, admitidas como dedutíveis, são as usuais ou normais nos tipos de transações, operações ou atividades da empresa. Nas palavras de Bulhões Pedreira[16]:

---

16 *Apud* Ricardo Lobo Torres (*Tratado de direito constitucional financeiro e tributário*. 2. ed., v. IV. Rio de Janeiro: Renovar, 2007, p. 131).

Despesa normal é a costumeira ou ordinária no tipo de negócios do contribuinte. O requisito legal não é que seja usualmente paga pelo contribuinte: pode ser excepcional ou esporádica na experiência do contribuinte, desde que possa ser considerada como usual ou normal do tipo de seus negócios, operações ou atividades.

Por isso, as despesas dedutíveis na apuração do lucro real, no momento em que forem incorridas ou pagas (regime de competência), são as, cumulativamente:

1. necessárias para a realização das transações ou operações exigidas pela atividade da pessoa jurídica[17];
2. usuais ou normais ao tipo de transações, operações ou atividades da empresa[18]; e
3. comprovadas por meio de documentação idônea.

Em contrapartida, são indedutíveis as despesas estranhas às atividades da empresa ou que traduzam mera liberalidade, tais como as despesas particulares dos sócios, os prejuízos decorrentes da prestação de aval de favor em títulos de terceiros, doações acima dos limites legais de dedutibilidade e a aquisição de bilhetes de loteria.

Cumpre-nos destacar, ainda, que o art. 13 da Lei n. 9.249/95 veda a dedução de determinadas despesas, ainda que necessárias à atividade da empresa e à manutenção da respectiva fonte produtora. Como exemplos, as despesas com brindes e festas de confraternização, quando outorgar benefícios individuais ou em proveito de seleto grupo[19].

---

17 Este requisito deve ser analisado, considerando a situação individual de cada contribuinte. Observe-se, nesse sentido, a lição de Bulhões Pedreira (*Imposto de Renda*. Rio de Janeiro: APEC, 1969, p. 6): "a lei não estabelece, pois, critérios gerais em função da atividade da empresa mas, por assim dizer, atomiza essa atividade nas transações ou operações por ela exigidas. As despesas são ditas necessárias em função de cada uma dessas transações ou operações exigidas pela atividade da empresa".

18 Para que as despesas sejam necessárias, não basta comprovar que foram elas contratadas, assumidas e pagas. É necessário, principalmente, comprovar que correspondem a bens ou serviços efetivamente recebidos e que esses bens ou serviços eram necessários, normais e usuais na atividade da empresa. Demonstrativos de rateio de despesas que não se revestem desses elementos não constituem prova eficaz para justificar sua dedutibilidade (Acórdão n. 3938/90, do antigo Primeiro Conselho de Contribuintes).

19 Nesse sentido, são dedutíveis as despesas natalinas de confraternização, desde que em importância razoável (Acórdão n. 01-02365), e independentemente de os beneficiários serem empregadores, empregados ou clientes (Acórdão n. 101-92770 – 1ª Câmara do antigo Primeiro Conselho de Contribuintes).

No que diz respeito à prova da efetividade da ocorrência das despesas dedutíveis, Fábio Fanucchi[20] afirma:

> A aceitação dessas despesas como válidas, depende sempre de dois fatores concomitantes, fixados pela jurisprudência administrativa: que sua realização se ligue a fatos materialmente comprovados (por exemplo: gorjetas concedidas em viagem comprovada com bilhetes de empresas de transporte, contas de hotel e de restaurantes); e, que seu montante seja razoável em função do total dos dispêndios efetivamente comprovados.

Já o Parecer Normativo SRF n. 10/76 prescreve:

> 3. A comprovação dessas despesas, qualquer que seja sua natureza, há de ser feita com os documentos de praxe, isto é, recibos, notas fiscais, canhotos de passagens etc., desde que a lei não impõe forma especial. O importante é serem de idoneidade indiscutível. 4. Pode ocorrer, todavia, o fato de a despesa ser de pequeno valor e, ocasionalmente, de difícil comprovação. Nesse caso, essa despesa poderá ser tida como acessória, admissível ante a razoabilidade e comprovação das principais, a juízo da autoridade fiscal.

Portanto, para que a despesa seja dedutível, são necessários elementos convincentes de seu dispêndio, bem como a efetividade da fabricação, operação ou prestação de serviços, normalmente condizentes com descrições e comprovações não genéricas, e que os dispêndios sejam proporcionais ao fim que se quer alcançar. Elencamos, a seguir, algumas provas aptas a fundamentar a dedutibilidade:

1. *Prestação de serviços*. Deverá ser informada a natureza do serviço prestado – tais como elaboração de estudo técnico, laudo, parecer – e a efetiva consecução e entrega. Notas fiscais, recibos e contratos não bastam para comprovar a prestação dos serviços. A prova da efetividade evidencia-se através de fatores materiais, ainda que indiretos, tais como capacitação técnica da empresa prestadora, existência de pessoal qualificado, considerando-se a prestação em análise, presença da contratada nos eventos relacionados aos serviços, correspondências em papel e eletrônicas trocadas entre as partes, tratando do desenvolvimento dos trabalhos.
2. *Comissões de vendas*. Deverá ser identificada tanto a participação da empresa na intermediação do negócio (contrato de prestação de serviço,

20 FANUCCHI, Fábio. *Imposto de renda das empresas*. São Paulo: Resenha Tributária, 1968, p. 55-56.

faturamento, despesa de *marketing*, contratação de funcionários etc.), quanto a própria venda intermediada, mediante apresentação de nota fiscal de venda ou qualquer outro documento remetido pelo vendedor que demonstre ter havido a comercialização.

3. *Aluguel*. Contrato escrito de aluguel somado à apresentação de recibos de pagamento ou, na ausência do primeiro, somente os recibos.

7.10 Integralização de capital

A ausência de comprovação da origem dos recursos utilizados para a integralização do capital, assim como da efetividade da entrega desses valores à sociedade, implica presunção de omissão de receitas[21].

Trata-se de presunção relativa, permitindo o art. 294 do RIR/2018 que o contribuinte comprove a origem e a efetiva entrega dos valores questionados.

A presunção de omissão de receitas é válida e deve ser rebatida mediante documentação hábil e idônea, coincidente em datas e valores, preferencialmente cheques bancários ou transferências entre bancos que demonstrem a origem dos recursos utilizados na integralização. O registro na contabilidade, sem qualquer documento emitido por terceiros que o lastreie, não é tido pela jurisprudência como prova suficiente para elidir a presunção[22].

Já a prova da origem dos recursos não deve ser exigida para integralizações efetuadas por sócios que estão ingressando na sociedade, tendo em vista que, caso alguma irregularidade relacionada a esses recursos tenha sido cometida, é somente o novo sócio que deverá arcar com as consequências, não cabendo à pessoa jurídica, ao menos até aquele momento, qualquer responsabilidade acerca da origem dos valores[23].

7.11 Regime tributário benéfico dentro do mesmo grupo econômico

É comum que, dentro de um mesmo grupo econômico, as pessoas jurídicas que o compõem dividam o negócio em ramos de atividade, de forma que cada uma será responsável por um segmento, com a consequente divisão de receitas e pagamentos de tributos.

---

21 *Vide* Ac. n. 101-78.781/89; 101-79.892/89; 102-24.469/89; 102-24.229/89 e 105-04.308/90, todos do 1º Conselho de Contribuintes.

22 *Vide* Acórdãos n. 101-74.146/83; 105-1.851/86; 101-76.851/86; 101-76.329/85; 102-24.029/89; 103-3.948/81, todos do 1º Conselho de Contribuintes.

23 *Vide* Acórdãos n. 102-24.766/90, 106-4.091/91 e 102-27.499/92, todos do 1º Conselho de Contribuintes.

Dentre as razões que justificam a criação dessa estrutura, encontra-se a economia fiscal gerada pela redução do pagamento de IRPJ, CSLL, PIS e COFINS, mediante tributação, pelo lucro presumido e regime cumulativo das contribuições, de lucro e receita que, não fosse a reestruturação do negócio, estariam sujeitas a uma tributação maior (lucro real e regime não cumulativo).

Assim, por exemplo, a indústria sujeita ao lucro real ("indústria") constitui uma empresa de prestação de serviços ("serviços"), para instalação e assistência técnica dos equipamentos que produz, cobrando do cliente, pelas atividades prestadas, uma remuneração. Em linhas gerais, a indústria recolherá 34% de IRPJ e CSLL, e 9,25% de PIS e COFINS, ao passo que a serviços pagará 8% de IRPJ e CSLL (alíquota de 25% aplicável sobre a base de cálculo presumida de 32%), e 3,65% de PIS e COFINS.

Ainda que as bases de cálculo não sejam as mesmas, a economia fiscal é evidente, e a licitude, a princípio, também. O que faz com que a operação da empresa de serviços seja considerada simulada (art. 167, I, do Código Civil) são as características do caso concreto, demonstradas mediante provas.

A primeira possibilidade é de se considerar que o contribuinte planejou-se de maneira lícita, mediante divisão de atividades. Assim, (i) constituiu uma nova pessoa jurídica; (ii) contratou funcionários em número suficiente para exercer a atividade-fim da nova empresa; (iii) os tributos devidos pelo regime do lucro presumido foram apurados e recolhidos; e (iv) a serviços suportou diretamente seu custo administrativo ou, alternativamente, reembolsou a indústria pelas despesas que lhe são proporcionais (consumo de energia, luz, água, contadores, advogados, técnicos de TI etc.). O fato de a indústria poder exercer o objetivo social da serviços não desqualifica sua existência e operações, tampouco autoriza a desconsideração de sua personalidade jurídica.

Por outro lado, se a serviços (i) não possuía funcionários, ou os possuía em número simbólico, (ii) não possuía despesas de qualquer natureza, já que todas eram suportadas e aproveitadas fiscalmente pela indústria, (iii) não demonstrou que exercia a atividade pela qual cobrava e, finalmente, (iv) se seu caixa era utilizado para pagamento das despesas da indústria, sem qualquer explicação, ou se as explicações fossem mútuo (sem recolhimento de IOF) ou adiantamento de dividendos (sem balancetes mensais), nada mais correto do que considerar simulada as atividades da prestadora de serviços, existente apenas para reduzir a carga tributária do grupo, sem qualquer respaldo factual. Aplica-se ao caso, então, o parágrafo único do art. 116 do CTN, que permite à autoridade administrativa desconsiderar o negócio jurídico praticado com a finalidade de dissimular a ocorrência do fato gerador ou a natureza dos elementos constitutivos da obrigação tributária, tais como sujeito passivo, base de cálculo e alíquota.

Nada impede que os grupos econômicos se planejem, o Fisco também o faz. A questão que há de ser provada, entretanto, é se a empresa optante pelo lucro presumido existia efetivamente. Não se chega a essa resposta somente com a análise do propósito negocial, mas, sobretudo, com a demonstração do substrato fático da operação estruturada. Esse é o ponto importante: se a prestadora de serviços exercia atividade, sua receita poderia sujeitar-se a uma carga tributária inferior à da líder do grupo econômico, pois a legislação assim autoriza. Trata-se de mera economia fiscal, desprovida de qualquer simulação.

E foi justamente nesse sentido a decisão proferida pela 3ª Câmara da 1ª Turma Ordinária da 1ª Seção do CARF, nos autos do processo administrativo n. 10865.720538/2015-11. Confira-se:

> IRPJ/CSLL SIMULAÇÃO. INEXISTÊNCIA
> O direito de se auto-organizar autoriza a constituição de sociedades pelos mesmos sócios, que tenham por escopo atividades similares, complementares ou mesmo distintas. Se corretamente constituídas e operadas, afasta-se o entendimento de que se trata de mera simulação. Para que determinada operação seja considerada simulada, devem ser consideradas as características do caso concreto, demonstradas através de provas.

7.12 Omissão de rendimentos da pessoa física

Estabelece o art. 47, XIII, do RIR/2018 que são tributáveis:

> XIII – as quantias correspondentes ao acréscimo patrimonial da pessoa física, apurado mensalmente, quando esse acréscimo não for justificado pelos rendimentos tributáveis, não tributáveis, tributados exclusivamente na fonte ou objeto de tributação definitiva.

Esse artigo prevê a presunção relativa de omissão de rendimentos por parte do contribuinte pessoa física que, não tendo como justificar o aumento patrimonial, deverá submeter o acréscimo não justificado à tributação, considerando-se ser provável a prática de um fato jurídico ocultado. A prova a ser apresentada, portanto, consiste na justificativa do acréscimo, incluindo não apenas a origem do rendimento pretensamente omitido, como a sujeição pretérita desses valores à tributação (se sujeitos, obviamente).

Nenhuma irregularidade há nesse dispositivo, que não veda a produção de provas contrárias à origem injustificada do rendimento, e que também não confere ao agente administrativo o dever de arbitrar aleatoriamente a base de cálculo, uma vez que estabelece ser apenas o acréscimo sujeito à tributação. A presunção será mantida somente se não houver impugnação eficaz pelo contribuinte.

7.13 Liquidação de débito dos sócios

Também aqui o fundamento legal é o Decreto-lei n. 1.598/77, art. 12, § 3º, e o Decreto-lei n. 1.648/78, art. 1º, II, que, se corretamente aplicados, não esbarram em nenhum limite constitucional. A origem e a efetiva entrega dos recursos para a empresa deverão ser provadas também na liquidação de empréstimos contraídos pelos sócios, implicando a ausência de qualquer uma dessas provas, reconhecimento da omissão de receitas[24].

Como nos casos de suprimento de caixa e integralização de capital, não basta a comprovação de apenas um dos elementos: para afastar a presunção relativa de que existiu omissão de receitas, deverão ser comprovadas, mediante documentos hábeis e idôneos, a origem e a efetiva entrega de recursos pelos sócios. Isso evitaria, por exemplo, que os sócios contraíssem empréstimos da pessoa jurídica e devolvessem o montante emprestado apenas ficticiamente. Tal procedimento teria o condão de regularizar dinheiro advindo de receitas omitidas.

7.14 Vínculo empregatício e prestação de serviço via pessoa jurídica

A questão que aqui se coloca diz respeito às provas a serem produzidas para considerar que determinada pessoa física não detém vínculo empregatício com sociedade tomadora dos serviços prestados por intermédio de pessoas jurídicas constituídas para tal prestação. Em outras palavras, é necessário distinguir o funcionário/sócio de empresa prestadora de serviços, do empregado não revestido das formalidades legais e, com isso, permitir que, no caso de simulação, o Fisco possa cobrar as contribuições previdenciárias incidentes sobre as remunerações auferidas pelos segurados empregados, supostamente contratados por intermédio de pessoas jurídicas.

---

24 *Vide* Acórdãos n. 103-10.685/90 e 101-74.993/84, ambos do 1º Conselho de Contribuintes. Este último estabelece o seguinte: "O registro contábil dos valores tidos como entregues ao caixa da pessoa jurídica pelos sócios, ainda que para amortização de provável empréstimo anteriormente contraído, possui as mesmas características dos suprimentos de caixa, e, quando devidamente intimada a pessoa jurídica a fazer prova da efetiva entrada do dinheiro e sua origem, se não lograr fazê-lo com documentação hábil e idônea, coincidente em datas e valores, a importância suprida será tributada como omissão de receita. O registro na contabilidade sem qualquer documento emitido por terceiros que o lastreie não é meio de prova (*nemo sibi ipsi titulum constituit*), isto é, não será o lançamento considerado amparado em prova hábil quando o crédito a sócio-administrador reportar a entrega de numerário nessas condições, constituindo-se em indício de omissão de receita".

Empregado, segundo o art. 3º da Consolidação das Leis do Trabalho – CLT, é "toda pessoa física que prestar serviços de natureza não eventual a empregador, sob dependência deste e mediante salário". Diante disso, a caracterização do vínculo empregatício decorre das seguintes circunstâncias: pessoalidade, habitualidade, continuidade, remuneração e dependência, interpretada pela doutrina e jurisprudência como subordinação.

Valentim Carrion[25] afirma que "a subordinação do empregado às ordens do empregador (colocando à disposição deste sua força de trabalho) de forma não eventual é a mais evidente manifestação da existência de um contrato de emprego; o poder disciplinar é-lhe inerente". Na mesma página, ressalta o fato de que "há casos em que essa subordinação de fato não é visível, restando em estado potencial", como ocorreria com altos empregados.

Sobre o tema, observe-se o trecho do acórdão proferido nos autos da Apelação n. 2003.61.00.034889-4, do TRF da 3ª Região, Rel. Des. Federal Henrique Herkenhoff, muito pertinente às nossas considerações:

> Para a configuração do vínculo empregatício, é necessária a comprovação da subordinação, habitualidade, onerosidade e pessoalidade, mesmo nas hipóteses em que tal verificação deve ser feita em relação a diretores. Sobre o tema, colho a lição de Amauri Mascaro Nascimento: "Divergem os autores quanto ao modo como a subordinação é concebida. Para alguns, é de natureza hierárquica, sendo considerada uma situação em que se encontra o trabalhador por se achar inserido numa organização de trabalho de outro. Para outros, a subordinação é de natureza econômica; a dependência econômica é criticada porque nem todo dependente econômico é empregado, como filho em relação ao pai que o mantém. Para outros, a subordinação é técnica, significando que o empregado depende tecnicamente do empregador, tese que recebe a crítica de que os tecnocratas não dependem do empregador, este é que na verdade depende daqueles. Para outros, a subordinação é jurídica, significando a situação contratual do trabalhador em decorrência da qual está sujeito a receber ordens, tese que vem recebendo maior aceitação. A subordinação é nítida na base hierárquica da empresa. É fácil percebê-la nos operários de uma fábrica, trabalhando nas máquinas, sob a fiscalização de um chefe ou encarregado, marcando cartão de ponto para cumprir horário e ganhando salário. Quanto mais elevado é o nível do trabalhador, mais tênue é a subordinação. Assim, nos altos escalões administrativos da empresa, há diretores que têm subordinação leve, quase imperceptível, a ponto de confundir

---

25 OLEA, Alonso. *Comentários à Consolidação das Leis do Trabalho*. 28. ed. São Paulo: Saraiva, 2003, p. 36.

alguns teóricos quando procuram responder qual a sua posição jurídica diante das leis trabalhistas. Há, também nesse nível, a subordinação, embora menos visível, mas existente, com as nuanças próprias da situação em que esses trabalhadores, predominantemente intelectuais, encontram-se. Só o fato de, numa empresa, alguém se inserir na organização para cumprir diretrizes que não traça, mas que provêm de uma assembleia da sociedade, é indicativo" (*in Iniciação ao Direito do Trabalho*, LTr Editora, São Paulo, 30. ed., p. 194-196).

De acordo com as características de cada caso concreto, o Fisco deverá provar que os segurados envolvidos desenvolviam suas atividades com pessoalidade, habitualidade, onerosidade e subordinação. Terá havido (i) pessoalidade se as atividades foram desempenhadas por pessoas certas, de maneira insubstituível, conforme contrato entre as partes ou outra prova passível de ser produzida; (ii) onerosidade, se efetuado pagamento[26]; (iii) habitualidade, se as atividades não foram eventuais e sim contínuas; e (iv) subordinação, se os serviços foram executados sob mando e supervisão da empresa, inclusive com horários de trabalho.

O Fisco poderá adicionalmente demonstrar que o trabalho executado referia-se à atividade-fim da empresa, que os recursos utilizados na condução dos serviços não eram próprios e que os trabalhadores eram antigos funcionários do contribuinte, dispensados e posteriormente vinculados à empresa prestadora de serviços, na forma de sócios ou funcionários.

Ao contribuinte competirá refutar as provas apresentadas e trazer aos autos novos elementos capazes de demonstrar a improcedência da caracterização do vínculo empregatício, sob pena de considerar-se empregados seus, e não de terceiros, as pessoas que lhe prestaram serviços[27]. Como exemplos

26 Em sentido diverso, a Apelação n. 2003.71.11.4001430-0, o Desembargador Federal Dirceu de Almeida Soares, do TRF da Quarta Região, entendeu o seguinte: "[...] O recebimento de contraprestação não significa, de pronto, remuneração, salário. *In casu*, tenho que o requisito da onerosidade não se apresenta, já que os valores desembolsados não se destinam a trabalhadores individuais, mas a pessoas jurídicas que também prestam serviços a outros contratantes [...] É sabido que o requisito mais significativo para a configuração de contrato de trabalho é o da subordinação, pelo qual se manifesta o poder de mando do empregador. No presente caso, trata-se de prestadoras de serviço constituídas, por coincidência ou não, por ex-empregados da autuada, as quais realizam atividades específicas, mas sem subordinação. De fato, não há prova nos autos de pessoalidade nem de subordinação (cumprimento de regras, de horários, etc.), mas de mera supervisão da direção da contratante, como é natural na prestação de serviços, pelo que é indevido o reconhecimento de relação de emprego procedido pela autarquia".

27 Confira-se, nesse sentido, Acórdão n. 206-006.67, do antigo Segundo Conselho de Contribuintes.

de prova, podemos citar a não exclusividade na prestação, a inexistência de horários e ordens a serem cumpridos, a prestação de serviços em outros clientes da pessoa jurídica etc.

7.15 Representantes comerciais autônomos

Em diversas oportunidades, o representante comercial autônomo é tido por segurado empregado da empresa representada. Por vezes, tal fato se dá por desconhecimento do intérprete acerca das características da prestação (o vínculo que se estabelece entre as partes é oriundo de uma obrigação mercantil, resultado do contrato de representação comercial); outras, em função da simulada representação comercial. O objetivo da simulação é principalmente ocultar o vínculo trabalhista e, com isso, evitar o pagamento das contribuições sociais incidentes sobre a folha de salários.

A representação comercial é regulada pela Lei n. 4.886/65, com as alterações introduzidas pelas Leis n. 8.420/92 e n. 12.246/2010. Exerce a representação comercial autônoma a pessoa jurídica ou física, sem relação de emprego, que desempenha, em caráter não eventual, por conta de uma ou mais pessoas, a mediação para a realização de negócios mercantis, agenciando propostas e pedidos, para transmiti-los aos representados, praticando ou não atos relacionados com a execução dos negócios.

Com base na lei acima citada, são os seguintes os elementos caracterizadores da representação comercial, que, uma vez presentes (de forma conjunta), devem afastar o vínculo trabalhista:

- *Profissionalidade do representante*: a pessoa deve ter como profissão a representação comercial.
- *Autonomia*: não subordinação hierárquica do representante e seus funcionários, com relação ao representado. Deverá existir apenas uma vinculação recíproca às condições do contrato, a serem seguidas por ambas as partes, sob pena de configurar ilícito contratual.
- *Habitualidade*: a representação deve ser exercida de forma não esporádica.
- *Mercantilidade*: consiste na mediação para a realização dos negócios mercantis. O representante obriga-se a colocar junto aos interessados as mercadorias comercializadas ou produzidas pelo representado.
- *Exclusividade de representação*: o representante pode ser exclusivo ou representar duas ou mais empresas, desde que não sejam concorrentes.
- *Remuneração*: trata-se de contrato oneroso; a remuneração é sempre devida. Deve ser realizada com base no volume de negócios fechados entre a representada e os compradores de seus produtos, indicados, como regra, pelo representante comercial.

Para a demonstração de que o vínculo comercial é simulado, a fiscalização deverá tomar como objeto de prova da relação empregatícia tanto a *subordinação*[28] – por meio da exigência de quota mínima de venda, horário de trabalho, número mínimo de clientes visitados ao mês, concessão dos mesmos benefícios dados aos segurados empregados (plano médico e odontológico, gratificação natalina etc.) – quanto a *pessoalidade* – prova de que os serviços foram sempre e diretamente prestados pelos sócios da pessoa jurídica representante. Esse fato ganha força probatória, se tais sócios eram funcionários da representada, que se desligaram para constituir a prestadora de serviços.

Contribuiu para a caracterização do vínculo trabalhista, também, o ressarcimento de despesas com refeições, viagens, estadias, manutenção de veículos e aluguéis, relacionadas a dispêndios ocorridos dentro da zona de autuação do prestador de serviço.

Por outro lado, tanto a habitualidade quanto a remuneração são fatos irrelevantes para a caracterização do vínculo empregatício, pois os serviços de representação comercial são de natureza permanente (habituais), já que buscam atender às necessidades ordinárias do contratante, e também ensejam a cobrança de remuneração, tendo em vista ser o contrato oneroso.

Já as provas a serem apresentadas pelo representado, e que confirmam o vínculo comercial, são as seguintes: (i) inexistência de subordinação (representantes comerciais agiam de acordo com as suas próprias vontades e diretrizes, assumindo os riscos do negócio, determinando seus horários e o *modus operandi*, ficando à mercê da contratante exclusivamente no que se refere às instruções comerciais); (ii) os representantes tinham funcionários que visitavam clientes, tiravam pedidos etc.; (iii) a representação não era realizada nas dependências da representada, mas em diversos lugares distintos; (iv) o serviço era prestado mediante celebração de contrato de representação, firmado de acordo com as disposições legais vigentes pertinentes à matéria; (v) notas fiscais ou RPA eram emitidos pelos prestadores; (vi) como a exclusividade não é pressuposto para a representação, a emissão em série

---

28 "RELAÇÃO DE EMPREGO – REPRESENTANTE COMERCIAL – AUSÊNCIA DE SUBORDINAÇÃO – NÃO CONFIGURAÇÃO. Relação de emprego. Representante comercial. Inexiste relação de emprego quando comprovado que o reclamante, representante comercial, trabalhava sem sujeição a horários, número de visitas e cota mínima de vendas. Não obstante a *zona gris* entre o contrato de trabalho e o de representação comercial, há de prevalecer este último quando ausente a subordinação jurídica, pressuposto que imprime ao contrato de emprego sua feição própria, sendo utilizado pela maioria dos doutrinadores para distingui-lo dos demais contratos de atividade" (Acórdão da 2ª Turma do TRT da 3ª Região – RO 16.963/96 – Rel. Juíza Alice Monteiro de Barros – j. 25-3-1997 – Recte.: Janio Ferreira de Souza; Recdos.: Platina Atacadista Ltda. e outro – *DJMG* 18-4-1997, p. 10 – ementa oficial).

das notas fiscais não configura indício de vínculo empregatício; (vii) os sócios dos representantes recolhiam INSS sobre os valores recebidos na qualidade de autônomos; (viii) essas pessoas também eram inscritas no Cadastro de Contribuintes Municipais e recolhiam o ISS devido sobre essas atividades; (ix) se os representantes eram empregadores, eles deviam provar o recolhimento regular das contribuições incidentes sobre a folha de salários; (x) despesas necessárias ao exercício da representação, ligadas à locomoção, hospedagem, porte postal, malotes, bem como contratação de empregados ou pessoas a qualquer título, corriam por conta da representante; (xi) despesas reembolsadas eram relativas aos gastos ocorridos fora da zona de atuação, para atender pedido extraordinário do tomador do serviço, e no proveito dele; e, finalmente, (xii) existência de sentenças trabalhistas a favor da representada, em que representantes comerciais buscaram no Judiciário o reconhecimento do vínculo mas não o obtiveram.

7.16 SAT e FAP

As alíquotas do Seguro de Acidente de Trabalho – SAT, incidentes sobre a folha de salários, foram fixadas pelo art. 22, II, da Lei n. 8.212/91, em 1%, 2% ou 3%, conforme o risco laborativo proporcionado pelo ambiente de trabalho, derivado da atividade preponderante da empresa contribuinte, definida consoante segmento econômico previsto no art. 202 do Decreto n. 3.048/99.

O art. 10 da Lei n. 10.666/2003, por sua vez, instituiu o Fator Acidentário de Prevenção – FAP, ao estabelecer que:

> a alíquota de contribuição de 1, 2 ou 3%, destinada ao financiamento do benefício de aposentadoria especial ou daqueles concedidos em razão do grau de incidência de incapacidade laborativa decorrente dos riscos ambientais do trabalho, poderá ser reduzida, em até cinquenta por cento, ou aumentada, em até cem por cento, conforme dispuser o regulamento, em razão do desempenho da empresa em relação à respectiva atividade econômica, apurado em conformidade com os resultados obtidos a partir dos índices de frequência, gravidade e custo, calculados segundo metodologia aprovada pelo Conselho Nacional de Previdência Social.

A regulamentação do FAP deu-se por meio do art. 202-A do Decreto n. 3.048/99, com a redação dada pelo Decreto n. 6.957/2009, e das Resoluções n. 1.308 e 1.309/2009, do Conselho Nacional da Previdência Social – CNPS.

Para chegar ao cálculo do FAP, o Ministério da Fazenda levou em consideração os investimentos e recursos materiais, humanos e tecnológicos para a melhoria da segurança no trabalho e baseou-se nos eventos acidentários registrados em relação às sociedades empresárias, dentre os quais os acidentes ocorridos no trajeto do trabalhador entre sua residência e o local de trabalho, o número de empregados afastados que percebem o benefício previdenciário simples (ou seja, sem nexo com doença profissional), o número de empregados que chegaram ao óbito ou à invalidez em razão do trabalho desenvolvido etc.

Parece-nos, portanto, que o questionamento relativo ao enquadramento nos referidos graus de risco (do SAT e do FAP) está intrinsecamente relacionado à questão probatória. O que é grau de risco leve, médio e grave? E se o contribuinte estiver enquadrado em grau de risco grave, mas demonstrar, por meio de prova pericial, que historicamente seus funcionários não sofrem acidentes de trabalho, e que, no presente, investe grande quantia de dinheiro para manter esse histórico, poderá ser reenquadrado? E finalmente: a prova pericial deve ser acatada para demonstrar que a atividade preponderante de uma sociedade empresária é uma, e não outra?

Acreditamos que caso o contribuinte entenda que os parâmetros gerais previstos na legislação que regulamenta a matéria a ele não se aplicam – ou seja, o que o decreto considera como risco médio é, no caso dele, apenas leve –, poderá sim impugnar o enquadramento, sustentando documentalmente suas alegações. O meio de prova mais adequado para refutar este caso é a prova pericial. Entender que a atividade preponderante, por si só, define a alíquota do contribuinte, sem possibilidade de contraprova, é ilegal, vez que a fixação vincula-se ao financiamento de benefícios diretamente vinculados ao risco acidentário.

A perícia também será cabível para a contestação da atividade preponderante[29] – clara hipótese de presunção relativa, fundada no princípio da praticabilidade[30] – em que pese o contribuinte poder apresentar informações da atividade designada a cada um dos funcionários e, com base nisso, demonstrar que a maior parte deles exerce função diversa da considerada pela fiscalização.

---

29 Este também é o entendimento do TRF da 3ª Região, como se observa do acórdão proferido nos autos da Apelação n. 2001.03.99.040589-0: "A prova pericial realizada foi contundente no sentido de apontar que a embargante é uma cooperativa de consumo, assemelhada a um supermercado, donde que a cobrança de diferenças da contribuição ao SAT por recolhimento pela alíquota prevista para o grau médio deve ser revisada, já que deve ser considerada a atividade preponderante da empresa".

30 Como já tivemos oportunidade de observar em obra de nossa autoria (*Presunções no direito tributário*, p. 146-147), uma das causas de existência das presunções é a praticabilidade, entendida como simplificação da arrecadação nas hipóteses em que a prova direta é impossível ou muito difícil de ser produzida. Visa, nessa medida, a suprir deficiências probatórias e colaborar com a eficácia da atividade arrecadatória.

8 Casos práticos estaduais

Neste Capítulo, propomo-nos a tratar de casos práticos que envolvam questões relativas a tributos estaduais e seus reflexos, tais como operação triangular, glosa de créditos de ICMS e declaração de inidoneidade, operações interestaduais sujeitas à cláusula FOB (*Free on board*), habitualidade no ICMS e internamento na Zona Franca de Manaus. Vamos a eles.

8.1 Operação triangular e o ICMS

O constante dinamismo com que as operações mercantis são realizadas atualmente – decorrência direta de um mercado cada vez mais competitivo e especializado – acabou por disseminar novas modalidades de operações para tornar mais célere e fácil a comercialização de produtos.

Uma dessas figuras é a venda à ordem, também denominada operação triangular, consistente na operação por meio da qual um determinado contribuinte (adquirente original) adquire mercadoria de outro contribuinte (vendedor remetente) e solicita que ela seja entregue a terceiro (destinatário), sem que a mercadoria transite pelo seu estabelecimento.

Nesta operação, apesar de não se concretizar o trânsito físico da mercadoria no estabelecimento adquirente original, ocorre a circulação jurídica do bem. Isso quer dizer que, a despeito de se estar diante de duas operações jurídicas de circulação de mercadoria, a saber, (a) uma de aquisição de mercadoria de um adquirente junto a um fornecedor e (b) outra de venda realizada pelo adquirente para um terceiro, de fato, há apenas uma circulação física da mercadoria, que é remetida diretamente do primeiro fornecedor para um terceiro, com quem referido fornecedor não estabeleceu nenhuma negociação.

Frente a esse quadro, os Fiscos estaduais têm desconsiderado as operações de venda à ordem praticadas por contribuintes estabelecidos em seus respectivos Estados, lavrando autos de infração que visam (i) à glosa dos créditos de ICMS com relação às mercadorias entradas apenas simbolicamente no estabelecimento e (b) à cominação de multa pela emissão de nota fiscal sem a correspondente saída efetiva de mercadorias por ela acobertada. Tal postura é adotada, sobretudo, quando os contribuintes integrantes da operação estão localizados em Estados distintos e o Estado no qual se deu a operação simbólica tem que arcar com um "prejuízo" em face da regra de aplicação de diferencial de alíquota.

Como se sabe, o inciso IV do § 2º do art. 155 da Constituição Federal previu que caberia ao Senado Federal estabelecer as alíquotas aplicáveis às operações e prestações interestaduais. Em decorrência da outorga de tal competência legislativa, o Senado Federal editou a Resolução n. 22/89, cujo art. 1º previu que a alíquota do ICMS, nas operações e prestações interestaduais, é de 12%, salvo nas operações e prestações realizadas nas Regiões Sul e Sudeste, destinadas às Regiões Norte, Nordeste e Centro-Oeste e ao Estado do Espírito Santo, em que a alíquota é de 7%.

Aplicando-se a legislação acima mencionada a uma operação triangular, poder-se-á estar diante de uma operação em que um contribuinte estabelecido em São Paulo adquira mercadoria de um contribuinte de Minas Gerais (operação tributada a 12%) e comercialize o mesmo bem, sem a efetiva circulação física pelo seu estabelecimento, para outro contribuinte estabelecido no Espírito Santo (operação sujeita à alíquota de 7%).

Nesse exemplo, o contribuinte paulista acumulará créditos (ou deixará de pagar ICMS, a depender de sua movimentação total) perante o Estado de São Paulo, créditos esses oriundos da diferença entre as alíquotas de 12% da entrada e de 7% da saída e passíveis de compensação em face de operações futuras, independentemente do fato de não ter ocorrido a circulação física da mercadoria em seu território.

Essa é a razão econômica que fundamenta a recusa dos Estados em aceitar as operações triangulares nos moldes ora delineados. Ocorre, entretanto, que os arts. 12 e 20 da Lei Complementar n. 87/96[1] preveem expressamente a possibilidade de ocorrência de circulação jurídica de mercadoria, a qual não corresponda uma efetiva circulação física, principalmente para fins de efetivação da não cumulatividade constitucional, não se justificando, pois, a

---

1 Eliminando qualquer controvérsia sobre a possibilidade de ocorrência do fato gerador (em operação interna ou interestadual), sem que a mercadoria transite fisicamente pelo estabelecimento transmitente, a Lei Complementar n. 87/96 estabelece que: "Art. 12. Considera-se ocorrido o fato gerador do imposto no momento: [...] IV – da transmissão de propriedade de mercadoria, ou de título que a represente, quando a mercadoria não tiver transitado pelo estabelecimento transmitente;" e "Art. 20. Para a compensação a que se refere o artigo anterior, é assegurado ao sujeito passivo o direito de creditar-se do imposto anteriormente cobrado em operações de que tenha resultado a entrada de mercadoria, real ou simbólica, no estabelecimento, inclusive a destinada ao seu uso ou consumo ou ao ativo permanente, ou o recebimento de serviços de transporte interestadual e intermunicipal ou de comunicação".

desconsideração da operação triangular que envolve vários Estados. Independentemente de circulação física, haverá fato jurídico tributário e créditos e débitos de ICMS.

Entendemos que o que há de ser levado em conta pela fiscalização é a ocorrência ou não de "operações" de "circulação" de "mercadorias". Tendo havido, não há que se descaracterizar o negócio jurídico, com o escopo de se glosar os créditos do contribuinte estabelecido em Estado em que a mercadoria não transitou fisicamente.

O termo *operações*, pelo contexto constitucional em que se encontra inserido, deve ser entendido como "operações jurídicas", ou seja, atos ou negócios jurídicos. E isso fica bem evidente quando se leva em conta que só mediante esse instrumento pode-se ter, como efeito de direito, uma circulação de mercadorias, ou seja, as "operações" a que se refere a Constituição Federal consistem em atos jurídicos que promovem a transmissão de um direito, *in casu*, a propriedade de mercadorias. Eis o motivo por que Geraldo Ataliba[2] afirmava que "a ênfase deve ser colocada no termo 'operação' mais que no termo 'circulação'".

Quanto à circulação, vejamos novamente as palavras de Geraldo Ataliba e agora também de Cleber Giardino[3], segundo os quais, para efeitos de incidência do ICMS, não quer ela (circulação) significar movimentação física do bem:

> Circular significa, para o Direito, mudar de titular. Se um bem ou uma mercadoria muda de titular, circula, para efeitos jurídicos. Convenciona-se designar por titularidade de uma mercadoria a circunstância de alguém deter poderes jurídicos de disposição sobre a mesma, sendo ou não seu proprietário (disponibilidade jurídica). Esse fenômeno é que importa, no plano do ICM. Sempre que haja operação jurídica negocial, de um lado, e mercadoria, de outro lado, haverá circulação, quando o sujeito (que detém a mercadoria e foi parte na operação) é titular de direitos de dono e os transfere total ou parcialmente (pela operação) a outrem. Assim, aquele que – tendo sido parte na operação – transferiu a outrem direitos de dono, promoveu circulação (ao realizar a operação). Por direitos de dono entendem-se os direitos inerentes à propriedade (basicamente a disposição da coisa).

---

2 ATALIBA, Geraldo. *Sistema constitucional tributário brasileiro*. São Paulo: Revista dos Tribunais, 1966, p. 246.

3 ATALIBA, Geraldo; GIARDINO, Cleber. Núcleo da definição constitucional do ICM (operações, circulação e saída). *Revista de Direito Tributário*. São Paulo: Revista dos Tribunais, n. 25-26, 1983, p. 111.

Portanto, circulação somente pode ser entendida como a transferência de dono, titular, proprietário. Nessa medida, só haverá incidência do ICMS caso haja uma operação mercantil em que se altere a propriedade do bem envolvido.

Como ensina Roque Antonio Carrazza[4], o fato imponível do ICMS é a transferência da titularidade das mercadorias, exteriorizada por meio da tradição, que pode ser constatada inclusive nas situações em que, por ordem do comprador, o vendedor entrega a mercadoria diretamente a terceiro, *in verbis*:

> Deveras, só quando há transferência da titularidade das mercadorias (o domínio ou a posse indireta, como exteriorização da propriedade) é que o fato imponível do ICMS se verifica. Do contrário inocorre a alteração da titularidade da "res"; verifica-se, apenas, a saída física das mercadorias. Juridicamente falando, é o mesmo que tivessem sido levadas do depósito do estabelecimento para a vitrina. Ninguém cogitaria, na hipótese, de ocorrência de operação mercantil, apta a ensejar a cobrança do ICMS.
>
> Convém dizermos, a respeito, que no Direito Brasileiro o contrato de compra e venda, ainda que perfeito, não transfere a propriedade das coisas móveis (cf. art. 481 do CC). Isto se dá com a tradição, isto é, com a entrega da "res vendita". O comprador, ao concluir o contrato de compra e venda, não se torna imediatamente proprietário da coisa, mas, apenas, credor do vendedor da entrega desta mesma coisa. Isto vale quer para o Direito Comercial, quer para o Direito Civil (art. 1.267 do CC).
>
> A simples celebração do contrato de compra e venda de mercadoria não faz nascer o dever de pagar o ICMS. Tal dever só surgirá quando este contrato for executado, com a tradição, vale dizer, com a entrega efetiva das mercadorias.
>
> Abrindo um ligeiro parênteses, lembramos que *a tradição pode dar-se* numa das seguintes modalidades: real, *simbólica*, consensual ou constituto possessório. Qualquer delas tem o condão de abrir espaço à exigência do ICMS.

É importante anotar, ainda, que o legislador constitucional reduziu o campo de significação do vocábulo *circulação*, agregando-lhe o adjunto nominal *de mercadorias*, de modo que nem toda circulação está abrangida no tipo proposto, mas unicamente aquelas "de mercadorias".

Mercadoria advém do latim *mercatura* e significa tudo aquilo que pode ser objeto de compra e venda, isto é, o que se produziu/comprou para pôr à venda. A natureza mercantil do produto não está, portanto, em suas características intrínsecas, mas na destinação que é dada ao bem.

---

4 CARRAZZA, Roque Antônio. *ICMS*. 12. ed. São Paulo: Malheiros Editores, 2007, p. 51.

Verifica-se, pois, que o direito, ao criar suas próprias realidades, atribui à expressão *operações de circulação de mercadorias* o significado de "transferência de titularidade". Por essa mesma razão, o critério temporal da regra-matriz do ICMS nas operações interestaduais, consistente no momento da saída da mercadoria, não coincide, necessariamente, com o instante de sua movimentação física, podendo ser representado pelo átimo em que o objeto de compra e venda deixa de pertencer ao patrimônio de dado sujeito, por ter sido transferido a outrem.

Juridicamente irrelevante, portanto, a circulação física. Sua ausência não impede que se realizem negócios jurídicos concernentes àquele bem, com transferência da titularidade e consequente incidência do ICMS. A saída física nada mais é do que uma forma possível de exteriorização, no mundo fenomênico, da operação jurídica realizada.

Misabel de Abreu Machado Derzi e Sacha Calmon Navarro Coelho[5] corroboram esse entendimento, nos seguintes termos:

> A saída, nas operações correntes dentro do território nacional, ou a entrada nas importações, são os momentos marcantes da tradição, que exteriorizam a circulação jurídica das mercadorias.
>
> Mas outras circunstâncias, além da saída ou da entrada, exatamente nos casos em que a mercadoria não transita pelo estabelecimento transmitente, podem exteriorizar o momento da ocorrência da operação de circulação de mercadorias. É o que estabelece o art. 12 da Lei Complementar n. 87/96, acima transcrito. É consistente a norma. Se já se deu o essencial, ou seja, a transmissão da titularidade da mercadoria, e já ocorreu a tradição, mandando o vendedor que ela seja entregue diretamente ao comprador, então seria "nonsense" exigir a lei que a mercadoria circulasse fisicamente pelo estabelecimento transmitente, para que, finalmente, se desse a saída.
>
> Milhares de vezes, a todo o momento e em todo o País, contribuintes compradores (comerciantes, no mercado interno, ou importadores) determinam que mercadorias sejam entregues diretamente aos adquirentes, sem que o intérprete esteja autorizado a ver nesse fato fraude ou simulação. É que existe a mercadoria, o negócio translatício do domínio, a tradição, enfim, a operação de circulação de mercadoria e, principalmente, autorização legal expressa. Até porque é cediça no ICMS a autonomia entre os estabelecimentos de uma empresa.

---

5 Memorial oferecido em favor de Martins Comércio e Serviços de Distribuição S/A, contra os Estados de São Paulo, Bahia e Paraná, referente à Petição Acautelatória 1.607-6, proposta perante o Supremo Tribunal Federal, p. 115.

Portanto, tendo em vista que a Lei Complementar n. 87/96 expressamente reconhece a ocorrência do fato jurídico tributário do ICMS, mesmo nos casos em que não haja trânsito físico no estabelecimento adquirente (pois, juridicamente há trânsito pelo patrimônio do alienante), a operação triangular é instrumento válido e passível de ser adotado.

Mas, para tanto, as provas pertinentes à operação precisam ser analisadas, pois somente elas indicarão a existência ou não de ditas operações no caso concreto. Nesse sentido, são relevantes as seguintes provas:

1. Contrato de compra e venda celebrado entre o adquirente e o fornecedor original, e entre aquele e o terceiro. Na ausência do contrato, devem-se apresentar, ao menos, os respectivos pedidos de compra.
2. Solicitação formal apresentada pelo adquirente ao fornecedor original, para que este entregue a mercadoria diretamente a terceiro.
3. Cópia da nota fiscal (i) de venda de mercadoria do fornecedor original ao adquirente, (ii) de venda do adquirente para o terceiro e (iii) de remessa de mercadoria do fornecedor original para o terceiro, sem destaque do ICMS, com menção expressa ao número da nota fiscal referente à operação realizada entre o adquirente e o terceiro.

8.2 Glosa de créditos de ICMS e declaração de inidoneidade

Questão que causa grande sentimento de injustiça entre os contribuintes é a glosa dos créditos de ICMS quando forem adquiridas mercadorias acobertadas por notas fiscais posteriormente declaradas inidôneas.

Entendemos que a glosa de créditos de ICMS é ilegítima se, cumulativamente:

1. a aquisição existiu e o recebimento do bem é passível de ser provado pelo adquirente;
2. as mercadorias adquiridas estiverem acompanhadas de documento fiscal emitido por contribuinte que, à época das transações, encontrava-se em situação regular, inclusive habilitado perante a Secretaria da Fazenda Estadual competente; e
3. a sociedade adquirente provar que (i) se valeu de todas as providências acautelatórias necessárias à verificação da existência de seus fornecedores (obtenção de CND, consulta ao SINTEGRA, arquivamento de atos constitutivos do alienante etc.) e (ii) efetuou o pagamento acordado, mediante transferências bancárias, cheques nominais ou depósitos em conta corrente dos fornecedores.

Nessas situações, impõe-se a conclusão de que as operações efetivamente ocorreram, com o recebimento da mercadoria e o pagamento do preço acordado, razão pela qual deve ser assegurada a manutenção do crédito escriturado pelo adquirente. A boa-fé é incontestável, e esse elemento não pode ser desconsiderado, tendo em vista que a glosa de créditos pressupõe justamente a má-fé. O entendimento fazendário parece-nos, pois, violar o princípio da não cumulatividade.

Corroborando esse entendimento, Roque Antonio Carrazza[6] ensina:

> Com efeito, não há por que impedir o contribuinte de desfrutar por inteiro, do princípio da não cumulatividade do ICMS se: a) as operações ou as prestações ocorreram regularmente; b) os fornecedores, por ocasião da prática dos negócios jurídicos pertinentes, estavam inscritos no Cadastro Geral dos Contribuintes; c) as mercadorias foram fornecidas ou os serviços prestados; d) documentos emitidos apresentavam aparência de regularidade; e e) todos agiram de boa-fé.

O importante, primeiramente, é determinar o conteúdo do princípio da não cumulatividade, pois nos parece ser essa a base da análise da glosa de créditos, e não a presunção de ilícito por parte do adquirente (já que, a depender da dimensão que se dê à não cumulatividade, ter ou não havido ilícito é irrelevante).

O art. 155, § 2º, I, da Constituição prescreve que o imposto devido em cada operação deve ser compensado como o montante cobrado nas anteriores.

Infere-se desse comando normativo que, ao se adquirir mercadoria de terceiros para seu processo industrial, o contribuinte tem o direito subjetivo de se creditar de todo o montante de imposto *cobrado* nas operações anteriores, e devidamente destacado nas notas fiscais, independentemente do pagamento do ICMS ao Fisco, pelo vendedor.

A não cumulatividade somente permite essa interpretação, tendo em vista não ser possível condicionar o direito do comprador a uma verificação praticamente impossível (a de que o pagamento do imposto foi efetivamente realizado na operação anterior), já que o ICMS a pagar não é calculado considerando-se cada fato jurídico praticado – circunstância que facilitaria muito a comprovação do pagamento –, e sim o saldo do período de competência, que engloba todas as operações de entrada e saída, considerando quaisquer fornecedores e clientes.

Assim, é completamente descabida a interpretação de que por "cobrado" deve-se entender "pago". Essa, certamente, é a forma que o Fisco encontrou para tentar legitimar o estorno do crédito, quando os cofres públicos tiverem

---

6 CARRAZZA, Roque Antônio. *ICMS*. 12. ed. São Paulo: Malheiros Editores, 2007, p. 449.

sido lesados pelo não recebimento do ICMS devido na operação anterior. Mas, o esforço é vão, pois a interpretação fazendária não guarda fundamento de validade constitucional.

A Constituição prescreve dois limites para a interpretação do princípio da não cumulatividade: (i) o primeiro é semântico, já que não é possível entender que imposto *cobrado* (redação da norma constitucional) seja o mesmo que imposto *pago* (interpretação fazendária); e (ii) o segundo é ontológico, já que não é possível condicionar o direito ao crédito à verificação fática praticamente impossível. O adquirente da mercadoria dificilmente teria como saber se o ICMS cobrado na operação anterior foi pago, pois a forma de apuração do imposto a pagar requer a consideração de todas as compras e vendas do mês, e não apenas uma operação.

Portanto, o direito ao crédito nasce da aquisição de mercadoria tributada e deve corresponder ao montante do imposto cobrado na operação anterior. Qualquer limite a esse entendimento será inconstitucional, razão pela qual a glosa de créditos não pode subsistir.

O interesse público certamente não se sobrepõe aos direitos individuais. Pretender penalizar a sociedade adquirente de mercadoria, por infração cometida por terceiros – e que na época dos fatos jurídicos tributários não eram considerados inidôneos –, para com isso assegurar a arrecadação, é violar os princípios constitucionais da não cumulatividade, da segurança jurídica e da legalidade.

Finalmente, por diversas vezes o Poder Judiciário já decidiu questões análogas à ora analisada, tendo, em 14-4-2010, julgado recurso especial representativo de controvérsia[7], o que deverá, espera-se, pôr fim à glosa de créditos. Vejamos:

> PROCESSUAL CIVIL. RECURSO ESPECIAL REPRESENTATIVO DE CONTROVÉRSIA. ART. 543-C, DO CPC. TRIBUTÁRIO. CRÉDITOS DE ICMS. APROVEITAMENTO (PRINCÍPIO DA NÃO CUMULATIVIDADE). NOTAS FISCAIS POSTERIORMENTE DECLARADAS INIDÔNEAS. ADQUIRENTE DE BOA-FÉ.
>
> 1. O comerciante de boa-fé que adquire mercadoria, cuja nota fiscal (emitida pela empresa vendedora) posteriormente seja declarada inidônea, pode engendrar o aproveitamento do crédito do ICMS pelo princípio da

7 "Art. 543-C. Quando houver multiplicidade de recursos com fundamento em idêntica questão de direito, o recurso especial será processado nos termos deste artigo.

§ 1º Caberá ao presidente do tribunal de origem admitir um ou mais recursos representativos da controvérsia, os quais serão encaminhados ao Superior Tribunal de Justiça, ficando suspensos os demais recursos especiais até o pronunciamento definitivo do Superior Tribunal de Justiça".

> não cumulatividade, uma vez demonstrada a veracidade da compra e venda efetuada, porquanto o ato declaratório da inidoneidade somente produz efeitos a partir de sua publicação. [...]
> 2. A responsabilidade do adquirente de boa-fé reside na exigência, no momento da celebração do negócio jurídico, da documentação pertinente à assunção da regularidade do alienante, cuja verificação de idoneidade incumbe ao Fisco, razão pela qual não incide, à espécie, o art. 136, do CTN. [...]
> 4. A boa-fé do adquirente em relação às notas fiscais declaradas inidôneas após a celebração do negócio jurídico (o qual fora efetivamente realizado), uma vez caracterizada, legitima o aproveitamento dos créditos de ICMS (REsp 1.148.444-MG, Rel. Min. Luiz Fux).

Por todos esses motivos, não há como se admitir a glosa dos créditos de ICMS, nem a imposição de penalidade decorrente do recebimento de mercadoria desacompanhada de documento fiscal que, à época, era idôneo.

Tal entendimento não se aplica, somente, às situações em que for comprovada pelo Fisco a participação da sociedade adquirente no ilícito, bem como naquelas em que, independentemente das ocorrências fáticas, o contribuinte não tiver provas suficientes para afastar sua participação na infração (ao deixar, por exemplo, de provar o depósito em conta corrente do vendedor ou o efetivo ingresso das mercadorias em seu estoque). Se a linguagem comprobatória da *ocorrência da aquisição da mercadoria* mostrar-se insuficiente, a operação deve ser considerada como não ocorrida, e os créditos da entrada glosados, com eventual cobrança de imposto e das sanções cabíveis a cada caso concreto.

E nada há de contraditório nisso. A má-fé e a prova da inocorrência da operação permitem a glosa justamente por desenharem uma nova situação, a da não ocorrência do fato jurídico tributário. O conteúdo da não cumulatividade permanece, pois, inabalado: havendo operação, o crédito há de ser mantido; não havendo, glosado.

8.3 Operações interestaduais sujeitas à cláusula FOB

Outra modalidade de operação em que a prova é muito discutida é a contratada sob a cláusula FOB. Não se trata, aqui, de discutir a possibilidade de operações de remessa simbólica de mercadoria (e eventual glosa de créditos), mas de descaracterização da operação como interestadual.

A cláusula FOB é definida por De Plácido e Silva[8] da seguinte forma:

---

8 SILVA, De Plácido e. *Vocabulário jurídico*. 24. ed. rev. e atual. por Nagib Slaibi Filho e Gláucia Carvalho. Rio de Janeiro: Forense, 2004, s.v. *Cláusula FOB*.

> A cláusula FOB, constituída pela abreviatura das palavras inglesas *free on board* (posto a bordo ou franco a bordo), dá ao vendedor o encargo de entregar a mercadoria a bordo, pelo preço estipulado, correndo as despesas de frete e seguro por conta do comprador. Nesta, a mercadoria, até que seja posta a bordo, viaja por conta e risco do vendedor. E, tão logo seja cumprida, isto é, seja a mercadoria posta a bordo, o vendedor está isento de sua obrigação, pois que já cumpriu, viajando as mercadorias por conta e risco do comprador.

Nesse sentido, o contribuinte do ICMS, ao realizar a operação mercantil, emite a respectiva nota fiscal de venda, cabendo ao adquirente retirar a mercadoria e transportá-la por sua conta e risco. Caberá ao adquirente, ademais, informar o endereço de destino da mercadoria, com base na qual o vendedor emitirá a nota fiscal e indicará a alíquota do ICMS incidente na operação, alíquota essa correspondente a uma operação interna ou interestadual.

Problema há quando, diante de uma operação sujeita à cláusula FOB, o vendedor é informado de que a mercadoria será entregue em outro Estado e calcula o ICMS mediante a utilização de alíquota interestadual mas, na realidade, agindo ou não com má-fé, o comprador a mantém no Estado no qual está estabelecido o vendedor. A operação é formalmente interestadual e faticamente estadual.

Frente a este quadro, duas constatações legais hão de ser feitas, ambas levando em conta os termos de leis de natureza complementar.

Primeiramente, os arts. 4º e 12 da Lei Complementar n. 87/96[9] preveem que o contribuinte do imposto é qualquer pessoa que realize com habitualidade operações de circulação de mercadorias, considerando-se ocorrido o fato gerador no momento da saída da mercadoria do estabelecimento do contribuinte.

Assim, contribuinte do imposto, responsável por sua apuração e recolhimento, é aquele que promove a saída da mercadoria.

Paralelamente, temos o art. 123 do CTN, que prevê o seguinte:

> Salvo disposições de lei em contrário, as convenções particulares, relativas à responsabilidade pelo pagamento de tributos, não podem ser opostas à

9 "Art. 4º Contribuinte é qualquer pessoa, física ou jurídica, que realize, com habitualidade ou em volume que caracterize intuito comercial, operações de circulação de mercadoria ou prestações de serviços de transporte interestadual e intermunicipal e de comunicação, ainda que as operações e as prestações se iniciem no exterior"; "Art. 12. Considera-se ocorrido o fato gerador do imposto no momento: I – da saída de mercadoria de estabelecimento de contribuinte, ainda que para outro estabelecimento do mesmo titular;".

Fazenda Pública, para modificar a definição legal do sujeito passivo das obrigações tributárias correspondentes.

Ora, levando-se em conta os enunciados acima referidos, tem-se que, independentemente do fato de nos contratos firmados sob a cláusula FOB caber ao adquirente a responsabilidade pela retirada e transporte da mercadoria, o acordo firmado entre vendedor e adquirente não possui qualquer influência sobre os limites da obrigação tributária, que prevê caber ao vendedor a obrigação de calcular e recolher o tributo a partir da natureza da operação.

Assim, verificando-se que na operação amparada com alíquota interestadual a mercadoria foi entregue no mesmo Estado no qual está estabelecido o vendedor, a este deverá ser imputada a obrigação de recolhimento do diferencial de alíquota, acrescido de multa e juros. A convenção estabelecida entre as partes, e o desvio da mercadoria imputável ao adquirente (para local diverso do previsto na nota fiscal), são irrelevantes para fins fiscais[10].

Nesse sentido, já se manifestou o STJ, em *leading case* citado em diversas outras decisões do mesmo Tribunal:

> SUPERIOR TRIBUNAL DE JUSTIÇA – REsp 37.033 – 2ª TURMA – MINISTRO PEÇANHA MARTINS – *DJ* 31-8-1998
> A cláusula FOB opera entre as partes, exonerando o vendedor da responsabilidade pela entrega da mercadoria ao destinatário, nada valendo perante o Fisco (CTN, art. 123), que só homologa o pagamento do ICMS pela alíquota interestadual se a mercadoria for entregue no estabelecimento do destinatário em outra unidade da federação; não é a nota fiscal que define uma operação como interestadual, mas a transferência física da mercadoria de um Estado para outro. Recurso especial conhecido e provido.

Porém, desde que comprovada a boa-fé do vendedor, a ele não caberá a imputação de multa qualificada. Para tanto, o vendedor deverá demonstrar que foi induzido a erro por terceiro, mediante a apresentação das seguintes provas:

a) contrato de compra e venda celebrado entre vendedor e comprador;
b) declaração do comprador ou de seu representante legal, devidamente assinada e com reconhecimento de firma, de que ele realizou pedido

10 Confira-se, a esse respeito, entendimento de Celso Alves Feitosa (O ICMS, a venda sob cláusula FOB e suas consequências nas operações interestaduais e o decidido no REsp n. 37.033 – STJ. *Revista Dialética de Direito Tributário*, São Paulo: Dialética, n. 48, p. 29-35, 1999, p. 33): "nos casos de incidência do ICMS nas vendas sob cláusula FOB, inexiste convenção particular ou ajuste entre as partes para liberar o vendedor da condição de sujeito passivo legal, na parte que lhe é própria, por outro que queira assumir a sua condição".

de compra do produto "x", em determinada quantidade, a qual foi retirada diretamente pelo comprador/transportadora, no estabelecimento da empresa vendedora, em determinada data, com destino a endereço certo; consulta da situação fiscal do comprador no endereço eletrônico do SINTEGRA (Sistema integrado de informações sobre operações interestaduais de mercadorias – www.sintegra.gov.br);

c) conhecimento de transporte de carga, se for utilizado serviço de transportadora; e

d) extrato bancário, cópia de cheques etc., que comprovem que o pagamento da venda foi realizado mediante depósito ou transferência eletrônica em conta corrente do vendedor.

8.4 Habitualidade e o ICMS

A habitualidade é um conceito contido na legislação que regula o ICMS e em relação ao qual inexistem critérios objetivos de determinação. Trata-se de conceito legal cujo termo é indeterminado[11].

Karl Engisch[12] faz as seguintes considerações:

> Por conceito indeterminado entendemos um conceito cujo conteúdo e extensão são em larga medida incertos. Os conceitos absolutamente determinados são muito raros no Direito. Em todo caso devemos considerar tais os conceitos numéricos (especialmente em combinação com os conceitos de medida e de valores monetários: 50km, prazo de 24 horas, 10 marcos). Os conceitos jurídicos são predominantemente indeterminados, pelo menos em parte. É o que pode afirmar-se, por exemplo, a respeito daqueles conceitos naturalísticos que são recebidos pelo Direito, como os de "escuridão", "sossego noturno", "ruído", "perigo", "coisa". E com mais razão se pode dizer o mesmo dos conceitos predominantemente jurídicos, como os de "assassinato" ("homicídio qualificado"), "crime", "ato administrativo",

11 Segundo Eros Grau (*Direito, conceitos e normas jurídicas*. São Paulo: Revista dos Tribunais, 1988, p. 76), "não há conceitos jurídicos indeterminados, mas tão somente conceitos jurídicos cujos termos são indeterminados". Por isso, o mais correto seria falar-se em termos indeterminados, e não conceitos indeterminados.

12 ENGISCH, Karl. *Introdução ao pensamento jurídico*. 7. ed. Tradução de J. Baptista Machado. Lisboa: Fundação Calouste Gulbenkian, 1996, p. 208-209. Confira-se, também, Eduardo Garcia de Enterría e Tomás-Ramón Fernandes (*Curso de derecho administrativo*. 10. ed., v. I. Madrid: Civitas, 2000, p. 457), o conceito indeterminado encontra-se presente nas situações em que "a lei refere uma esfera de realidade cujos limites não aparecem bem precisados em seu enunciado".

> "negócio jurídico" etc. Com Philipp Heck podemos distinguir nos conceitos jurídicos indeterminados um núcleo conceitual e um halo conceitual. Sempre que temos uma noção clara do conteúdo e da extensão dum conceito, estamos no domínio conceitual. Onde as dúvidas começam, começa o halo do conceito.

Pois bem. Na legislação do Estado de São Paulo, o conceito de habitualidade está previsto no art. 19, I, XVI, do RICMS/SP, que estabelece que o contribuinte que pretender praticar operações com habitualidade deverá promover sua inscrição no cadastro de contribuintes do ICMS, conforme abaixo:

> Art. 19. Desde que pretendam praticar com habitualidade operações relativas à circulação de mercadoria ou prestação de serviço de transporte interestadual ou intermunicipal ou de comunicação, deverão inscrever-se no Cadastro de Contribuintes do ICMS, antes do início de suas atividades:
> I – o industrial, o comerciante, o produtor e o gerador;
> [...] XVI – as demais pessoas naturais ou jurídicas de direito público ou privado que praticarem, habitualmente, em nome próprio ou de terceiro, operações relativas à circulação de mercadoria ou prestações de serviço de transporte interestadual ou intermunicipal ou de comunicação.

Habitual é aquilo que se repete em número razoável de vezes. A definição parece-nos correta, mas insuficiente para a completa compreensão do termo. O sujeito que comercializa mercadorias uma vez por mês, ou uma vez por semana, o faz de forma habitual e, portanto, deve inscrever-se no Cadastro de Contribuintes do ICMS? Qual o critério de determinação do termo *razoável* e quais as provas que deverão ser apresentadas para se demonstrar a presença da habitualidade?

Dada a forte indeterminação do termo, entendemos que as respostas somente podem ser construídas a partir da análise conjunta e simultânea de quatro critérios, que deverão instruir a produção probatória por parte do Fisco e dos contribuintes.

O primeiro critério a ser considerado diz respeito à periodicidade. Para que haja habitualidade, a comercialização deve ser feita de forma rotineira, já que habitual é o usual, costumeiro, comum; o que é constante ou muito frequente.

Já o segundo critério auxilia na construção de parâmetros para os termos *frequente/rotineiro* acima referidos. Nesse sentido, imperioso considerar-se o elemento *ocorrência no tempo* juntamente com a *sazonalidade*. Se a mercadoria for, por sua própria natureza, consumida sempre (materiais de escritório, alimentos da cesta básica etc.) ou em número mais elevado em apenas algumas épocas do ano (material escolar, alimentos e vestimenta próprios do inverno etc.), a resposta poderá variar. A ausência de venda de material escolar em abril não retira a característica de habitualidade do vendedor que, todos os anos, vende esse tipo de mercadoria em período coincidente com o início das atividades escolares, pouco importando a frequência dos meses da venda *versus* os meses do exercício, já que, pela característica do produto, as oscilações de venda são próprias do bem.

O terceiro critério refere-se à mercadoria objeto de comercialização. Praticar atos de comércio com habitualidade, para determinadas mercadorias, pode significar operações esporádicas – como é o caso da venda de aeronaves – ou rotineiras, na hipótese de venda de microcomputadores, papel, *toner* de impressora, mesas, cadeiras etc. Não se trata, neste caso, de sazonalidade decorrente da influência de elementos externos (estações do ano, período escolar), e sim das características inerentes à própria mercadoria.

Finalmente, o quarto e último critério diz respeito à diferença entre o valor de aquisição do bem e o de venda. O valor é significativo a ponto de qualificar o negócio como um ato de mercancia? O ganho foi tanto que acabou por revelar o interesse comercial do negócio? Isoladamente, a validade desse critério pode ser questionada (pois mesmo a alienação isolada pode representar um grande ganho para quem vende), mas, se analisado o conjunto, certamente consistirá em norte interpretativo relevante.

8.5 Internamento na Zona Franca de Manaus

Criada em 6-6-1957, por meio da Lei n. 3.173/57, posteriormente alterada pelo Decreto-lei n. 288/67, a Zona Franca de Manaus é uma área de livre-comércio de importação e exportação e de incentivos fiscais especiais, estabelecida com a finalidade de criar, no interior da Amazônia, um centro industrial, comercial e agropecuário dotado de condições econômicas que permitam seu desenvolvimento, em face dos fatores locais e da grande distância em que se encontram os centros consumidores de seus produtos.

Por essas características, as exportações de mercadorias de origem nacional para consumo ou industrialização na Zona Franca de Manaus, ou reexportação para o estrangeiro, equiparam-se, para todos os efeitos fiscais, às exportações para o estrangeiro, inclusive no que tange à não incidência do ICMS quando da saída de produto industrializado de origem nacional de outra unidade da Federação. Esse entendimento já é antigo no STF[13].

13 RE 91418 – Relator Min. Cunha Peixoto: "Adicional ao frete para renovação da Marinha Mercante – Remessa de mercadoria nacional para a Zona Franca de Manaus (Decreto-lei

Ocorre que, para evitar que os benefícios sejam utilizados de forma indevida, os Estados criaram algumas regras de controle das remessas, tais como as contidas no Convênio ICMS n. 17/2003 e no art. 84 do Anexo I do RICMS/SP (Decreto n. 45.490/2000).

Referidos dispositivos estabelecem que, para que uma empresa não seja considerada contribuinte do ICMS, ao realizar a remessa de uma mercadoria à Zona Franca de Manaus, faz-se necessário comprovar o ingresso e o internamento do bem. Isso deve ocorrer por meio de vistoria física da SEFAZ/AM e da SUFRAMA, de forma simultânea, bem como da conferência dos documentos utilizados para o transporte das mercadorias, tais como notas fiscais e conhecimentos de transporte.

Feito o internamento e a conferência dos documentos, deveria a SUFRAMA disponibilizar, em seu sítio eletrônico, a declaração de internamento, que nada mais é do que informações sobre o ingresso no bem, permitindo ao contribuinte apresentá-lo à fiscalização de seu Estado e, com isso, evitar a glosa dos benefícios. Referidas normas entendem, ainda, que não constituirá prova do ingresso da mercadoria a aposição de qualquer carimbo, autenticação, visto ou selo de controle pela SUFRAMA ou SEFAZ/AM, nas vias dos documentos apresentados para vistoria.

Ocorre, porém, que o sistema utilizado pela SUFRAMA continha falhas que, equivocadamente, faziam com que mercadorias internadas constassem como irregulares. Isso gerou inúmeros autos de infração e, em função de todo esse contexto, formou-se, na doutrina e nos Tribunais Administrativos e Judiciais[14], entendimento de que os contribuintes poderiam demonstrar a

---

n. 288/67, art. 4º). Não incidência do adicional, porque essa remessa é equipara à exportação para o exterior (precedentes do STF: RE 87.207 e 89.413). Recurso Extraordinário não conhecido".

14 Confira-se trecho do voto do REsp 26536/PR, Rel. Min. Garcia Vieira, 1ª Turma do STJ: "Verifica-se que as mercadorias, de fato, foram vendidas pela embargante a destinatários devidamente cadastrados pela própria Suframa e que estes as receberam e deram recibos conforme comprovam as cópias das notas fiscais de fls. 17/27. Estas notas fiscais foram acompanhadas da declaração de transporte da mercadoria para a Zona Franca de Manaus (docs. de fls. 36/90, tendo algumas delas sido vistoriadas pela Suframa (docs. de fls. 20, 27, 25 e 26). Ora, se houve a comprovação da venda, do transporte e da internação da mercadoria na Zona Franca de Manaus, tem a embargante direito à isenção do ICM, sendo irrelevante o fato de não ter a Suframa comunicado ao Fisco a entrada da mercadoria. A internação da mercadoria pode ser comprovada pela expedição das guias, das declarações de transporte e pelo recebimento destas pelas firmas localizadas na Zona Franca de Manaus, como o fez a recorrida e não só pela comunicação da Suframa e se esta não cumpriu o seu dever e não comunicou a entrada, a embargante não pode ser responsabilizada por esta omissão. A recorrente, em seu recurso especial (fls. 162/168) sustenta que a internação da mercadoria tinha

regularidade de suas operações por meio de outras provas (entendimento esse vigente para fatos jurídicos tributários ocorridos até o ano de 2008):

> (i) notas fiscais visadas pelas barreiras estaduais, em especial pela que precede a entrada das mercadorias na Zona Franca de Manaus;
> (ii) conhecimentos de transporte das mercadorias, devidamente filigranados (vistoriados); e
> (iii) cópia autenticada dos livros de registro de entrada, das pessoas jurídicas situadas na Zona Franca de Manaus e que receberam as mercadorias remetidas pelo contribuinte de outro Estado.

O fundamento principal da substituição da declaração de internamento por essas outras provas era de que a precariedade organizacional e estrutural do órgão estatal não poderia penalizar o contribuinte de boa-fé. O documento necessário à fruição do benefício deveria ser emitido por terceiro (no caso, a SUFRAMA), não tendo o contribuinte qualquer poder de gerência sobre isso. Confira-se[15]:

> ICMS. REMESSA DE MERCADORIAS COM DESTINO À ZONA FRANCA DE MANAUS PARA POSTERIOR COMERCIALIZAÇÃO E INDUSTRIALIZAÇÃO. SUPOSTA AUSÊNCIA DE COMPROVAÇÃO DE INTERNAMENTO PELA FALTA DE DISPONIBILIZAÇÃO DA "DECLARAÇÃO DE INTERNAMENTO" NO *SITE* DA SUFRAMA. Juntada das cópias autenticadas do livro de registro de entradas dos estabelecimentos destinatários, validação das notas fiscais pela Secretaria da Fazenda do Estado do Amazonas (selo de trânsito) e conhecimentos de transporte. Ausência de pedido de vistoria técnica pelo contribuinte. Recurso Ordinário a que se deu provimento por votação unânime, face à ausência de refutação pela Representação Fiscal da não entrada das mercadorias nos estabelecimentos destinatários e suficiência das provas alternativas apresentadas pelo contribuinte com vistas a comprovar o internamento das mercadorias em área incentivada. Recurso Especial da Fazenda que não se conhece, em virtude do necessário reexame do contexto fático-probatório, vedado nesta fase processual. RECURSO NÃO CONHECIDO. DECISÃO UNÂNIME (Processo n. 01-12714/94, Revisão – Câmaras Reunidas, julgado em 30-10-2008, Relator: Andre Felix Ricotta de Oliveira).

---

de ser comprovada na forma da legislação fazendária estadual (docs. de fls. 87/93). Ora, não importa a forma de comprovação e sim o fato de que as mercadorias foram vendidas, devidamente transportadas e internadas na Zona Franca e recebidas por firmas ali estabelecidas e devidamente cadastradas pela Suframa".

15 *Vide* também processos DRT-1 n. 14368/91 e DRT-1 n. 1918/91.

Após 2008, com o aprimoramento dos sistemas, procedimentos e forma de comunicação da SUFRAMA, o entendimento jurisprudencial sofreu relevante modificação, passando a ser no sentido de que a comprovação do internamento poderia ser feita apenas por intermédio do documento e procedimento previstos em lei, qual seja, apresentação da declaração de internamento emitida pelo sítio eletrônico da SUFRAMA, após ela e a SEFAZ/AM realizarem a conferência e internamento das mercadorias. Agregue-se a isso a circunstância de que, para alguns Tribunais, o internamento das mercadorias só pode ser comprovado da forma admitida em lei, tendo em vista tratar-se de dever instrumental condicionante do reconhecimento da não incidência do imposto, *in verbis*[16]:

> ICMS. ISENÇÃO – OPERAÇÕES INTERESTADUAIS. ZONA FRANCA DE MANAUS.
> 1. Empresa que pretende a anulação de auto de infração e imposição de multa lançado em razão do não recolhimento de tributo devido por ocasião de operações mercantis com empresas estabelecidas em Manaus.
> 2. Isenção – incidência desta modalidade de exclusão do crédito tributário, desde que implementadas as exigências previstas na legislação tributaria. Exigência de documento comprobatório da "internação" da mercadoria, expedido pela Superintendência de Manaus – SUFRAMA. Impossibilidade de se provar o destino das mercadorias através de outros meios – interpretação literal das hipóteses de outorga de isenção (art. 111, incisos I e II do Código Tributário Nacional).

Finalmente, o conjunto probatório aceito anteriormente permanece ainda hoje importante para a comprovação da operação interestadual, cuja alíquota é inferior à praticada nas operações internas (7% em vez de 18%, por exemplo). Vejamos[17]:

> ICMS. FALTA DE PAGAMENTO DO IMPOSTO EM DECORRÊNCIA DE TER INDICADO A ZONA FRANCA DE MANAUS COMO DESTINO DAS MERCADORIAS, SEM QUE SEU INGRESSO TENHA SIDO LEGALMENTE COMPROVADO. A r. decisão sob ataque admitiu outras provas que não aquelas expressamente previstas na legislação para comprovar o internamento das mercadorias na zona incentivada, o que motivou o cancelamento

16 Apelação n. 6096205800, Rel. Nogueira Diefenthaler, 7ª Câmara de Direito Público do TJ/SP. *Vide* também apelações n. 7959485800, Rel. Oliveira Santos, 6ª Câmara de Direito Público do TJ/SP, e n. 4254715600, Rel. Samuel Júnior, 2ª Câmara de Direito Público do TJ/SP.

17 *Vide* também processos n. DRT-13-605505/2005 e n. DRT-14-885351/2006, ambos das Câmaras Reunidas do TIT/SP, j. 26-1-2010.

das exigências fiscais. Paradigmas trazidos a colação, em situação semelhante, consideraram que não pode haver o benefício da isenção sem o comprovado internamento jurídico atestado pela SUFRAMA. Embora os documentos indicados na r. decisão recorrida não tenham o condão de comprovar o internamento na SUFRAMA, é certo que, culminaram por atestar a efetiva saída das mercadorias do território paulista com destino à Região Norte. Precedentes desta Corte. Conheço e dou parcial provimento ao recurso para restabelecer a decisão de primeira instância, reduzindo, porém, a alíquota do imposto de 18% para 7%, em tais operações. Recurso Fazendário conhecido e parcialmente provido. RECURSO CONHECIDO. PARCIALMENTE PROVIDO. DECISÃO NÃO UNÂNIME. (Proc. DRT--1B-8420/2006, Câmaras Reunidas – julgado em 26-1-2010).

9 Casos práticos municipais

Neste Capítulo, propomo-nos a tratar de casos práticos que envolvam questões relativas a tributos municipais e seus reflexos, tais como a taxatividade da lista de serviços, o critério espacial do ISS e a prova do local do estabelecimento prestador, a Lei paulistana n. 14.042/2005 e a questão da fiscalização extraterritorial. Vejamos.

9.1 Taxatividade da Lista de Serviços

O art. 156, III, da Constituição Federal prescreve competir aos Municípios a instituição do Imposto sobre Serviços de Qualquer Natureza, definidos em lei complementar e não compreendidos no art. 155, II, da Carta Magna.

O rol das atividades contidas no campo de incidência do ISS figurava na lista de serviços constante do Decreto-lei n. 406/68, recepcionado como lei complementar pela Constituição de 1988. Muito embora referido Decreto-lei tenha sido alterado pelo de n. 834/69, e pelas Leis Complementares n. 56/87, n. 116/2003, n. 157/2016 e n. 175/2020, a lista de serviços, atualmente mais extensa, não perdeu sua característica de taxatividade. Por conta disso, os serviços que não estiverem nela contemplados não podem ser tributados pelo ISS.

O STF consagrou o entendimento segundo o qual "a lista do aludido diploma legal é taxativa", de forma que "para que o tributo seja devido, é mister que a atividade esteja descrita expressamente na lista"[1]. Nessa linha, o Ministro Xavier de Albuquerque[2] concluiu: "nenhuma decisão encontrei da qual se pudesse extrair, ainda que tacitamente, o entendimento de ser a Lista meramente exemplificativa".

Esse entendimento firmou-se também na doutrina, que, majoritariamente, considera taxativos os serviços elencados nesse diploma legal, admitindo-se a interpretação extensiva de seus itens, a fim de abarcar atividades da mesma natureza jurídica, sob nomenclaturas diferentes.

---

1 RE n. 87.628-RJ, 1ª Turma, Rel. Min. Cunha Peixoto, *RTJ* 90/621.

2 RE n. 87.931-RS, 1ª Turma, *RTJ* 89/284.

Nesse sentido é a prescrição do § 4º do art. 1º da Lei Complementar n. 116/2003, ao estabelecer que a incidência do imposto *não depende* da denominação dada ao serviço prestado. Nas palavras de Aires F. Barreto[3], tal regra evita:

> a glorificação da tese que consagra a taxatividade da lista de serviços. A taxatividade da lista não pode ser levada ao extremo. Deveras, a mera alteração gramatical na nomenclatura de serviços constantes da lista, não significa por ao largo da tributação serviços correlatos àqueles previstos expressamente [...].

É também nessa linha a jurisprudência. Ao julgar o REsp n. 1.111.234 (Rel. Ministra Eliana Calmon), a Primeira Seção do STJ pacificou entendimento segundo o qual a lista de serviços é taxativa, porém *é imprescindível analisá-la sob o enfoque da interpretação extensiva*, a fim de privilegiar a efetiva natureza do serviço, em detrimento da denominação que lhe seja dada. Com isso, evitar-se-ia a não incidência do ISS a pretexto de os serviços não constarem literalmente da lista.

Interpretação extensiva é a construção de sentido, realizada pelo intérprete, de enunciados não expressos na norma jurídica, mas nela pretensamente contidos de forma implícita, permitindo a incidência da norma para uma maior quantidade de fatos.

Em função do princípio da estrita legalidade, a interpretação extensiva não era admitida no direito brasileiro para a criação de obrigações tributárias. Com o passar do tempo, e a tendência jurisprudencial hoje existente no Brasil, observa-se que a natureza do serviço deve prevalecer sobre a denominação que lhe for dada, razão pela qual defende-se que a interpretação extensiva passou a ser, nesses casos, aceita.

Convém esclarecer, entretanto, que a interpretação extensiva de que trata o STJ não tem por escopo alargar o conteúdo semântico dos conceitos previamente definidos pelo direito privado, permitindo que a lei incida sobre fatos não autorizados constitucionalmente, mas, somente, coibir os efeitos da simulação, mediante a identificação da natureza do serviço, independentemente da denominação que lhe for empregada.

Concordamos com as implicações desse entendimento, mas não com suas premissas teóricas. Não nos parece ser o caso de interpretação extensiva, já que o problema é exclusivamente de denominação, e não de enunciados não expressos na norma jurídica, mas nela pretensamente contidos de forma implícita. O que o Judiciário deve admitir é que fatos com determinada denominação sejam qualificados como fatos típicos, se a natureza do serviço prestado assim

---

3 BARRETO, Aires Fernandino. *ISS na Constituição e na lei*. 3. ed. São Paulo: Dialética, 2009, p. 119.

autorizar. Por isso, a circunstância de a lista de serviços ser taxativa não afasta o dever de averiguar a presença ou não de uma dada materialidade.

Dentro dessas condições, a requalificação do fato (ou "interpretação extensiva") não é um cheque em branco. O intérprete não pode interpretar da forma que melhor convier aos seus interesses, pois, se assim fosse, não teríamos mais segurança jurídica. O que essa interpretação permite é a subsunção de fatos que, num primeiro momento, eram aparentemente irrelevantes para o direito tributário, mas, após uma investigação pormenorizada, chegou-se à conclusão de serem eles fatos típicos. É forma, pois, de realização da segurança jurídica e da legalidade.

O limite da interpretação reside justamente na identificação da natureza do serviço prestado. Em outras palavras, *nas provas*. Por isso, no mesmo julgamento acima noticiado (REsp n. 1.111.234), o STJ fixou a necessidade de que os juízes de primeira instância, e os Tribunais de Justiça, analisassem o conjunto fático probatório necessário à identificação da natureza jurídica das atividades e, consequentemente, o seu enquadramento na lista de serviços anexa à Lei Complementar n. 116/2003. Vejamos:

> Nesta oportunidade é preciso registrar que, embora não possa o STJ imiscuir-se na análise de cada um dos itens dos serviços, é preciso que as instâncias ordinárias, a quem compete a averiguação dos tipos de serviço que podem ser tributados pelo ISS, na interpretação extensiva, devendo-se observar que os serviços prestados, mesmo com nomenclaturas diferentes, devem ser perquiridos quanto à substância de cada um deles. Assim, a incidência dependerá da demonstração da pertinência dos serviços concretamente prestados, aos constantes da Lista de Serviços, como aliás o fez o acórdão recorrido.

A prova, nestes casos, traduz-se precipuamente em laudo pericial, elaborado por *expert* que conheça as atividades da área de conhecimento requerida e as peculiaridades do serviço executado pelo contribuinte. Sua finalidade é identificar o fornecimento e características da atividade executada.

Caso emblemático desta situação é o da incidência do ISS sobre as atividades desenvolvidas por instituições financeiras autorizadas a funcionar pelo Banco Central. A controvérsia reside no fato de que, para estas sociedades empresárias, quando a Municipalidade realiza o lançamento tributário relativamente ao preenchimento de fichas cadastrais, elaboração de contratos, pesquisas em órgãos de proteção ao crédito etc., está invadindo a seara tributária da União Federal, pois referidas operações são atividades-meio indispensáveis ao exercício da atividade financeira, tributada pelo IOF.

Somente com conhecimentos especializados sobre o serviço que é de fato executado sob determinada rubrica (eleita pelo próprio contribuinte), poderá ser esclarecida qual a natureza jurídica das operações desenvolvidas[4]. Verifica-se, portanto, o quão indispensável é a prova pericial para auxiliar o julgador na verificação do enquadramento de determinadas atividades bancárias à regra-matriz de incidência do ISS.

9.2 Critério espacial do ISS e a prova do local do estabelecimento prestador

De acordo com arts. 3º e 4º da Lei Complementar n. 116/2003, o primeiro deles alterado pela Lei Complementar n. 157/2016, considera-se ocorrido o fato jurídico tributário do ISS no local do estabelecimento prestador (ou, se ele não existir, em seu domicílio), salvo as exceções previstas em lei complementar, em que o critério espacial passa a ser local da prestação dos serviços, do florestamento, reflorestamento, semeadura, adubação, reparação de solo, plantio, silagem, colheita, corte, descascamento de árvores, silvicultura, exploração florestal e serviços congêneres indissociáveis da formação, manutenção e colheita de florestas; dos bens, dos semoventes ou do domicílio das pessoas vigiados, segurados ou monitorados; do Município onde está sendo executado o transporte; do domicílio do tomador dos serviços dos subitens 4.22, 4.23, 5.0, 10.04, 15.09 e dos serviços prestados pelas administradoras de cartão de crédito ou débito e demais descritos no subitem 15.01.

O Fisco deverá construir provas que indiquem onde se localiza a unidade econômica da atividade, mesmo que o serviço seja executado em outro Município. A necessidade desta comprovação torna-se mais evidente quando, por força de um reprovável "planejamento tributário", determinados contribuintes indicam, em sua documentação societária, que estão instalados em um Município, quando, na verdade, situam-se em outro, de tributação normalmente mais elevada.

O art. 170 da Constituição Federal contempla os importantes princípios da liberdade de iniciativa, do livre exercício de atividade econômica e da

4 Neste sentido, Apelação n. 1.0024.04.449432-TJ/MG, Des. Rel. Bitencourt Marcondes, 2-7-2009: "Mister ressaltar que, ainda que em alguns casos, a definição dos serviços prestados utilizada pela instituição bancária não coincida em sua totalidade com a da Lista de Serviços anexa à LC n. 116/2003, o conteúdo e significativo permanecem em sua natureza. Esses serviços, consistentes em operações distintas e individualizadas, estão ao alcance da lista em relevo, posto que nela há plena alusão a eles. Às fls. 223/227 o laudo pericial detalhou os diversos serviços nele compreendidos. Portanto, conjugando o detalhamento efetivado pela perícia (fls. 223/227), com o texto dos itens 15 a 15.18 da lista anexa ao LC n. 116/2003, verifica-se que o lançamento é compatível com a legislação vigente. Os serviços relacionados nos autos estão no campo de incidência do ISSQN, por previsão na lista anexa a referida LC".

liberdade de contratar. Por isso, absolutamente nada há de irregular em uma empresa decidir estabelecer-se em Município cuja tributação seja mais vantajosa. Ela pode e deve planejar-se dessa forma, sem que assista direito ao Fisco de contra ela se opor. Mas não é deste fato que estamos tratando, e sim da simulação do local do estabelecimento prestador, seja pela não informação de sua existência aos órgãos públicos, seja pela incorreta segregação de receitas dentre estabelecimentos formalmente constituídos.

Nessa medida, a prova do local do estabelecimento prestador revela-se imprescindível para o processo de positivação do direito, já que o ISS será devido naquele Município. Tal prova dar-se-á mediante conjugação do maior número de elementos possível, sendo que os abaixo citados são *comuns* ao Fisco e ao contribuinte, servindo para um ou para outro, a depender do caso concreto:

(i) local indicado nos contratos firmados com os tomadores de serviços;
(ii) local indicado nos contratos firmados com fornecedores de mercadorias e serviços;
(iii) contrato de aluguel e respectivos pagamentos, ou registro da escritura de propriedade do imóvel em que se situa o estabelecimento;
(iv) faturas emitidas pelas concessionárias de energia, água, gás e esgoto;
(v) indicação do endereço em impressos e formulários;
(vi) correspondências recebidas;
(vii) endereço indicado no *site* na internet;
(viii) local de veiculação de propagandas; e
(ix) RAIS.

Já algumas provas são úteis apenas para o Fisco demonstrar a fraude. Vamos a elas:

(i) notas fiscais relativas à veiculação de anúncios emitidas em face do estabelecimento que não que ofereceu as receitas à tributação;
(ii) cartões de visita dos funcionários, indicando endereço diverso do informado pela empresa como estabelecimento prestador;
(iii) filial do Município "A" possui pequena estrutura (linhas telefônicas, pessoal, valor do contrato de aluguel, despesas com concessionárias etc.), ao passo que na do Município "B" a estrutura é grande;
(iv) autenticações em documentos da empresa foram feitas em Tabelião de Notas de outro Município;
(v) endereço do suposto estabelecimento sedia inúmeras empresas, sem que haja estrutura física para tanto;
(vi) diligências *in loco* realizadas pelos agentes fiscais ou pelo próprio Ministério Público[5].

5 *Vide* Apelação n. 1.0024.07.386525-5/005-TJ/MG, Rel. Des. Caetano Levi Lopes, 5-5-2009: "Os endereços em boxes no município de Rio Acima foram objeto de Auto de Verificação lavrado

Se o critério espacial não for "estabelecimento prestador", e sim "local da prestação", entendemos que deverá ser levado em conta o serviço que está sendo prestado e qual a sua dinâmica (processo de produção da atividade), a fim de identificar, em cada caso concreto, a ação consistente na própria condição de existência e tipificação do serviço. Em outras palavras, parece-nos secundário quantificar quantas atividades são desenvolvidas no Município "A" e quantas no "B", qual a estrutura de cada um dos estabelecimentos do contribuinte etc. O fundamental, no caso de conflito entre ao menos dois Municípios, é indicar aquele cujo território acolheu as principais atividades, dentre as diversas existentes, e que, juntas, desembocaram na atividade-fim.

Exemplificando, o serviço de custódia de valores normalmente consiste na retirada do bem no cliente, no transporte e na própria guarda. É a guarda que tipifica o serviço, e não as etapas anteriores (atividades-meio). O Município competente para tributar o ISS deve ser o do local do estabelecimento da guarda, e não outro. E, para sua identificação, todas as provas acima elencadas poderão ser produzidas.

A prova poderá ter por objeto, finalmente, a base de cálculo utilizada pelo contribuinte, já que, ao tratarmos do local do estabelecimento prestador, não contemplamos apenas a hipótese de o contribuinte ocultar o seu estabelecimento, mas também de considerá-lo filial com algum faturamento.

A infração, neste caso, consiste na inadequada segregação da receita da empresa entre seus estabelecimentos. Um deles, normalmente o de tributação mais elevada e que exerce a maior parte das atividades, é titular da menor receita. As provas, nesse contexto, poderão ser as seguintes:

(i) comparação entre as receitas e despesas do estabelecimento "A" com as receitas e despesas do estabelecimento "B"; e
(ii) relação das receitas dos estabelecimentos prestadores *versus* o número de funcionários dos respectivos estabelecimentos.

9.2.1 Fiscalização extraterritorial

A atuação dos Municípios para coibir a evasão fiscal compreende a possibilidade, questionada por muitos, de se fiscalizar empresas e fatos jurídicos aparentemente estabelecidos e ocorridos em outros Municípios.

---

pelo Ministério Público em diligência executada para constatação da consistência de tais estabelecimentos. Esse Auto de Verificação constatou o estabelecimento de empresas em caixas boxes que na realidade são caixas de pequeno tamanho ou escaninhos que, no máximo, servem para serem depositadas correspondências, caracterizando a situação de endereço fictício".

Entendemos que a fiscalização tem o dever-poder de fiscalizar todos os fatos e documentos que possam lhe ser úteis, bastando que a solicitação de informações seja devidamente motivada (sobretudo quando a informação não for a comumente requerida pela fiscalização). Não há violação de direitos na extraterritorialidade ora colocada. O limite da fiscalização reside na pertinência do fato a se fiscalizar, com os tributos de sua competência.

Para tanto, algumas provas são importantes de serem coletadas, e, a partir delas, justifica-se a fiscalização extraterritorial. Consideremos dois Municípios, "A" e "B"[6]:

(i) cancelamento da inscrição do estabelecimento como sede e sua transformação em filial;
(ii) contribuinte localizado em "A" teve, no período de cinco anos anteriores à fiscalização, estabelecimento situado em "B" (é o Fisco de "B" que pretende fiscalizar);
(iii) existência de unidade econômica ou profissional estabelecida "A", mas não declarada pelo contribuinte; e
(iv) contribuinte tem elevada queda na arrecadação, sem motivo por ele justificável.

Presentes esses fatos, e justificada a pertinência da fiscalização extraterritorial, a prova produzida a partir de elementos coletados em outros Municípios há de ser normalmente acatada.

6 Sobre o tema, *vide* minucioso artigo de Alberto Macedo (A prova e o ISS. In: NEDER, Marcos Vinicius; SANTI, Eurico Marcos Diniz de; FERRAGUT, Maria Rita (coord.). *A prova no processo tributário*. São Paulo: Dialética, 2010, p. 396-414).

10 A prova da fraude

O objetivo das reflexões desenvolvidas neste Capítulo final é, a partir da identificação dos elementos tipificadores da "dinâmica da fraude" (frequência, voluntariedade, complexidade e consequências do fato, bem como as características do agente que a praticou), apresentar as provas aptas a demonstrar a tão complexa intenção do agente em cometer o ilícito. Investigaremos, além disso, a prova do dolo, da fraude e da simulação, bem como a de algumas situações ilícitas, hipotéticas, porém determinadas, que normalmente se enquadram no conceito de fraude.

Os arts. 1º e 2º da Lei n. 8.137/90 definem os crimes contra a ordem tributária como sendo aqueles que visam a suprimir ou reduzir tributo mediante a prática de inúmeros fatos listados nos enunciados, dentre os quais a omissão de informação ou a prestação de declaração falsa às autoridades fazendárias, a fraude à fiscalização tributária e a falsificação ou alteração de documento relativo à operação tributável. Podemos considerar o crime como sendo gênero, em que a sonegação e a fraude são espécies.

O art. 71 da Lei n. 4.502/64 define sonegação fiscal como sendo toda ação ou omissão dolosa tendente a impedir ou retardar, total ou parcialmente, o *conhecimento* da ocorrência do fato jurídico tributário, ou das condições pessoais do contribuinte, suscetíveis de afetar a obrigação tributária. Portanto, a sonegação consiste na omissão da informação correta, que impede que o fato jurídico ocorrido ou o contribuinte sejam conhecidos e que, com isso, acaba por afetar a própria constituição da obrigação tributária.

Fraude, por sua vez, é definida pelo art. 72 da mesma lei como sendo toda ação ou omissão dolosa que visa a impedir ou retardar, total ou parcialmente, a *ocorrência* do fato jurídico tributário, ou modificar suas características essenciais, de modo a reduzir o montante do imposto devido e evitar ou diferir o seu pagamento.

Importante aqui relembrarmos a ressalva feita ao tratarmos da fraude à lei (Capítulo 7), oportunidade em que distinguimos a fraude à lei penal da civil. Naquela ocasião, tratamos da fraude civil (ilícito atípico); agora, nosso escopo é somente a fraude penal, em que há violação direta à lei e dolo.

Tanto a sonegação quanto a fraude pressupõem a existência de dolo e se constituem em graves ilícitos tributários, razão pela qual suas práticas devem ser desestimuladas pelo Estado, por meio de normas gerais e abstratas, individuais e concretas, que prevejam onerosas sanções de natureza criminal e patrimonial.

Entretanto, diante das garantias asseguradas aos cidadãos, não se pode permitir a tipificação de um ato como fraudulento[1], senão pela *prova*, posteriormente submetida ao acusado para refutação. Sobre esse relevante aspecto discorremos neste Capítulo.

10.1 Ilícito e autoria

Ilícito é ato jurídico voluntário, omissivo ou comissivo, contrário ao comportamento exigido na norma jurídica; é o antecedente de uma norma sancionadora, que corresponde ao descumprimento exigido pelo consequente de uma norma dispositiva. É sinônimo de infração e classifica-se em penal (delito) e administrativo (civil e tributário, exemplificativamente).

Já os ilícitos atípicos – que, segundo nosso entendimento, rigorosamente não se enquadram na categoria de ilícitos – são os que se caracterizam por infringir princípios ou o ordenamento jurídico como um todo sistemático. No ilícito atípico, existe uma norma que permite a conduta em questão, mas esta conduta converte-se em ilícita uma vez analisado o sistema do direito positivo. Há inversão do sentido deôntico de uma regra, conforme já tivemos oportunidade de demonstrar.

O ilícito "típico" é o que neste momento nos interessa. Como exemplo, o § 2º do art. 154 da Lei das Sociedades por Ações, com o intuito de objetivar algumas dessas situações antijurídicas, proibiu aos administradores a prática de atos de liberalidade às custas da sociedade, entendidos como sendo aqueles que diminuem o patrimônio social sem que tragam qualquer benefício ou vantagem para a sociedade. Nesse sentido, a distribuição disfarçada de lucros e a falsificação do registro eletrônico que atesta, nas guias de arrecadação de tributos, o pagamento pretensamente realizado.

A voluntariedade necessária à tipificação do ato como ilícito foi investigada por Celso Antônio Bandeira de Mello[2], que, ao tratar das infrações administrativas, dispôs:

---

1 Empregaremos, daqui em diante, a terminologia *fato/ato fraudulento*, para designar tanto a sonegação fiscal, quanto a fraude. A distinção desses ilícitos já foi feita, e, como é irrelevante para os objetivos deste livro, optamos por utilizar uma única referência terminológica e, com isso, simplificar a mensagem.

2 BANDEIRA DE MELLO, Celso Antônio. Ilícito tributário. *Revista de Direito Público*. São Paulo: Malheiros Editores, v. 62, p. 22-32, 1995.

Deveras, ninguém pode ser sancionado senão pela violação do direito que haja voluntariamente praticado ou concorrido voluntariamente para praticar. A proclamação desta obviedade não briga com o fato de que a caracterização de inúmeras infrações administrativas prescinde de dolo ou culpa do agente, visto que, para configurar-se sua incursão nelas e consequente exposição às pertinentes sanções, é indispensável que haja existido, pelo menos, a possibilidade do sujeito evadir-se conscientemente à conduta censurada.

E, logo adiante, concluiu: "[...] *mesmo as infrações puramente objetivas presumem a voluntariedade,* já que supõem uma livre e consciente eleição entre dois possíveis comportamentos" (destaque do autor).

Já Pontes de Miranda apresenta uma interessante distinção entre fatos e atos ilícitos, que pode ser agregada a essa nossa exposição inicial. Segundo o autor, sempre que há ato contrário ao direito e alguém é responsabilizado por este resultado lesivo, verifica-se a presença da ilicitude. Todavia, somente é possível falar em ato ilícito, se uma conduta humana tiver sido a causadora da infração. É por esta razão que o doutrinador classificou os ilícitos em fatos ilícitos e atos-fatos ilícitos, asseverando que "sempre que alguém responde pela força maior, ou pelo caso fortuito, responde pelo fato ilícito; com ele, lesado foi direito absoluto (fato ilícito absoluto) ou direito relativo (fato ilícito relativo). Houve fato ilícito. Não houve ato humano"[3]. É apenas o ato ilícito, segundo essa classificação, que nos interessa.

Passemos à seara tributária. O ilícito pode abranger tanto o descumprimento da obrigação principal, quanto do dever instrumental. Se consistir em um crime contra a ordem tributária (Lei n. 8.137/90), será a conduta omissiva ou comissiva que resulte na ocultação de algum fato jurídico relevante ao conhecimento das autoridades fiscais e que, na maior parte das vezes, implica a falta de pagamento de tributo (suprimir ou reduzir tributo, mediante omissão de informações, declarações falsas, fraude à fiscalização, falsificação de documentos fiscais etc.).

Os arts. 1º e 2º, I, da Lei n. 8.137/90 tipificam os "crimes materiais", na medida em que está prevista tanto a conduta, quanto o resultado dela advindo (reduzir ou suprimir tributos). Já o art. 2º, II a V, contempla os "crimes formais", pois somente a conduta encontra-se prevista, sem que seja necessário haver, efetivamente, supressão ou redução de tributos, bastando, para qualificar o fato como típico, a ação ou omissão voluntária do agente lá descrita.

---

3 MIRANDA, Pontes de. *Tratado de direito privado*. t. II. Rio de Janeiro: Borsoi, 1954, p. 193.

As consequências legais advindas do crime contra a ordem tributária são disciplinadas pelo direito penal. Se a infração for meramente administrativa, o ilícito também terá ocorrido, mas não segundo os tipos penais previstos. Em ambos os casos, os arts. 135 e 137 são passíveis de aplicação.

Por fim, a autoria nas condutas que envolvam culpa ou dolo não necessita ser somente do agente. Infrator é aquele que tem o dever legal de adotar determinada conduta, mas a descumpre, sujeitando-se à sanção legalmente prevista. Não é apenas o executor material do ilícito, mas também aquele que com o fato envolveu-se, seja como partícipe ou mandante. Partícipe é o agente que auxilia na realização do crime; não pratica os atos executórios da infração, mas, de alguma forma, concorre para sua realização. Já o mandante é a pessoa que ordena ou autoriza a prática de um crime ou contravenção; é o agente intelectual.

10.2 Culpa e dolo

Imperioso diferençar a culpa do dolo para, logo a seguir, identificar alguns fatos que, em nossa concepção, e de acordo com as provas produzidas, caracterizam-se como dolosos, já que o objeto de nossa reflexão, no momento, é a fraude.

Culpa é ilícito, mas não fraudulento. O art. 927 do Código Civil determina: "aquele que, por ato ilícito (arts. 186 e 187), causar dano a outrem, fica obrigado a repará-lo". Já o art. 18, II, do Código Penal estabelece que o crime é "culposo, quando o agente deu causa ao resultado por imprudência, negligência ou imperícia".

Para sua caracterização, não se leva em conta a finalidade da conduta do agente, mas a inobservância de algum dever omissivo ou comissivo que lhe competia, responsável pelo resultado, e que foi praticado com imperícia, negligência ou imprudência.

Imperícia é a falta de habilidade ou inaptidão para praticar certo ato. Negligência é a inobservância de normas que ordenam a prática de atos com atenção, capacidade, solicitude e discernimento, agindo quando não deveria agir ou omitindo-se quando deveria exercer conduta positiva. Finalmente, imprudência é a precipitação ou ato de proceder sem cautela.

Temos, além disso, duas espécies de culpa: *in vigilando* e *in eligendo*. A *in vigilando* é aquela em que, apesar de o agente não ter causado diretamente o resultado lesivo, a ilicitude está indiretamente ligada ao ato ou à omissão por ele praticado. Expliquemos. Um ato contrário ao direito é realizado por uma pessoa. No entanto, o agente que se torna responsável pela infração não é o executor material do ilícito, mas sim aquele que deveria ter fiscalizado a conduta do infrator. Nesses termos, é culpado por não ter fiscalizado suficientemente o comportamento dessa pessoa, conduta que por força de lei lhe competia.

No que tange à culpa *in eligendo*, também nesta modalidade a responsabilidade decorre de ato praticado por terceiro que, em princípio, teria capacidade para responder por seu comportamento. Diferencia-se da *in vigilando* porque, na situação ora em análise, a culpa surge em razão de uma escolha errada feita pelo responsável e relacionada à pessoa do executor material do ilícito.

Nesse sentido, o sujeito será responsabilizado por não ter empregado a diligência e o cuidado necessários quando da contratação ou da eleição de determinada pessoa, para realizar função ou ocupar algum cargo. Há que estar presente, evidentemente, alguma falha no momento da escolha, como a conhecida inidoneidade moral ou incapacidade técnica para a execução das tarefas que o cargo demanda. Nessas situações, o sócio poderá ser responsável pelos atos do administrador, incapaz tecnicamente para exercer a sua função, desde que a conduta por este último praticada não tipifique hipótese de responsabilidade pessoal advinda do dolo.

Por outro lado, se aparentemente o administrador possuía todos os requisitos para o exercício de sua função e, ademais, não tinha o sócio condições de identificar a deficiência posteriormente demonstrada durante a gestão do cargo, então não haverá como responsabilizar o sócio pelos danos causados.

Finalmente, existem duas grandes correntes para a interpretação da necessidade ou não da culpa: a teoria subjetiva e a objetiva.

A primeira consiste na regra geral contemplada no Código Civil: não deve haver responsabilidade sem culpa (quem causa o dano fica obrigado a repará-lo). O dever de indenizar nasce somente quando o agente causa dano a outrem, intencionalmente ou por negligência, imprudência ou imperícia. Sua responsabilidade é individual e classifica-se em direta ou indireta. Será direta quando o agente responder por ato próprio, e indireta nas situações previstas em lei, nas quais se admite a culpa presumida com referência a ato de terceiro em relação ao qual o responsável tenha vínculo de responsabilidade (culpa *in vigilando* ou *in eligendo*), como ocorre, por exemplo, com os pais, tutores, curadores ou ainda por fato de animal ou de coisas inanimadas sob a guarda da pessoa. O lesado será obrigado a provar o nexo causal entre o dano e a culpa do lesante.

Já para a teoria objetiva, a responsabilidade é fundada no risco e não no dolo ou na culpa. Como quem se beneficia de uma situação deve responder pelo risco ou pelas desvantagens dela resultantes, a obrigação, nesses casos, nasce do nexo causal existente entre o dano (fato-consequência) e a ação que o produziu (fato-causa). É hipótese de responsabilidade sem culpa, resultante de situações previstas em lei, e não do comportamento do agente.

Passemos ao dolo, a fim de contrapô-lo à culpa. Os arts. 145 a 150 do Código Civil tratam da anulabilidade dos atos praticados com dolo, sem conceituá-lo. Já o art. 18, I, do Código Penal define-o a partir da afirmação de que o crime será: "doloso, quando o agente quis o resultado ou assumiu o risco de produzi-lo".

Entende-se por dolo a *vontade consciente* de praticar a conduta típica e, com isso, obter determinado resultado, ou seja, de realizar os elementos constantes do tipo legal (*in casu*, fraude ou sonegação) ou assumir o risco de produzi-lo (previsibilidade do resultado). É a prática de ilícito por agente que possuía o *animus* de realizá-lo, não obstante soubesse que o ordenamento jurídico rechaçava tal comportamento.

O elemento vontade ou *animus*, inerente ao dolo, não autoriza que entendamos que a mera intenção do agente é suficiente para tipificar a conduta penal. Sobre isso, as palavras de Marco Aurélio Greco[4]:

> [...] não se pode confundir *finalidade* de um ato e *dolo* na prática do mesmo ato. Finalidade corresponde a um objetivo, resultado, consequência que se busca obter com a realização de um ato, posto que seu perfil objetivo (modelo abstrato do ato) se preordena à produção daquele efeito. Portanto, a finalidade do ato corresponde a algo *externo ao próprio ato*. [...] O dolo não se configura pela simples vontade de obter um resultado ou atingir uma finalidade. À vontade é indispensável associar a consciência de realizar a conduta descrita no tipo. Como expõe a doutrina mais moderna, o dolo corresponde ao *elemento subjetivo do tipo*, vale dizer, para haver dolo não se trata de querer o resultado, é indispensável que se tenha consciência e se queira a conduta definida no tipo legal. [...] Vale dizer, para existir dolo no sentido técnico é indispensável que se configure a vontade ligada à ação descrita no tipo e não a intenção ligada à finalidade que o ato pode apresentar. Ou seja, *enquanto a finalidade é externa ao ato e, portanto, externa ao tipo, o dolo é um elemento interno ao ato, e, por isso, interno ao tipo, correspondendo efetivamente ao seu elemento subjetivo* (destaques do autor).

4 GRECO, Marco Aurélio. *Planejamento tributário*. 2. ed. São Paulo: Dialética, 2008, p. 260-261 (destaques do autor).

A doutrina classifica o dolo em várias espécies, dentre as quais[5]: (i) *dolo eventual* – é o ato ilícito praticado quando o agente sabe que a conduta é suscetível de produzir um dano, embora não o deseje produzir. Ocorre quando o agente, em que pese não almejar produzir o resultado lesivo, estava ciente de que seu ato poderia ocasionar a infração posteriormente verificada. O risco foi por ele assumido; (ii) *dolo genérico* – é a vontade de praticar a conduta típica sem qualquer finalidade específica; e (iii) *dolo específico* – além da vontade de praticar a conduta típica, existe uma finalidade especial do agente.

Em direito tributário, interessa-nos principalmente o dolo específico. Em que pese o resultado nem sempre ser necessário ao aperfeiçoamento do tipo, a intenção de atingir determinada finalidade e a consciência de ser aquele um ato ilegal são indispensáveis. Deixar de entregar declarações fiscais, para não pagar tributo, é agir com dolo específico.

10.3 A prova da *intenção* de cometer a fraude

Nem todos os acontecimentos podem ser traduzidos em palavras. Exemplo típico é a intenção não exteriorizada de querer determinado resultado ou assumir o risco de produzi-lo. Como saber qual foi a *intenção* do agente na prática do ilícito, se ele não a tornou intersubjetiva? Como identificar, em situações não extremas, se houve dolo ou culpa? O sujeito quis lesar o Fisco e aproveitar-se do produto do ilícito ou lesou como consequência de um mero erro?

É somente a partir da identificação do dolo que algumas condutas podem ser tipificadas como criminosas, que administradores devem ser responsabilizados pelos tributos devidos em decorrência de fatos jurídicos tributários praticados por pessoas jurídicas, que o prazo decadencial é diferenciado

---

5 Além dessas hipóteses de dolo, a doutrina também aponta as seguintes (Cf. Fernando Capez, *Curso de direito penal*: parte geral. 6. ed., v. I. São Paulo: Saraiva, 2003, p. 185-189; e Guilherme de Souza Nucci, *Código Penal comentado*. 4. ed. São Paulo: Revista dos Tribunais, 2004, p. 138-139): (i) *dolo natural* – é o elemento psicológico desprovido de qualquer juízo de valor. O fato suficiente é o desejo de praticar determinada conduta, sendo irrelevante se o objeto da vontade é lícito ou ilícito, se é correto ou incorreto; (ii) *dolo normativo* – é o que exige não só que o agente queira realizar a conduta, mas que tenha consciência de que ela é ilícita. Dessa forma, há a necessidade do denominado elemento normativo do dolo. Diferencia-se do dolo natural por não bastar um simples querer, mas um querer algo ilícito; (iii) *dolo direto ou determinado* – é a conduta praticada quando o agente quer um certo resultado; (iv) *dolo indireto ou indeterminado* – é a conduta em que, embora o agente não deseje diretamente o resultado, aceita a possibilidade de o produzir; (v) *dolo alternativo* – é a conduta em que o agente deseja qualquer um dos possíveis resultados que seu ato possa vir a provocar; (vi) *dolo de dano* – é a vontade de produzir uma lesão efetiva a um bem jurídico; (vii) *dolo de perigo* – é a vontade de expor o bem a um perigo de lesão.

e que multas qualificadas são aplicadas. Portanto, o sistema do direito positivo *requer* que o aplicador da norma – intérprete do fato e das provas a ele referidas – decida pela existência ou não do dolo. O dolo é elemento constitutivo do tipo.

Mas como ter sucesso nessa tarefa? Da mesma forma que o evento esgota-se no tempo e no espaço, a intenção de dissimular sua ocorrência não é igualmente inatingível pelo direito?

Duas considerações são importantes. A primeira é que somente o empírico pode ser provado, porque diz respeito ao campo da experiência. Se a premissa é verdadeira, o dolo, por não se subsumir a tal condição, não se sujeita à prova. A segunda é que, mesmo sem ser passível de prova, por imposição legal o julgador precisa decidir com base na existência, ou não, do dolo. Nossa conclusão, diante do exposto, é que, embora não devesse ser desta forma, o sistema assim requer e assim há de ser feito: decisão apesar da prova.

Entendemos que a "insegurança" advinda dessa constatação poderá existir apenas na convicção pessoal do emissor da norma, não no conteúdo normativo. O direito não convive com decisões incertas; para o sistema, o fato terá ou não sido dolosamente praticado. E não havemos de nos angustiar com isso. É um limite da condição humana, do que pode ser conhecido e compreendido.

Diante do exposto, a solução que propomos é a de que, nos casos em que o dolo precisar ser comprovado, *a prova não recaia sobre a intenção do agente propriamente dita* – inatingível, por ser motivação intrassubjetiva e passada –, *mas sobre os fatos adjacentes à fraude*, tais como frequência, voluntariedade, complexidade e consequências, bem como sobre *as características do agente que o praticou*. Chamemos esse conjunto de "dinâmica da fraude".

Com isso, a prova do dolo não recairá nem sobre a pretensa intenção do sujeito, nem sobre o fato típico ocultado. Terá por objeto a sucessão de atos que resultaram na fraude e a maneira pela qual eles foram executados, tal como ocorre na constituição de empresa por interposta pessoa.

Dependendo do resultado de toda essa avaliação, far-se-á possível depreender, com o mínimo grau de segurança que o direito requer, que o sujeito agiu com dolo.

10.4 Fatos tipificadores da fraude

Analisaremos, a seguir, alguns fatos que, em nosso entendimento, contribuem fortemente para a tipificação da fraude, por traduzirem, isolada ou conjuntamente, e com *graus de gravidade* diversos (mais ou menos graves), a *frequência* (erro habitual ou esporádico), a *voluntariedade* (possibilidade de agir da forma lícita), a *complexidade* (dinâmica na execução do ato) e as *consequências do ato* (destino do dinheiro não utilizado para pagamento do tributo), bem como as *características do agente* que o praticou (idade, grau de instrução, experiência).

10.4.1 Interposta pessoa

O primeiro e mais contundente dos fatos tipificadores da fraude é a demonstração da utilização, pelo sujeito passivo, de interposta pessoa, considerada como sendo a pessoa física ou jurídica que oculta, esconde, encobre o verdadeiro interessado no negócio. É aquela que se envolve em determinado ato jurídico em nome próprio, mas no interesse de outrem, substituindo-o e encobrindo-o: a interposta pessoa age em lugar do verdadeiro interessado que, por razões normalmente ilícitas, deseja ocultar sua participação no ato negocial. É assim denominada por "interpor-se" entre o sujeito ativo e o "real" sujeito passivo, com o objetivo central de evitar que este último integre a relação jurídica tributária.

Confira-se, a esse respeito, o Acórdão n. 103-22.892, da antiga Terceira Câmara do 1º Conselho de Contribuintes:

> SIMULAÇÃO – INTERPOSTA PESSOA – EVIDENTE INTUITO DE FRAUDE – Na utilização de interposição de pessoa o intuito do declarante é o de vincular a existência de um titular de direito, mencionado na declaração, ao qual, todavia, nenhum direito se outorga ou se transfere, servindo seu nome exclusivamente para encobrir o da pessoa a quem de fato se quer outorgar ou transferir o direito de que se trata, afigurando-se, na espécie, o evidente intuito de fraude, enquadrável na tipificação de simulação da identidade dos verdadeiros responsáveis pela empresa fiscalizada.

Não temos dúvidas de que a constatação da existência de interposta pessoa é prova do dolo. Prova-se a interposição (i) pela confissão do fiscalizado, (ii) pela declaração da interposta pessoa, que geralmente é pessoa com menor grau de instrução e condições financeiras menos favorecidas, (iii) pela origem do cheque/dinheiro e o destino que se dá aos rendimentos e (iv) pela comparação entre os rendimentos da interposta pessoa e a capacidade econômica do real titular.

10.4.2 Documento fiscal inidôneo e falsidade de informações

A irregularidade ínsita ao documento inidôneo não diz respeito à ilegalidade da operação, e sim ao documento que a formaliza ou que não a formaliza.

Documento inidôneo é o que não atende às determinações legalmente previstas, seja quanto à forma, seja quanto ao seu conteúdo e ao seu uso. Para que seja apto a tipificar a fraude, as irregularidades deverão ser graves (e não meramente formais, tais como código incorreto da operação e inserção de informações não autorizadas – carimbo de pessoa jurídica sucessora, novo endereço etc.).

Como exemplo, podemos citar os seguintes documentos: (i) de arrecadação apresentado pelo contribuinte, cuja autenticação não foi reconhecida pelo agente arrecadador, nem o registro eletrônico correspondente é encontrado na base de arrecadação da Administração Tributária; (ii) emitido por contribuinte que não estiver em situação regular perante o Fisco; (iii) que contiver declaração falsa, ou estiver adulterado ou preenchido de forma a não permitir identificar os elementos da operação ou prestação; (iv) emitido em hipótese não prevista na legislação; (v) que contiver valores diferentes nas diversas vias; (vi) que possuir, em relação a outro documento do contribuinte, o mesmo número de ordem e a mesma série e sub-série; (vii) que não estiver provido de selo de controle, quando exigido pela legislação; (viii) que tiver sido confeccionado sem autorização fiscal, quando exigida; (ix) que tiver sido emitido por máquina registradora, terminal Ponto de Venda – PDV, equipamento Emissor de Cupom Fiscal – ECF, sistema eletrônico de processamento de dados ou quaisquer outros processos mecânicos ou eletrônicos, quando não cumpridas as exigências fiscais para utilização do equipamento; (x) formalmente regular, mas que tiver sido emitido ou utilizado com dolo, fraude, simulação ou erro, que possibilite, mesmo que a terceiro, o não pagamento do tributo ou qualquer outra vantagem indevida.

Uma vez comprovada a utilização do documento inidôneo pelo contribuinte, deve-se reconhecer o indício de fraude na conduta, cabendo ao sujeito passivo a demonstração de boa-fé, sob pena de aplicação da multa qualificada. Sobre este aspecto, *vide* Acórdão n. 102.48.712[6].

A boa-fé será provada se o documento inidôneo não tiver sido utilizado com o escopo de evitar a ocorrência ou o conhecimento do fato jurídico, total

6 "DESPESAS MÉDICAS – Cabe ao sujeito passivo a comprovação, com documentação idônea, da efetividade da despesa médica utilizada como dedução na declaração de ajuste anual. A falta da comprovação permite o lançamento de ofício do imposto que deixou de ser pago. MULTA QUALIFICADA – GLOSA DE DESPESAS MÉDICAS – Diante das circunstâncias constantes nos autos, restou caracterizado o intuito de fraude do contribuinte, em razão de haver prestado declaração falsa com a intenção de reduzir o pagamento do imposto devido, devendo ser mantida a qualificação" (Acórdão n. 102.48.712 – Segunda Câmara do antigo 1º Conselho de Contribuintes).

ou parcialmente[7]. Determinado contribuinte pode, eventualmente, emitir documento fiscal em desacordo com a legislação (indicação errada do destino ou destinatário da mercadoria, adulteração etc.), mas, se tal ato não tiver resultado na falta de pagamento de tributo, o ilícito deverá ser punido como infração administrativa, e não penal.

Não será prova para tipificação da fraude, também, se, em que pese o erro subtrair parcela do tributo devido, as características do fato apontarem para um equívoco grave, mas não intencional. Podemos citar, além disso, a ilicitude pontual ou a falta de estrutura financeira e de pessoal do contribuinte, para se adequar às exigências do SPED e demais obrigações fiscais eletrônicas e, finalmente, o não desvio, em benefício próprio, de dinheiro que deixou de ser pago a título de tributo.

Por fim, falsa é a informação construída em desacordo com o que é possível saber dos eventos empíricos, tal como ocorre nas hipóteses em que se descobre a simulação.

As informações constantes da contabilidade do contribuinte são provas contundentes a provar a falsidade das informações prestadas ao Fisco e, com isso, configurar o ilícito. A falsidade deverá ser considerada fraudulenta a depender do conteúdo da prova, somado aos demais elementos presentes no contexto.

10.4.3 Reiteração da conduta

Entendemos que a reiteração de conduta é elemento importante a ser observado para a tipificação da fraude e, junto com outras provas, propicia convencimento ao julgador.

Errar de forma esporádica é possível e, isoladamente, não revela má-fé do sujeito. Já a conduta repetitiva é forte indício da intenção de fraudar o Fisco[8].

---

7 É nessa linha a decisão consignada no Acórdão n. 1048, prolatado pela Segunda Turma da Delegacia da Receita Federal de Julgamento em Salvador: "[...] Desembolsos acobertados por documentos inidôneos. A comprovação pela autuada de que os serviços foram prestados e o pagamento realizado, embora inidôneo o documento, demonstra a boa-fé da contratante, impedindo o lançamento do crédito correspondente".

8 "[...] MULTA MAJORADA – FRAUDE – PRESENÇA DOS PRINCÍPIOS DE OCULTAÇÃO E DE PRÁTICA REITERADA CONDENÁVEL – PROCEDÊNCIA – O acervo probante do ato tributário ilícito, no mais das vezes exige, para a sua validade e sustentação, a busca de elementos outros que estão à margem do rotineiro material colocado à disposição do Fisco para o seu conhecimento, análise, convicção e conclusão. Se a par do exposto adota-se uma prática reiterada de se ocultar a ocorrência do fato gerador, com subtração permanente de

Excepcionamos essa afirmação somente para situações muito peculiares, em que seja inequívoco o despreparo do contribuinte (característica do agente) diante da complexidade da apuração de certos tributos. Mas essas situações parecem-nos raras; a regra é de que a reiteração de conduta seja indício de fraude.

O problema que se coloca, a partir dessa conclusão, é a definição de "conduta reiterada". Quantas vezes o ilícito deve ser praticado, para que o fato assuma esse foro?

Reiteração é conceito indeterminado. O erro esporádico – uma ou duas vezes em largo espaço de tempo – não se consubstancia numa conduta reiterada. Se, em contrapartida, tal erro ocorrer ao longo de todo o ano, restará configurada a reiteração. Entretanto, esses são exemplos extremos e facilmente classificáveis como reiterados ou não. O problema reside no intervalo: quatro ou cinco vezes ao ano é conduta reiterada?

Parece-nos que esta resposta só pode ser dada pelo contexto, em que todas as demais variáveis mencionadas acima também serão avaliadas. Isoladamente, e de forma não contextualizada, não é possível responder.

Há de se registrar, também, que a reiteração é relevante apenas se a conduta repetida for grave o suficiente à configuração da responsabilidade subjetiva inerente à fraude. Não qualquer conduta, mas somente aquela que leva à convicção de que o sujeito deve ter querido lesar os cofres públicos.

Todo esse nosso entendimento não é unânime. Muitos consideram que a reiteração é critério demasiadamente subjetivo e, por isso, deve ser afastado. Outro argumento para reforçar essa linha é de que a conduta é ou não fraudulenta independentemente de sua reiteração: se não for fraudulenta, a reiteração não tem o condão de requalificá-la e vice-versa. Nesse sentido, o Acórdão n. 103-23.461, da antiga Terceira Câmara do 1º Conselho de Contribuintes:

> [...] NORMAS GERAIS DE DIREITO TRIBUTÁRIO. ANO-CALENDÁRIO: 2001, 2002, 2003, 2004. MULTA DE OFÍCIO QUALIFICADA. PRÁTICA REITERADA. – A subjetividade no conceito da reiteração impede que essa circunstância, por si só, sirva como parâmetro para caracterização da conduta fraudulenta. Ademais, basta uma ação ou omissão dolosa específica para justificar a qualificação da multa, independentemente de sua repetição ou reiteração. *A contrario sensu*, se uma irregularidade tributária não é tipificada como fraude, o fato de ser reiterada não a torna fraudulenta.

---

receitas nos livros fiscais ou nos entes acessórios, tipificado estará o intuito de fraude". (Acórdão n. 107-07.878 – Sétima Câmara do 1º Conselho de Contribuintes).

O tema exige cuidado. Primeiro porque é pressuposto da reiteração da conduta que ela – conduta – seja fraudulenta. Se não for assim, perde-se a razão de ser da própria análise. Segundo porque a subjetividade é inerente à aplicação de todos os enunciados, variando apenas a sua graduação. E terceiro e último porque a reiteração não é fato isolado, mas deve ser necessariamente somado aos demais, para a construção do convencimento motivado do julgador.

10.4.4 Simulação de negócios jurídicos

De acordo com Silvio Rodrigues[9], "negócio simulado é aquele que aparenta uma aparência diversa do efetivo querer das partes. Estas fingem um negócio que não pretendem".

A simulação do negócio jurídico é disciplinada pelo art. 167 Código Civil e pode decorrer (i) da interposição de pessoas, (ii) da ocultação da verdade e (iii) da aposição de data falsa, *in verbis*:

> Art. 167. É nulo o negócio jurídico simulado, mas subsistirá o que se dissimulou, se válido for na substância e na forma.
> § 1º Haverá simulação nos negócios jurídicos quando:
> I – aparentarem conferir ou transmitir direitos a pessoas diversas daquelas às quais realmente se conferem, ou transmitem;
> II – contiverem declaração, confissão, condição ou cláusula não verdadeira;
> III – os instrumentos particulares forem antedatados, ou pós-datados.

Como possíveis provas de simulação, podemos indicar (i) a não publicidade de atos, em contraposição a outros divulgados e que lhe alteram o conteúdo (alienação de participação societária não divulgada a credores), (ii) a proximidade de datas entre atos (operação "casa e separa") e (iii) a diversidade inexplicada de valores entre atos (contratos com montantes diversos).

Por se tratar de hipótese de nulidade, a simulação pode ser alegada por qualquer parte interessada ou pelo Ministério Público, quando lhe couber intervir. Nessa perspectiva, as Fazendas Públicas, prejudicadas por força da verificação de ato ou negócio jurídico simulado, têm legitimidade para pleitear a anulação do ato.

As simulações, ademais, podem ser absolutas ou relativas. Será absoluta se a declaração de vontade exprimir aparentemente um negócio jurídico,

---

9 RODRIGUES, Silvio. *Direito civil*: parte geral. 34. ed., v. 1. São Paulo: Saraiva, 2007, p. 294.

não sendo intenção das partes efetuar negócio algum. O ato ou negócio jurídico simplesmente não ocorreu. É meramente ilusório ou fictício[10].

Já na simulação relativa, segundo Silvio Rodrigues[11], há dois negócios jurídicos "um, simulado, ostensivo, aparente, que não representa o íntimo querer das partes; e outro, dissimulado, oculto, que justamente constitui a relação jurídica verdadeira". É também denominada dissimulação.

Assim, dissimular é disfarçar, fingir, ocultar, encobrir. Disfarça-se uma realidade jurídica (ato ou negócio formalmente realizado), ocultando-se outra que é a efetivamente praticada (ato ou negócio dissimulado), para os fins de diminuir, ou até mesmo eliminar, a carga tributária. Na dissimulação, há dois fatos vertidos em linguagem e objetos de prova: o simulado, construído por aqueles que intentaram o ato ou negócio jurídico nulo; e o fato que se pretendeu ocultar, a ser construído por aquele que deseja comprovar a simulação.

Portanto, o objeto da simulação é o que se apresenta ao mundo, ao passo que o da dissimulação é o que se esconde, embora, nos dois casos, a realidade física esteja sempre ocultada.

10.4.5 Informações divergentes aos Fiscos federal, estadual, municipal e distrital

Alguns fatos são mais facilmente comprovados que outros. A divergência de informações prestadas aos diferentes órgãos arrecadatórios é simples de ser demonstrada, e, a depender do conteúdo da falha, da reiteração da conduta e de suas consequências, é indicadora seguro de dolo. Exemplo atual é a troca de informações entre o Fisco Federal e Estadual, no que diz respeito às doações realizadas pelo contribuinte e por ele indicadas em sua declaração de imposto sobre a renda (variação patrimonial), mas não informadas à Fazenda do Estado (o ato jurídico constituiu-se em fato gerador do imposto sobre doações e deveria ser informado e tributado).

A jurisprudência do CARF, com o que concordamos, é majoritária no sentido de reconhecer a fraude pelo conjunto probatório, ou seja, não exclusivamente pela divergência das informações prestadas aos diferentes Fiscos, mas por ela somada à reiteração desta conduta.

---

10 Cf. Washington de Barros Monteiro (*Curso de direito civil*: parte geral. 41. ed., v. 1. atual. por Ana Cristina de Barros Monteiro França Pinto. São Paulo: Saraiva, 2007, p. 256).

11 RODRIGUES, Silvio. *Direito civil*: parte geral. 34. ed., v. 1. São Paulo: Saraiva, 2007, p. 297.

Isso se dá porque pode ocorrer de, eventualmente, ter havido apenas um erro no envio da informação, retificado com base nos documentos que deram suporte ao lançamento. Para elucidar esse posicionamento, transcrevemos parte do Acórdão n. 107-08.814, da antiga Sétima Câmara do 1º Conselho de Contribuintes:

> [...] RECEITA BRUTA - APURAÇÃO A PARTIR DE DECLARAÇÕES APRESENTADAS AO FISCO ESTADUAL - VALIDADE - É válida a receita bruta obtida a partir de regular requisição das declarações apresentadas ao Fisco estadual, ainda mais quando os valores declarados são compatíveis com os apurados pela própria fiscalizada em atendimento à intimação no curso da ação fiscal. Não há, na hipótese, mero empréstimo de provas.
> MULTA QUALIFICADA - OMISSÃO OU APRESENTAÇÃO DE DECLARAÇÕES "ZERADAS" - SONEGAÇÃO - CARACTERIZAÇÃO - A conduta reiterada do contribuinte, consistente em apresentação de Declarações "zeradas" à administração tributária federal, quando provado que auferiu receitas, tanto que as declarou corretamente ao Fisco estadual, subsume-se perfeitamente à figura da sonegação fiscal (impedir ou retardar o conhecimento por parte da autoridade tributária da ocorrência do fato gerador), justifica a qualificação da penalidade.

10.5 Presunção como prova da fraude

A presunção de ocorrência do fato jurídico tributário em sentido estrito não é suficiente a tipificar a fraude. Sua tipificação dependerá *da forma com que o ilícito foi praticado*. O dolo reside, pois, na qualificação dos atos sucessivos (procedimento), que resultaram no fato indiciado (produto), e não nele em si.

É o caso da utilização de interposta pessoa na importação (procedimento), indício responsável pela tipificação da fraude, e não o produto em si (presunção de importação irregular e não pagamento de IPI em operação interna tributável).

Para facilitar a compreensão, tratemos, de maneira mais detalhada, de uma das formas mais comuns de omissão de receitas. A existência de depósito bancário de origem não identificada é forte indício de omissão de receitas. Por se tratar de presunção relativa, a prova a ser efetuada pela autoridade fiscal é a da (i) existência de depósito, (ii) não contabilização do depósito bancário e/ou não inclusão na apuração do crédito tributário e (iii) titularidade do depósito bancário. O administrado deverá ser intimado para informar a origem do dinheiro, e, se não o fizer, a presunção deve ser aceita.

Os fatos acima narrados (*i, ii* e *iii*), se esporádicos, não provam o dolo e são suficientes apenas para a constituição do crédito tributário[12]. Já eles, somados à reincidência e à interposta pessoa, provam que o contribuinte agiu de forma dolosa.

Com isso, queremos dizer que a utilização de uma pessoa, que não o real titular dos rendimentos, está relacionada ao *procedimento* adotado pelo contribuinte, para lesar o Fisco. Esse fato é prova independente da presunção utilizada para se constituir o fato "omissão de receitas".

10.6 Quadro sintético dos indícios de dolo e os meios de prova

Diante de todo o exposto, cumpre-nos agora apresentar vários fatos que, para nós, caracterizam-se como dolosos (sempre ou normalmente) e outros que não (erros), além daqueles em que não se faz possível adotar aqui um entendimento, por desconhecermos os demais elementos que compõem o conjunto probatório.

A análise a seguir, portanto, é baseada em situações gerais, o que faz com que nossas conclusões eventualmente não prevaleçam diante das características de um caso específico. Mas nem por isso elas deixam de ser úteis. São. Nossa ressalva é feita, por não ser possível perder de vista que não se deve reduzir a complexidade do mundo a uma simplicidade abstrata: o contexto sempre influenciará a interpretação dos fatos.

CONDUTA	FRAUDE
Interposta pessoa	Sim, sempre
Reiteração de conduta	Sim, normalmente
Informação falsa	Depende do conjunto probatório
Informações divergentes aos Fiscos	Sim, normalmente

12 Acórdão n. 06-22505 – Delegacia Regional de Julgamento em Curitiba "MULTA QUALIFICADA. CABIMENTO. A conduta do contribuinte de não informar a maioria de suas receitas na declaração de rendimento entregue ao Fisco, praticando omissão de receitas durante anos consecutivos, denota o elemento subjetivo da prática dolosa e enseja a aplicação de multa qualificada pela ocorrência de sonegação prevista no art. 71 da Lei n. 4.502/1964. [...] É inconteste que não se faz possível a caracterização de omissão de rendimentos pela simples existência de depósitos bancários não declarados. Esse fato, ainda que devidamente comprovado pela autoridade administrativa, é insuficiente para tipificar a omissão".

CONDUTA	FRAUDE
Descumprimento de deveres instrumentais sem ausência de pagamento de tributo	Não
Imprudência, negligência e imperícia	Não
Apropriação indébita	Sim, normalmente
Planejamento fiscal	Não
"Planejamento fiscal" ilícito	Sim, sempre
Simulação	Sim, sempre
Exportação simulada	Sim, sempre
Estabelecimento fictício (nunca existiu)	Sim, normalmente
Paralisação das atividades da empresa sem baixa da sociedade nos registros competentes	Depende do conjunto probatório
Aproveitamento de créditos de terceiros	Sim, normalmente
Fusões e aquisições realizadas apenas no papel	Sim, sempre
Empresa com prejuízo acumulado que compra uma lucrativa para aproveitar o prejuízo (incorporação "às avessas")	Depende do conjunto probatório
Dissolução irregular	Sim, normalmente
Valores creditados em conta de depósito ou investimento mantida junto à instituição financeira, em relação aos quais o titular, regularmente notificado a prestar informações, não comprove a origem dos recursos utilizados nessas operações	Depende do conjunto probatório
Ativo oculto	Depende do conjunto probatório
Entrada de mercadorias não registradas	Sim, normalmente
Declaração de vendas pelo contribuinte em valores inferiores às informações fornecidas por instituições financeiras e administradoras de cartões de crédito ou débito	Sim, normalmente

Finalmente, e considerando-se a influência que o conjunto probatório haverá de exercer nas conclusões construídas para casos reais, no que diz respeito às provas admissíveis à comprovação da fraude, podemos elencar as seguintes: (i) documentos contábeis e fiscais do contribuinte (idôneos); (ii) documentos idôneos desprovidos de natureza fiscal e contábil do contribuinte (*e-mails*, correspondências, contratos); (iii) documentos inidôneos; (iv) documentos emitidos por terceiros (DIRF, extratos bancários, notas fiscais eletrônicas etc.); (v) despesas médicas e de educação não comprovadas; (vi) prova emprestada; e (vii) prova testemunhal.

10.7 Consequências fiscais da constatação (ou não) da fraude: multas de ofício, agravada e qualificada

Em lançamentos de ofício, poderão ser encontradas, isolada ou cumulativamente, sanções de natureza tributária, administrativa ou penal. Será de natureza tributária, se aplicada em razão de descumprimento de uma obrigação tributária (obrigação de dar, de entregar dinheiro aos cofres públicos). Será de natureza administrativa se relacionada ao descumprimento de um dever instrumental (obrigação de emitir notas fiscais eletrônicas etc.). E será de natureza penal tributária a sanção aplicada às infrações decorrentes de atos dolosos, visando à fraude ou à sonegação fiscal[13].

As multas de natureza tributária classificam-se em "de mora" e "de ofício". Ambas são sanções punitivas[14], decorrentes da prática de um ato ilícito (descumprimento do consequente da norma primária dispositiva). A primeira é menos onerosa, em virtude do fato de o contribuinte ter constituído o crédito e, eventualmente, pago a obrigação, ainda que a destempo. Já a segunda é veiculada nos lançamentos de ofício e normalmente constitui-se em percentuais aplicáveis sobre o valor do tributo devido (75% do valor do crédito tributário) ou do fato (100% do valor da operação).

No âmbito federal, a multa de ofício é devida, via de regra, no percentual de 75% sobre o tributo devido (art. 44 da Lei n. 9.430/96). Será agravada (percentual aumentado pela metade), nos casos de não atendimento, pelo sujeito passivo, de intimação para prestar esclarecimentos ou apresentar documentos. Será qualificada a penalidade (percentual duplicado), nos casos de fraude e sonegação.

Por fim, na qualificação da penalidade, o art. 44, § 1º, da Lei n. 9.430/96 estabelece que "o percentual de multa de que trata o inciso I do *caput* deste artigo [75%] será duplicado nos casos previstos nos arts. 71, 72 e 73 da Lei

---

13 Cf. Karem Jureidini Dias (A prova da fraude. In: NEDER, Marcos Vinicius; SANTI, Eurico Marcos Diniz de; FERRAGUT, Maria Rita (coord.). *A prova no processo tributário*. São Paulo: Dialética, 2010, p. 315).

14 A indenização pela indisponibilidade do dinheiro compete aos juros, e não à multa de mora. A multa é para punir.

n. 4.502/64[15], independentemente de outras penalidades administrativas ou criminais cabíveis". Portanto, a qualificação da multa apenas se aplica aos casos de sonegação, fraude e conluio, tal como ocorre na emissão de notas "calçadas", na conta bancária fictícia, na apresentação de documentos falsos, no subfaturamento, no uso reiterado de documentos falsos referentes a empresa inexistente e na compra e venda de títulos inexistentes para comprovação de origem de depósitos bancários[16].

A antiga redação do art. 44, II, da Lei n. 9.430/96 determinava que a multa qualificada era de "cento e cinquenta por cento, nos casos de evidente intuito de fraude, definido nos arts. 71, 72 e 73 da Lei n. 4.502/64". A nova redação do dispositivo legal, introduzida pela Lei n. 11.488/2007, passou a estabelecer que "o percentual de multa que trata o inciso I do *caput* deste artigo [75%] será duplicado nos casos previstos nos arts. 71, 72 e 73 da Lei n. 4.502, de 30 de novembro de 1964".

Em que pese a nova redação não ter trazido a expressão "evidente intuito de fraude", não houve significativa alteração no pressuposto para imposição da multa qualificada, uma vez que ela só se aplica aos casos de fraude, sonegação e conluio, hipóteses que requerem o dolo para sua tipificação.

---

15 "Art. 71. Sonegação é toda ação ou omissão dolosa tendente a impedir ou retardar, total ou parcialmente, o conhecimento por parte da autoridade fazendária: I – da ocorrência do fato gerador da obrigação tributária principal, sua natureza ou circunstâncias materiais; II – das condições pessoais de contribuinte, suscetíveis de afetar a obrigação tributária principal ou o crédito tributário correspondente. Art. 72. Fraude é toda ação ou omissão dolosa tendente a impedir ou retardar, total ou parcialmente, a ocorrência do fato gerador da obrigação tributária principal, ou a excluir ou modificar as suas características essenciais, de modo a reduzir o montante do imposto devido e evitar ou diferir o seu pagamento. Art. 73. Conluio é o ajuste doloso entre duas ou mais pessoas naturais ou jurídicas, visando qualquer dos efeitos referidos nos arts. 71 e 72".

16 *Vide*, respectivamente, as seguintes decisões do CARF: AC. n. 105-2.984; AC. n. 103-12.178; AC. n. 1-3-18.019; AC. n. 107-6.041; AC. n. 107-04.255 e AC. n. 103-22.457.

REFERÊNCIAS

ABBAGNANO, Nicola. *Dicionário de filosofia*. Tradução de Alfredo Bosi e Ivone Castilho Benedetti. 4. ed. São Paulo: Martins Fontes, 2003.

ADEODATO, João Maurício. *Ética e retórica*: para uma teoria da dogmática jurídica. 4. ed. São Paulo: Saraiva, 2009.

______. *Filosofia do direito*: uma crítica à verdade na ética e na ciência. São Paulo: Saraiva, 1996.

AGUILLAR, Fernando Herren. *Metodologia da Ciência do Direito*. 3. ed. São Paulo: Max Limonad, 2003.

ALCHOURRÓN, Carlos Eduardo; BULYGIN, Eugenio. *Introducción a la metodología de las ciencias jurídicas y sociales*. 4. ed. Buenos Aires: Astrea, 2002.

ALMEIDA, Amador Paes de. *Execução de bens dos sócios – obrigações mercantis, tributárias, trabalhistas*: da desconsideração da personalidade jurídica (doutrina e jurisprudência). 10. ed. São Paulo: Saraiva, 2009.

ALVIM, Arruda. *Manual de direito processual civil*. 5. ed., v. 2. São Paulo: Revista dos Tribunais, 1996.

AMARO, Luciano da Silva. Desconsideração da personalidade jurídica no Código de Defesa do Consumidor. *Revista de Direito Mercantil, Industrial, Econômico e Financeiro*, São Paulo: Revista dos Tribunais, n. 88, 1992.

______. *Direito tributário brasileiro*. 14. ed. São Paulo: Saraiva, 2008.

______. ISS – preço e valor de serviço. *Revista de Direito Tributário*, São Paulo: Revista dos Tribunais, n. 40, 1987.

ARAUJO, Clarice Von Oertzen de. *Semiótica do direito*. São Paulo: Quartier Latin, 2005.

ARAUJO, Juliana Furtado Costa. Os meios de prova para a caracterização da dissolução irregular de sociedade com fins de responsabilização de seus representantes legais: críticas à jurisprudência do STJ. In: NEDER, Marcos Vinicius; SANTI, Eurico Marcos Diniz de; FERRAGUT, Maria Rita (coord.). *A prova no processo tributário*. São Paulo: Dialética, 2010.

______. *Responsabilidade tributária na sucessão empresarial*: fusão, incorporação, cisão e aquisição de estabelecimentos. 2010. Tese (Doutorado em Direito) – Pontifícia Universidade Católica. São Paulo: PUCSP, 2010.

ATALIBA, Geraldo. *Hipótese de incidência tributária*. 6. ed. São Paulo: Malheiros Editores, 2001.

______. *Sistema constitucional tributário brasileiro*. São Paulo: Revista dos Tribunais, 1966.

______; GIARDINO, Cleber. Núcleo da definição constitucional do ICM (operações, circulação e saída). *Revista de Direito Tributário*. São Paulo: Revista dos Tribunais, n. 25-26, 1983.

ATIENZA, Manuel; MANERO, Juan Ruiz Manero. *Ilícitos atípicos*. Madrid: Trotta, 2000.

AULETE, Caldas. *Dicionário contemporâneo da língua portuguesa*. Rio de Janeiro: Delta, 1968.

ÁVILA, Humberto. Eficácia do novo Código Civil na legislação tributária. In: GRUPENMACHER, Betina Treiger (coord.). *Direito tributário e o novo Código Civil*. São Paulo: Quartier Latin, 2004.

______. *Sistema constitucional tributário*. 3. ed. São Paulo: Saraiva, 2008.

______. *Teoria dos princípios*: da definição à aplicação dos princípios jurídicos. 4. ed. São Paulo: Malheiros Editores, 2005.

BALEEIRO, Aliomar. *Direito tributário brasileiro*. 10. ed. atual. por Flávio Bauer Novelli. Rio de Janeiro: Forense, 1995.

BANDEIRA DE MELLO, Celso Antônio. *Curso de direito administrativo*. 9. ed. São Paulo: Malheiros Editores, 1997.

______. Ilícito tributário. *Revista de Direito Público*. São Paulo: Malheiros Editores, v. 62 , p. 22-32, 1995.

______. O princípio da legalidade e algumas de suas consequências para o direito administrativo sancionador. *Revista Latino-Americana de Estudos Constitucionais*, São Paulo, n. 1, p. 61-75, 2003.

BARBOSA DOS SANTOS, Marcelo. Estratégia de mídia: considerações semânticas de caráter amplo e principais aspectos estruturais. *Revista FACOM FAAP*, São Paulo, n. 18, 2. sem. 2007.

BARRETO, Aires Fernandino. *ISS na Constituição e na lei*. 3. ed. São Paulo: Dialética, 2009.

BARRETO, Paulo Ayres. *Contribuições:* regime jurídico, destinação e controle. São Paulo: Noeses, 2006.

______. *Elisão tributária*: limites normativos. 2008. Tese (livre-docência) – Faculdade de Direito da Universidade de São Paulo. São Paulo: USP, 2008.

______. *Imposto sobre a renda e preços de transferência*. São Paulo: Dialética, 2001.

BECHO, Renato Lopes. O planejamento tributário na doutrina tradicional. *Revista Dialética de Direito Tributário*, São Paulo: Dialética, n. 176, p. 136-155, 2010.

BECKER, Alfredo Augusto. *Teoria geral do direito tributário*. 4. ed. São Paulo: Noeses, 2007.

BENTHAM, Jeremías. *Tratado de las pruebas judiciales*. Tradução de Manuel Osório Florit. Granada: Editorial Comares, 2001.

BIANCO, João Francisco. Aparência econômica e natureza jurídica. In: MOSQUERA, Roberto Quiroga; LOPES, Alexsandro Broedel. *Controvérsias jurídico-contábeis* (aproximações e distanciamentos). São Paulo: Dialética, 2010.

______. Norma geral antielisão – aspectos relevantes. In: ROCHA, Valdir de Oliveira (coord.). *O planejamento tributário e a Lei Complementar n. 104*. São Paulo: Dialética, 2001.

BIFANO, Elidie Palma. Contabilidade e direito: a nova relação. In: MOSQUERA, Roberto Quiroga; LOPES, Alexsandro Broedel. *Controvérsias jurídico-contábeis* (aproximações e distanciamentos). São Paulo: Dialética, 2010.

BOBBIO, Norberto. *Teoria da norma jurídica*. Tradução de Fernando Pavan Baptista e Arani Bueno Sudatti. Bauru; São Paulo: Edipro, 2001.

______. *Teoria do ordenamento jurídico*. 6. ed. Tradução de Maria Celeste Cordeiro Leite dos Santos. Brasília: UnB, 1995.

BORGES, José Souto Maior. *Introdução ao direito financeiro*. São Paulo: Max Limonad, 1998.

______. Lançamento tributário. In: ______. *Tratado de direito tributário brasileiro*. v. 4. Rio de Janeiro: Forense, 1981.

______. *Teoria geral das isenções tributárias*. 3. ed. São Paulo: Malheiros Editores, 2001.

BOTTALLO, Eduardo Domingos. *Curso de processo administrativo tributário*. São Paulo: Malheiros Editores, 2006.

BULGARELLI, Waldirio. *Sociedades comerciais*. 8. ed. São Paulo: Atlas, 1999.

BURGARELLI, Aclibes. *Tratado das provas cíveis*. São Paulo: Juarez de Oliveira, 2000.

CALMON DE PASSOS, José Joaquim. *Comentários ao Código de Processo Civil*. v. 3. Rio de Janeiro: Forense, 1974.

CAPEZ, Fernando. *Curso de direito penal*: parte geral. 6. ed., v. I. São Paulo: Saraiva, 2003.

CARNELUTTI, Francesco. *A prova civil*. Tradução de Lisa Pary Scarpa. Campinas: Bookseller, 2001.

CARRAZZA, Roque Antônio. *Curso de direito constitucional tributário*. 20. ed. São Paulo: Malheiros Editores, 2004.

______. *ICMS*. 12. ed. São Paulo: Malheiros Editores, 2007.

CARRERO, José Manuel Calderón. *Intercambio de información y fraude fiscal internacional*. Madrid: Centro de Estudios Financieros, 2000.

CARVALHO, Aurora Tomazini de. *Curso de teoria geral do direito*: o construtivimo lógico-semântico. São Paulo: Noeses, 2009.

______. *Direito penal tributário* (uma análise lógica, semântica e jurisprudencial). São Paulo: Quartier Latin, 2009.

CARVALHO, Paulo de Barros. A prova no procedimento administrativo tributário. *Revista Dialética de Direito Tributário*, São Paulo: Dialética, n. 34, p. 104-116, 1998.

______. *Curso de direito tributário*. 19. ed. São Paulo: Saraiva, 2007.

______. *Direito tributário* – fundamentos jurídicos da incidência. 3. ed. São Paulo: Saraiva, 2004.

______. *Direito tributário, linguagem e método*. São Paulo: Noeses, 2008.

______. Notas sobre prova no procedimento administrativo tributário. In: SCHOUERI, Luís Eduardo (coord.). *Direito tributário*: homenagem a Alcides Jorge Costa. v. II. São Paulo: Quartier Latin, 2003.

______. O absurdo da interpretação econômica do "fato gerador" – direito e sua autonomia – o paradoxo da interdisciplinaridade. *Revista de Direito Tributário*, São Paulo: Malheiros Editores, n. 97, p. 7-17, 2007.

______. Teoria da prova e o fato jurídico tributário. *Apostila de Filosofia do Direito I* (Lógica Jurídica), do Programa de Pós-Graduação em Direito (Mestrado e Doutorado) da USP e PUCSP, 1999.

CARVALHOSA, Modesto. *Comentários à Lei de Sociedades Anônimas*. 3. ed. São Paulo: Saraiva, 2002.

CERTO, Samuel C.; PETER, J. Paul. *Administração estratégica*: planejamento e implantação da estratégia. Tradução de Flávio Deni Steffen. São Paulo: Makron Books, 1993.

CHIMENTI, Francesco. *O processo penal e a verdade material*: teoria da prova. Rio de Janeiro: Forense, 1995.

CHIOVENDA, Giuseppe. *Instituições de direito processual civil*. v. 3. Tradução de J. Guimarães Menegale. 4. ed. São Paulo: Saraiva, 1969.

CLEMENTINO, Ediberto Barbosa. *Processo judicial eletrônico*. Curitiba: Juruá, 2009.

COELHO, Fábio Ulhoa. *Manual do direito comercial – Direito da empresa*. 23. ed. São Paulo: Saraiva, 2011.

COÊLHO, Sacha Calmon Navarro. *Curso de direito tributário brasileiro*. 8. ed. Rio de Janeiro: Forense, 2005.

______. Os limites atuais do planejamento tributário. In: ROCHA, Valdir de Oliveira (coord.). *O planejamento tributário e a Lei Complementar n. 104*. São Paulo: Dialética, 2001.

______. Responsabilidade dos sócios e administradores. *Revista de Direito Tributário*. São Paulo: Malheiros Editores, n. 87, p. 305-313, 2003.

COLEÇÃO "OS PENSADORES". *Sócrates*. v. 21. São Paulo: Nova Cultural, 1999.

CONRADO, Paulo Cesar. *Introdução à teoria geral do processo civil*. 2. ed. São Paulo: Max Limonad, 2003.

COSTA, Alcides Jorge. *ICM na Constituição e na lei complementar*. São Paulo: Resenha Tributária, 1977.

CURTY, Leonardo de Menezes. A extensão do fato indiciário relativo à presunção de omissão de receitas decorrente de depósitos bancários promovida pelos Tribunais Regionais Federais e pelo Superior Tribunal de Justiça. In: NEDER, Marcos Vinicius; SANTI, Eurico Marcos Diniz de; FERRAGUT, Maria Rita (coord.). *A prova no processo tributário*. São Paulo: Dialética, 2010.

DELLEPIANE, Antonio. *Nova teoria da prova*. Tradução de Erico Maciel. Campinas: Minelli, 2004.

DENARI, Zelmo. *Enciclopédia Saraiva do Direito*. v. 66. São Paulo: Saraiva, 1981.

DERZI, Misabel Abreu Machado. A desconsideração dos atos e negócios jurídicos dissimulatórios, segundo a Lei Complementar n. 104, de 19 de janeiro de 2001. In: ROCHA, Valdir de Oliveira (coord.). *Planejamento tributário e a Lei Complementar n. 104*. São Paulo: Dialética, 2001.

______. *Direito tributário, direito penal e tipo*. São Paulo: Revista dos Tribunais, 1988.

______. O direito à economia de imposto – seus limites (estudos de casos). In: YAMASHITA, Douglas (coord.). *Planejamento tributário à luz da jurisprudência*. São Paulo: Lex, 2007.

______; COÊLHO, Sacha Calmon Navarro. Memorial oferecido em favor de Martins Comércio e Serviços de Distribuição S/A, contra os Estados de São Paulo, Bahia e Paraná, referente à Petição Acautelatória 1.607-6, proposta perante o Supremo Tribunal Federal, *Revista Dialética de Direito Tributário*, São Paulo: Dialética, n. 40, jan. 1999.

DESCARTES, René. *Discurso sobre o método*. Petrópolis: Vozes, 2008.

DI PIETRO, Maria Sylvia Zanella. *Direito administrativo*. 10. ed. São Paulo: Atlas, 1999.

DIAS, Karem Jureidini. A prova da fraude. In: NEDER, Marcos Vinicius; SANTI, Eurico Marcos Diniz de; FERRAGUT, Maria Rita (coord.). *A prova no processo tributário*. São Paulo: Dialética, 2010.

DINAMARCO, Cândido Rangel. *Instituições de direito processual civil*. 2. ed., v. 3. São Paulo: Malheiros Editores, 2002.

DINIZ, Maria Helena. *Conflito de normas*. 2. ed. São Paulo: Saraiva, 1996.

______. *Dicionário jurídico*. 2. ed., v. 2. São Paulo: Saraiva, 2005.

DORIA, Antônio Roberto Sampaio. Distribuição disfarçada de lucros e imposto de renda. *Revista de Direito Tributário*. São Paulo: Malheiros Editores, ano 2, n. 5, jul.-set. 1978.

______. *Elisão e evasão fiscal*. São Paulo: Lael, 1971.

ENGISCH, Karl. *Introdução ao pensamento jurídico*. 7. ed. Tradução de J. Baptista Machado. Lisboa: Fundação Calouste Gulbenkian, 1996.

ENTERRÍA, Eduardo Garcia de; FERNÁNDES, Tomás-Ramón. *Curso de derecho administrativo*. 10. ed., v. I. Madrid: Civitas, 2000.

FALCÃO, Amílcar Araújo. *Fato gerador da obrigação tributária*. 4. ed. atualizada por Geraldo Ataliba. São Paulo: Revista dos Tribunais, 1977.

FANUCCHI, Fábio. *Curso de direito tributário brasileiro*. v. 1. São Paulo: Resenha Tributária, 1971.

______. *Imposto de renda das empresas*. São Paulo: Resenha Tributária, 1968.

FEITOSA, Celso Alves. O ICMS, a venda sob cláusula FOB e suas consequências nas operações interestaduais e o decidido no REsp n. 37.033 – STJ. *Revista Dialética de Direito Tributário*, São Paulo: Dialética, n. 48, p. 29-35, 1999.

FERRAGUT, Maria Rita. Direito tributário eletrônico: uma realidade. In: ______ (coord.). *Direito tributário eletrônico*. São Paulo: Saraiva, 2010.

______. *Presunções no direito tributário*. 2. ed. Quartier Latin, 2005.

______. Presunções: meio de prova do fato gerador? In: NEDER, Marcos Vinicius; SANTI, Eurico Marcos Diniz de; FERRAGUT, Maria Rita (coord.). *A prova no processo tributário*. São Paulo: Dialética, 2010.

______. *Responsabilidade tributária*. 4. ed. São Paulo: Noeses, 2019.

FERRARA, Francesco. *A simulação dos negócios jurídicos*. Tradução de A. Bossa. São Paulo: Saraiva, 1939.

FERRAZ JUNIOR, Tercio Sampaio. *Estudos de filosofia do direito*: reflexões sobre o poder, a liberdade, a justiça e o direito. 3. ed. São Paulo: Atlas, 2009.

______. *Função social da dogmática jurídica*. São Paulo: Max Limonad, 1998.

______. Indício e prova de cartel. *Estudos, documentos, debates*. São Paulo: Instituto Roberto Simonsen, n. 24, p. 42-54, 2003.

______. *Introdução ao estudo do direito*: técnica, decisão, dominação. 6. ed., 2. reimpr. São Paulo: Atlas, 2010.

______. Sigilo de dados: o direito à privacidade e os limites à função fiscalizadora do Estado. *Revista dos Tribunais, Cadernos de Direito Tributário e Finanças Públicas*, São Paulo: Revista dos Tribunais, n. 1, p. 141-154, out.-dez. 1992.

______. *Teoria da norma jurídica*: ensaio de pragmática da comunicação normativa. 3. ed. Rio de Janeiro: Forense, 1997.

FERRELL, O. C.; HARTLINE, Michael D. *Estratégia de marketing*. Tradução de Marlene Cohen. 4. ed. São Paulo: Cengage Learning, 2009.

FIANI, Ronaldo. *Teoria dos Jogos*: com aplicações em economia, administração e ciências sociais. 3. ed. Rio de Janeiro: Campus, 2009.

FIGUEIREDO, Lucia Valle. *Curso de direito administrativo*. 3. ed. São Paulo: Malheiros Editores, 1994.

FIORIN, José Luiz. *As astúcias da enunciação*. São Paulo: Ática, 2002.

FISCHER, Octavio Campos. Abuso de direito: o ilícito atípico no direito tributário. In: GRUPENMACHER, Betina Treiger (coord.). *Direito tributário e o novo Código Civil*. São Paulo: Quartier Latin, 2004.

FLUSSER, Vilém. *Língua e realidade*. 2. ed. São Paulo: Annablume, 2004.

FOLMANN, Melissa. *Sigilo bancário e fiscal*. 2. ed. Curitiba: Juruá, 2003.

FORBES, Jorge. Pesquisitices. *Revista Welcome Congonhas*, São Paulo, n. 24, ano 2, abril 2009. In: JORGE FORBES. Clínica e pesquisa em psicanálise. 30 maio 2009. Disponível em: <http://www.jorgeforbes.com.br/br/artigos/pesquisitices.html>. Acesso em: 17 abr. 2010.

FREITAS, Elizabeth Cristina Campos Martins de. *Desconsideração da personalidade jurídica*: análise à luz do Código de Defesa do Consumidor e do novo Código Civil. 2. ed. São Paulo: Atlas, 2007.

FREITAS, Juarez. *O controle dos atos administrativos e os princípios fundamentais*. São Paulo: Malheiros Editores, 1997.

FURNO, Carlo. *Teoría de la prueba legal*. Tradução de Sergio Gonzales Collado. Madrid: Editorial Revista de Derecho Privado, 1954.

GAMA, Guilherme Calmon Nogueira da. *Desconsideração da personalidade da pessoa jurídica*: visão crítica da jurisprudência. São Paulo: Atlas, 2009.

GAMA, Tácio Lacerda. *Competência tributária*: fundamentos para uma teoria da nulidade. São Paulo: Noeses, 2009.

GAUDÊNCIO, Samuel Carvalho. O planejamento tributário e a prova na requalificação dos fatos ilegais. In: NEDER, Marcos Vinicius; SANTI, Eurico Marcos Diniz de; FERRAGUT, Maria Rita (coord.). *A prova no processo tributário*. São Paulo: Dialética, 2010.

GOMES, Orlando. *Introdução ao direito civil*. 12. ed. Rio de Janeiro: Forense, 1996.

GONÇALVES, José Artur Lima. *Imposto sobre a renda – pressupostos constitucionais*. São Paulo: Malheiros Editores, 1997.

______. Presunção de renda. *Revista de Direito Tributário*. São Paulo: Revista dos Tribunais, n. 35, 1986.

GONZÁLEZ, García. *El fraude a la ley tributaria en la jurisprudencia*. Pamplona: Aranzadi, 2001.

GORDILLO, Agustín. *Tratado de derecho administrativo*. 3. ed., t. I, III. Buenos Aires: Ediciones Macchi, 1995.

GRAU, Eros Roberto. *Direito, conceitos e normas jurídicas*. São Paulo: Revista dos Tribunais, 1988.

______. *Ensaio e discurso sobre a interpretação/aplicação do direito*. 5. ed. São Paulo: Malheiros Editores, 2009.

______. *O direito posto e o direito pressuposto*. 2. ed. São Paulo: Malheiros Editores, 1998.

GRECO FILHO, Vicente. *Direito processual civil brasileiro*. 16. ed., v. 2. São Paulo: Saraiva, 2003.

GRECO, Marco Aurélio. A prova no planejamento tributário. In: NEDER, Marcos Vinicius; SANTI, Eurico Marcos Diniz de; FERRAGUT, Maria Rita (coord.). *A prova no processo tributário*. São Paulo: Dialética, 2010.

______. *Planejamento tributário*. 2. ed. São Paulo: Dialética, 2008.

GUIBOURG, Ricardo A. *El fenómeno normativo*: acción, norma y sistema. La revolución informática. Niveles del análisis jurídico. Buenos Aires: Astrea, 1987.

______; GHIGLIANI, Alejandro M.; GUARINONI, Ricardo. *Introducción al conocimiento científico*. 2. ed. Buenos Aires: Eudeba, 1994.

HARRET, Florence Cronemberger. *Presunções no direito tributário*: teoria e prática. 2010. Tese (Doutorado em Direito) – Faculdade de Direito da Universidade de São Paulo. São Paulo, USP, 2010.

HEGENBERG, Leônidas. *Definições*: termos teóricos e significado. São Paulo: Cultrix, 1974.

______. *Saber de e saber que*: alicerces da racionalidade. Petrópolis: Vozes, 2001.

HEIDEGGER, Martin. *Sobre a essência da verdade*. São Paulo: Nova Cultural, 1989 [Coleção "Os pensadores"].

HESSEN, Johannes. *Filosofia dos valores*. Tradução de Cabral de Moncada. 4. ed. Coimbra: Arménio Amado, 1974.

______. *Teoria do conhecimento*. Tradução de António Correia. 8. ed. Coimbra: Arménio Amado, 1987.

HOFFMANN, Susy Gomes. *Teoria da prova no direito tributário*. Campinas: Copola, 1999.

HORVATH, Estevão. *Contribuições de intervenção no domínio econômico*. São Paulo: Dialética, 2009.

______. *Lançamento tributário e "autolançamento"*. 2. ed. São Paulo: Quartier Latin, 2010.

______. *O princípio do não confisco no direito tributário*. São Paulo: Dialética, 2002.

HUCK, Hermes Marcelo. *Evasão e elisão*: rotas nacionais e internacionais do planejamento tributário. São Paulo: Saraiva, 1997.

IUDÍCIBUS, Sérgio de. Essência sobre a forma e o valor justo: duas faces da mesma moeda. In: MOSQUERA, Roberto Quiroga; LOPES, Alexsandro Broedel. *Controvérsias jurídico-contábeis* (aproximações e distanciamentos). São Paulo: Dialética, 2010.

______; MARTINS, Eliseu; GELBCKE, Ernesto Rubens. *Manual de contabilidade das sociedades por ações*. 4. ed. São Paulo: Atlas, 1995.

IVO, Gabriel. *Norma jurídica*: produção e controle. São Paulo: Noeses, 2006.

KANT, Immanuel. *Crítica da faculdade do juízo*. Tradução de Valério Rohden e Antonio Marques. 2. ed. Rio de Janeiro: Forense Universitária, 1995.

KELSEN, Hans. *Teoria geral das normas*. Tradução de José Florentino Duarte. Porto Alegre: Sérgio A. Fabris, editor, 1986.

______. *Teoria geral do direito e do Estado*. Tradução de Luís Carlos Borges. São Paulo: Martins Fontes, 1990.

______. *Teoria pura do direito*. Tradução de João Baptista Machado. Coimbra: Arménio Amado, 1976.

LAPATZA, Ferreiro. Los sujetos pasivos de la obligación tributaria. *Revista Española de Derecho Financiero*, Madrid (Espanha): Civitas, n. 72, p. 381-398, 1991.

LOPES, Alexsandro Broedel; MOSQUERA, Roberto Quiroga. O direito contábil: fundamentos conceituais, aspectos da experiência brasileira e implicações. In: MOSQUERA, Roberto Quiroga; LOPES, Alexsandro Broedel. *Controvérsias jurídico-contábeis* (aproximações e distanciamentos). São Paulo: Dialética, 2010.

LOPES, João Batista. *A prova no direito processual civil*. 2. ed. São Paulo: Revista dos Tribunais, 2002.

______. Efetividade do processo e prova pericial. *Revista Dialética de Direito Processual*, São Paulo: Dialética, n. 21, p. 89-95, 2004.

______. *Tutela antecipada no processo civil brasileiro*. São Paulo: Saraiva, 2001.

MACEDO, Alberto. A prova e o ISS. In: NEDER, Marcos Vinicius; SANTI, Eurico Marcos Diniz de; FERRAGUT, Maria Rita (coord.). *A prova no processo tributário*. São Paulo: Dialética, 2010.

MACHADO, João Baptista. *Lições de direito internacional privado*. 3. ed. Coimbra: Almedina, 1992.

MALATESTA, Nicola Framino dei. *A lógica das provas em matéria criminal*. Tradução de Paolo Capitanio. 2. ed. Campinas: Bookseller, 2001.

MALERBI, Diva Prestes Marcondes. *Elisão tributária*. São Paulo: Revista dos Tribunais, 1984.

MARINS, James. *Direito processual tributário brasileiro*: administrativo e judicial. 2. ed. São Paulo: Dialética, 2002.

______. Princípio da razoável duração do processo e o processo tributário. In: SCHOUERI, Luís Eduardo (coord.). *Direito tributário*: homenagem a Paulo de Barros Carvalho. São Paulo: Quartier Latin, 2008.

MARQUES, José Frederico. *Instituições de direito processual civil*. v. II, III. Campinas: Millennium, 1999.

MARTINS, Ives Gandra da Silva. Presunções e fraudes. *Revista de Direito Tributário*, São Paulo: Revista dos Tribunais, n. 32, 1985.

MARTINS, Natanael. A figura do ágio nas operações de planejamento tributário: a prova de sua licitude na jurisprudência administrativa. In: NEDER, Marcos Vinicius; SANTI, Eurico Marcos Diniz de; FERRAGUT, Maria Rita (coord.). *A prova no processo tributário*. São Paulo: Dialética, 2010.

______. A realização da renda como pressuposto de sua tributação. Análise sobre a perspectiva da nova Contabilidade e do RTT. In: MOSQUERA, Roberto Quiroga; LOPES, Alexsandro Broedel. *Controvérsias jurídico-contábeis* (aproximações e distanciamentos). São Paulo: Dialética, 2010.

MASCARO, Alysson Leandro. *Crítica da legalidade e do direito brasileiro*. 2. ed. São Paulo: Quartier Latin, 2008.

MATIELLO, Fabrício Zamprogna. *Código Civil comentado*. São Paulo: LTr, 2003.

MAXIMILIANO, Carlos. *Hermenêutica e aplicação no direito*. 9. ed. Rio de Janeiro: Forense, 1979.

MEDAUAR, Odete. *A processualidade no direito administrativo*. São Paulo: Revista dos Tribunais, 1993.

______. *Direito administrativo moderno*. 2. ed. São Paulo: Revista dos Tribunais, 1998.

MEIRELLES, Hely Lopes. *Direito administrativo brasileiro*. 21. ed. São Paulo: Malheiros Editores, 1996.

______. *Mandado de segurança, ação popular, ação civil pública, mandado de injunção, "habeas data", ação direta de inconstitucionalidade e ação declaratória de constitucionalidade*. 22. ed. São Paulo: Malheiros Editores, 2000.

MELLO, Marcos Bernardes de. *Teoria do fato jurídico*: plano da existência. 7. ed. São Paulo: Saraiva, 1995.

MELO, José Eduardo Soares de. A desconsideração da personalidade jurídica no Código Civil e reflexo no direito tributário. In: GRUPENMACHER, Betina Treiger (coord.). *Direito tributário e o novo Código Civil*. São Paulo: Quartier Latin, 2004.

______. *Curso de direito tributário*. 6. ed. São Paulo: Dialética, 2005.

MENDES, João de Castro. *Conceito de prova em processo civil*. Lisboa: Edições Ática, 1961.

MENDES, Sonia Maria Broglia. *A validade jurídica pré e pós-giro linguístico*. São Paulo: Noeses, 2007.

MICHELI, Gian Antonio. *La carga de la prueba*. Tradução de Sentis Melendo. Buenos Aires: EJEA, 1961.

MIRANDA, Pontes de. *Comentários ao Código de Processo Civil*. v. 3. Rio de Janeiro: Forense, 1958.

______. *Tratado de direito privado*. t. I, II, IV. Rio de Janeiro: Borsoi, 1954.

MONTEIRO, João. *Teoria do processo civil e comercial*. São Paulo: Duprat, 1905.

MONTEIRO, Washington de Barros. *Curso de direito civil*: parte geral. 41. ed., v. 1. atual. por Ana Cristina de Barros Monteiro França Pinto. São Paulo: Saraiva, 2007.

MORA, José Ferrater. *Dicionário de filosofia*. 4. ed. São Paulo: Martins Fontes, 2001.

______. *Dicionário de filosofia*. 4. ed. São Paulo: Martins Fontes, 2001.

MORAES, Bernardo Ribeiro de. *Compêndio de direito tributário*. 5. ed., v. 2. Rio de Janeiro: Forense, 1996.

______. *O direito como texto*: quatro estudos da teoria comunicacional do direito. Tradução de Roberto Barbosa Alves. Barueri-SP: Manole, 2005.

MOSQUERA, Roberto Quiroga. *Direito monetário e tributação da moeda*. São Paulo: Dialética, 2006.

MOUSSALLEM, Tárek Moysés. *Fontes do direito tributário*. São Paulo: Max Limonad, 2001.

______. *Revogação em matéria tributária*. São Paulo: Noeses, 2005.

NEDER, Marcos Vinícius. A prevalência da substância sobre a forma nos planejamentos tributários: um falso dilema. In: MOSQUERA, Roberto Quiroga; LOPES, Alexsandro Broedel. *Controvérsias jurídico-contábeis* (aproximações e distanciamentos). São Paulo: Dialética, 2010.

______. Aspectos formais e materiais no direito probatório. In: ______; SANTI, Eurico Marcos Diniz de; FERRAGUT, Maria Rita (coord.). *A prova no processo tributário*. São Paulo: Dialética, 2010.

______. O problema da prova na desconsideração de negócios jurídicos. In: SANTI, Eurico Marcos Diniz de; SOUZA, Priscila de (coord.). *Direito tributário, linguagem e método*: as grandes disputas entre jurisprudência e dogmática na experiência brasileira atual. São Paulo: Noeses, 2008.

______. O Sistema Público de Escrituração Contábil (SPED) – deveres e limites a sua aplicação. In: FERRAGUT, Maria Rita (coord.). *Direito tributário eletrônico*. São Paulo: Saraiva, 2010.

______; LÓPEZ, Maria Teresa Martínes. *Processo administrativo fiscal federal comentado*. 3. ed. São Paulo: Dialética, 2010.

NEVES, Marcelo. Pesquisa interdisciplinar no Brasil: o paradoxo da interdisciplinaridade. *Revista do Instituto de Hermenêutica Jurídica*, Porto Alegre: Instituto de Hermenêutica Jurídica, n. 1, 2003.

______. *Teoria da inconstitucionalidade das leis*. São Paulo: Saraiva, 1988.

NOGUEIRA, Ruy Barbosa. *Curso de direito financeiro*. São Paulo: José Bushatsky, 1971.

NORONHA, Magalhães. *Curso de direito processual penal*. 28. ed. São Paulo: Saraiva, 2002.

NUCCI, Guilherme de Souza. *Código Penal comentado*. 4. ed. São Paulo: Revista dos Tribunais, 2004.

OLEA, Alonso. *Comentários à Consolidação das Leis do Trabalho*. 28. ed. São Paulo: Saraiva, 2003.

OLIVEIRA, Manfredo Araújo de. *Reviravolta linguístico-pragmática na filosofia contemporânea*. São Paulo: Loyola, 1996.

OLIVEIRA, Ricardo Mariz de. A elisão fiscal ante a Lei Complementar n. 104. In: ROCHA, Valdir de Oliveira. *O planejamento tributário e a Lei Complementar n. 104*. São Paulo: Dialética, 2001.

______. *Fundamentos do imposto de renda*. São Paulo: Quartier Latin, 2009.

______. Presunções no Direito Tributário. In: MARTINS, Ives Gandra (coord.). *Caderno de Pesquisas Tributárias*. v. 9. São Paulo: Resenha Tributária, 1991.

______. Reinterpretando a norma antievasão do parágrafo único do art. 116 do Código Tributário Nacional. *Revista Dialética de Direito Tributário*. São Paulo: Dialética, n. 76, 2002.

ORLANDI, Eni Puccinelli. *Interpretação*: autoria, leitura e efeitos do trabalho simbólico. Petrópolis: Vozes, 1996.

PACHECO, Alexandre Sansone. Essência e forma em matéria tributária: matizes da convergência das normas internacionais de Contabilidade. In: ROCHA,

Sérgio André (coord.). *Direito tributário, societário e a reforma da Lei das S/A – alterações das Leis n. 11.638/2007 e n. 11.941/2009*. São Paulo: Quartier Latin, 2010.

______. O uso de conceitos intermediários contábeis, jurídicos e fiscais em matéria tributária. In: MOSQUERA, Roberto Quiroga; LOPES, Alexsandro Broedel. *Controvérsias jurídico-contábeis* (aproximações e distanciamentos). São Paulo: Dialética, 2010.

PEREIRA, Cesar A. Guimarães. *Elisão tributária e função administrativa*. São Paulo: Dialética, 2001.

PISCITELLI, Tathiane dos Santos. *Limites à interpretação das normas tributárias*. São Paulo: Quartier Latin, 2007.

PORTANOVA, Rui. *Motivações ideológicas da sentença*. 2. ed. Porto Alegre: Livraria do Advogado, 1994.

PORTER, Michael Eugene. A nova estratégia. In: JÚLIO, Carlos Alberto; SALIBI NETO, José (coord.). *Estratégia e planejamento*: autores e conceitos imprescindíveis. São Paulo: Publifolha, 2002.

______. *Estratégia competitiva*: técnicas para análise de indústrias e da concorrência. Tradução de Elizabeth Maria de Pinho Braga e revisão de Jorge A. Garcia Gomez. 7. ed. Rio de Janeiro: Campus, 1986.

QUEIRÓZ, Regis de; FRANÇA, Henrique. Assinatura digital e a cadeia de autoridades certificadoras. In: LUCCA, Newton de; SIMÃO FILHO, Adalberto (coord.). *Direito & internet*: aspectos jurídicos relevantes. 2. ed. São Paulo: Quartier Latin, 2005.

REALE, Miguel. *Fundamentos do direito*. 3. ed. São Paulo: Revista dos Tribunais, 1998.

______. *Introdução à filosofia*. 4. ed. São Paulo: Saraiva, 2007.

______. *Lições preliminares de direito*. 27. ed. São Paulo: Saraiva, 2002.

REZEK, Francisco. *Direito internacional público*: curso elementar. 10. ed. São Paulo: Saraiva, 2005.

RIBEIRO, Darci Guimarães. *Provas atípicas*. Porto Alegre: Livraria do Advogado, 1998.

ROBLES MORCHON, Gregório. *Las reglas del derecho y las regras de los juegos*. Ciudad de México: Universidad Nacional Autônoma de México, 1988.

______. *O direito como texto*: quatro estudos de teoria comunicacional do direito. Tradução de Roberto Barbosa Alves. Barueri-SP: Manole, 2005.

______. *Teoría del derecho*: fundamentos de teoría comunicacional del derecho. Madrid: Civitas, 2008.

ROCHA, Sergio André. *Processo administrativo fiscal*: controle administrativo do lançamento tributário. 4. ed. Rio de Janeiro: Lumen Juris, 2010.

RODRIGUES, Silvio. *Direito civil*: parte geral. 34. ed., v. 1. São Paulo: Saraiva, 2007.

ROQUE, Maria José Oliveira Lima. *Sigilo bancário & direito à intimidade*. Curitiba: Juruá, 2003.

SANTI, Eurico Marcos Diniz de. Fundamento jurídico constitucional do direito à prova, as obrigações acessórias e o sigilo bancário. In: NEDER, Marcos VINICIUS; SANTI, Eurico Marcos Diniz de; FERRAGUT, Maria Rita (coord.). *A prova no processo tributário*. São Paulo: Dialética, 2010.

______. *Lançamento tributário*. 2. ed. São Paulo: Max Limonad, 1999.

SANTI, Eurico Marcos Diniz de. Planejamento tributário e Estado de Direito: fraude à lei, reconstruindo conceitos. In: ______ (coord.). *Interpretação e Estado de Direito*. São Paulo: Noeses, 2006.

SANTOS, José Belleza dos. *A simulação em direito civil*. São Paulo: Lael, 1955.

SANTOS, Moacyr Amaral. *Comentários ao Código de Processo Civil*: Lei n. 5.869, de 11 de janeiro de 1973. 3. ed. Rio de Janeiro: Forense, 1982. v. 4.

______. *Prova judiciária no cível e comercial*. 5. ed., v. 1. São Paulo: Saraiva, 1983.

SCAVINO, Dardo. *La filosofía actual*: pensar sin certezas. Buenos Aires: Paidós Postales, 1999.

SCHOUERI, Luís Eduardo. *Distribuição disfarçada de lucros*. São Paulo: Dialética, 1996.

______. *Normas tributárias indutoras e intervenção econômica*. Rio de Janeiro: Forense, 2005.

______. O mito do lucro real na passagem da disponibilidade jurídica para a disponibilidade econômica. In: MOSQUERA, Roberto Quiroga; LOPES, Alexsandro Broedel. *Controvérsias jurídico-contábeis* (aproximações e distanciamentos). São Paulo: Dialética, 2010.

______. *Planejamento fiscal através de acordos de bitributação: treaty shopping*. São Paulo: Revista dos Tribunais, 1995.

______. Presunções simples e indícios no procedimento administrativo fiscal. In: ROCHA, Valdir de Oliveira (coord.). *Processo administrativo fiscal*. v. 2. São Paulo: Dialética, 1997.

SEARLE, John Rogers. *Mente, linguagem e sociedade*: filosofia no mundo real. Tradução de F. Rangel. Rio de Janeiro: Rocco, 2000.

SEIXAS FILHO, Aurélio Pitanga. A prova pericial no processo administrativo tributário. In: ROCHA, Valdir de Oliveira (coord.). *Processo administrativo fiscal*. v. 1. São Paulo: Dialética, 1997.

SILVA, De Plácido e. *Vocabulário jurídico*. 24. ed. rev. e atual. por Nagib Slaibi Filho e Gláucia Carvalho. Rio de Janeiro: Forense, 2004.

SILVEIRA, Paulo Antônio Caliendo Velloso da. Do conceito de estabelecimentos permanentes e sua aplicação no direito tributário internacional. In: TÔRRES, Heleno Taveira (coord.). *Direito tributário internacional.* São Paulo: Quartier Latin, 2003. p. 529-564.

SOUZA, Hamilton Dias de; FUNARO, Hugo. A desconsideração da personalidade jurídica e a responsabilidade tributária dos sócios e administradores. *Revista Dialética de Direito Tributário*, São Paulo: Dialética, n. 137, p. 38-64, 2007.

SOUZA, Rubens Gomes de. *Compêndio de legislação tributária.* 4. ed. póstuma, 2. tir. São Paulo: Resenha Tributária; IBET – Instituto Brasileiro de Estudos Tributários, 1982.

TARUFFO, Michele. *Algunas consideraciones sobre la relación entre prueba y verdad.* Tradução de Maurizio Betti e Rodrigo Coloma e revisão de Jordi Ferrer. *Discusiones.* Córdoba: Universidade Nacional del Sur, n. 3, 2003.

TELLES JÚNIOR, Goffredo. *O direito quântico.* 6. ed. São Paulo: Max Limonad, 1985.

TEMER, Michel. *Elementos de direito constitucional.* São Paulo: Revista dos Tribunais, 1990.

THEODORO JÚNIOR, Humberto. *Curso de direito processual civil.* v. 1. Rio de Janeiro: Forense, 1996.

TOMÉ, Fabiana Del Padre. *A prova no direito tributário.* São Paulo: Noeses, 2005.

TÔRRES, Heleno Taveira. *Direito tributário e direito privado*: autonomia privada, simulação, elusão tributária. São Paulo: Revista dos Tribunais, 2003.

______. Limites do planejamento tributário e a norma brasileira antissimulação (LC n. 104/2001). In: ROCHA, Valdir de Oliveira (coord.). *Grandes questões atuais do direito tributário.* v. 5. São Paulo: Dialética, 2001.

______. *Pluritributação internacional sobre as rendas das empresas.* São Paulo: Revista dos Tribunais, 1997.

TORRES, Ricardo Lobo. A chamada "interpretação econômica do direito tributário", a Lei Complementar n. 104 e os limites atuais do planejamento tributário. In: ROCHA, Valdir de Oliveira (coord.). *O planejamento tributário e a Lei Complementar n. 104.* São Paulo: Dialética, 2001.

______. *Curso de direito financeiro e tributário.* 12. ed. Rio de Janeiro: Renovar, 2005.

______. *Normas de interpretação e integração do direito tributário.* 2. ed. Rio de Janeiro: Forense, 1994.

______. *Sistemas constitucionais tributários.* Rio de Janeiro: Forense, 1986.

______. *Tratado de direito constitucional financeiro e tributário.* 2. ed., v. IV. Rio de Janeiro: Renovar, 2007.

TROIANELLI, Gabriel Lacerda. Planejamento tributário e multa qualificada. *Revista Dialética de Direito Tributário*, São Paulo, n. 179, p. 43-55, ago. 2010.

VARELA, João de Matos Antunes. *Das obrigações em geral*. 10. ed., v. I. Coimbra: Almedina, 2000.

VELLOSO, Carlos Mário. O arbitramento em matéria tributária. *Revista de Direito Tributário*, São Paulo: Malheiros Editores, n. 63, 1994.

VILANOVA, Lourival. Analítica do dever-ser. In: ______. *Escritos jurídicos e filosóficos*. v. 2. São Paulo: Axis Mundi, 2003.

______. *As estruturas lógicas e o sistema do direito positivo*. São Paulo: Noeses, 2005.

______. *Causalidade e relação no direito*. 4. ed. São Paulo: Revista dos Tribunais, 2000.

______. Norma jurídica – proposição jurídica (significação semiótica). *Revista de Direito Público*, v. 61, São Paulo: Revista dos Tribunais, 1982.

WARAT, Luis Alberto. *O direito e sua linguagem*. 2. ed. Porto Alegre: Fabris, 1995.

WATZLAWICH, Paul; BEAVIN, Janet Halmick; JACKSON, Don D. *Pragmática da comunicação humana*: um estudo dos padrões, patologias e paradoxos da interação. Tradução de Álvaro Cabral. São Paulo: Cultrix, 1981.

XAVIER, Alberto. *Do lançamento*: teoria geral do ato, do procedimento e do processo tributário. 2. ed. Rio de Janeiro: Forense, 2002.

______. *Do procedimento administrativo*. São Paulo: Revista dos Tribunais, 1976.

______. I.R. Lançamento por arbitramento – pressupostos e limites. *Revista de Direito Tributário*, São Paulo: Revista dos Tribunais, n. 31, 1986.

______. *Os princípios da legalidade e da tipicidade da tributação*. São Paulo: Revista dos Tribunais, 1977.

______. *Tipicidade da tributação, simulação e norma antielisiva*. São Paulo: Dialética, 2001.

YAMASHITA, Douglas. Desconsideração da personalidade jurídica abusiva em direito tributário e previdenciário à luz do art. 129 da Lei n. 11.196/2005. *Revista Dialética de Direito Tributário*, São Paulo: Dialética, n. 127, p. 15-23, 2006.

______. *Elisão e evasão de tributos*: limites à luz do abuso do direito e da fraude à lei. São Paulo: Lex, 2005.